코딩의 수학적 기초를 다지는
알고리즘 퍼즐 68

코딩의 수학적 기초를 다지는
알고리즘 퍼즐 68
더 빠르고 간단하게 구현하는 프로그래밍의 즐거움

초판 1쇄   2019년 8월 28일
    2쇄   2020년 7월 10일

지은이 마스이 토시카츠
옮긴이 노슬기, 윤인성
발행인 최홍석

발행처 (주)프리렉
출판신고 2000년 3월 7일   제 13-634호
주소 경기도 부천시 원미구 길주로 77번길 19 세진프라자 201호
전화 032-326-7282(代)   **팩스** 032-326-5866
URL www.freelec.co.kr

편집 강신원, 서선영
디자인 이대범
본문 박경옥

ISBN 978-89-6540-252-7

코딩의 수학적 기초를 다지는

알고리즘 퍼즐 68

마스이 토시카츠 지음   **노슬기, 윤인성** 옮김

더 빠르고 간단하게 구현하는
프로그래밍의 즐거움

SE
SHOEISHA

프리렉

プログラマ脳を鍛える数学パズル

(ProgrammerNou wo Kitaeru Sugaku Puzzle : 4245 - 6)

Copyright ⓒ 2015 by Toshikatsu Masui.

Original Japanese edition published by SHOEISHA Co., Ltd.

Korean Translation rights arranged with SHOEISHA Co., Ltd.

through Eric Yang Agency

Korean translation copyright ⓒ 2016 by FREELEC

프리렉에서 ≪잠자는 코딩 브레인을 깨우는 알고리즘 69≫를 번역한 후, 해당 도서의 1편에 해당하는 ≪코딩의 수학적 기초를 다지는 알고리즘 퍼즐 68≫의 개정 작업에 참여해달라는 요청을 받았습니다. ≪코딩의 수학적 기초를 다지는 알고리즘 퍼즐 68≫은 이미 2016년에 한국어로 출간(≪프로그래머의 뇌를 단련하는 수학 퍼즐≫)된 상태였는데, 책에 실린 예제가 국내에선 잘 사용하지 않는 루비로 작성되어 있었기 때문에 예제를 루비에서 파이썬으로 수정하는 작업을 진행하게 되었습니다. 원래 도서가 루비의 특수한 기능을 굉장히 많이 사용하고 있어서, 이를 파이썬으로 옮기는 데 약간 힘들기도 했습니다.

파이썬을 기준으로 작성되었지만, 책의 앞부분은 다른 프로그래밍 언어를 하시던 분들도 쉽게 볼 수 있도록 일부러 map()과 filter() 함수 등의 모든 프로그래밍 언어에 있는 기능을 활용했습니다. 파이썬을 전문적으로 다루시는 분들이 보기에는 조금 마음에 들지 않을 수 있는 코드일 수 있습니다만, 너그러이 봐주시길 바랍니다.

그리고 후반부로 갈수록 코드가 길어지고, 메모리를 많이 잡아먹는 문제들이 많아지므로, 파이썬의 리스트 내포(List Comprehension) 등을 사용하는 형태로 예제를 풉니다. 앞부분에서 map()과 filter() 함수를 사용하는 형태를 보았다면, 다른 프로그래밍을 하시던 분들도 리스트 내포를 어느 정도 코드를 보고 이해할 수 있을 것입니다.

　기본적으로 전체적인 난이도는 이 책, ≪코딩의 수학적 기초를 다지는 알고리즘 퍼즐 68≫이 쉽습니다. ≪잠자는 코딩 브레인을 깨우는 알고리즘 69≫가 어려운 난이도의 책입니다. 하지만 이 책에서도 일부 문제는 굉장히 어려울 수 있으므로 주의하기 바랍니다.

　마지막으로 이 책의 내용을 수정할 수 있게 도와주신 모든 분께 감사의 말씀 드립니다.

옮긴이　윤인성

컴퓨터를 둘러싼 환경은 나날이 크게 변하고 있습니다. 새로운 OS의 등장, CPU의 고속화, 스마트폰이나 태블릿 단말기의 대두, 저장 장치의 변화, 클라우드의 보급 등 거론하자면 끝이 없습니다.

시대의 변화 속에서도 변함없이 중요시되는 것이 '알고리즘'입니다. 효율적으로 처리하는 프로그램을 작성하려면 알고리즘 연구가 필요합니다. 아무리 개발 도구가 진화하여도 알고리즘을 알고 있는지, 활용할 수 있는지가 요구된다는 사실에는 변함이 없습니다.

프로그래머가 하는 일은 사양을 구현으로 바꾸어 내는 작업입니다. 컴퓨터에 기대하는 부분이 '사양'이며 그 사양을 실현한 것을 '구현'이라고 부릅니다. 사양을 만족하는 구현은 여러 가지가 있습니다. 그중에서도 '가장 좋은' 구현을 선택해야만 하는 것입니다.

여기서 어려운 점은 어떠한 구현이 '좋은' 것인지 판단하는 것입니다. '좋은 알고리즘'에 대한 의견은 사람마다 다릅니다. 저의 경우 다음 세 가지를 중요한 것으로 생각합니다.

1) 고속화

단순히 구현하면 처리에 시간이 걸리는 것이라도 시점을 바꾸어 생각하면 고속으로 처리할 수 있는 경우가 있습니다. 알고리즘의 내용에 따라서는 두 배, 세 배 차원이 아니라 100배, 1,000배 빨라지는 경우도 드물게 있습니다.

2) 단순화

문제에 주어진 조건을 어떻게 단순화하느냐에 따라 소스 코드의 복잡한 정도도 달라집니다. 간단하게 구현함으로써 유지 보수하기 쉬운 소스 코드가 됩니다.

3) 일반화

범용적으로 사용할 수 있는 처리 방식을 구현하는 측면에 신경을 쓰면 다른 문제나 실무에도 사용할 수 있는 소스 코드가 됩니다. 입력값이나 파라미터가 변경된 경우에도 수정 부분이 적게끔 구현해두면 테스트도 간단해지는 경우가 많습니다.

제가 좋아하는 말 중에 "읽는 양은 학력의 상한을 규정하고, 쓰는 양은 학력의 하한을 규정한다."라는 말이 있습니다. 프로그래밍에서도 마찬가지로 능숙해지는 비결은 코드를 읽는 것과 쓰는 것뿐입니다.

다른 사람의 소스 코드를 읽은 적이 없는 프로그래머는 없을 것입니다. 소스 코드를 짜본 적이 없는 프로그래머도 당연히 없을 것입니다. 능력 있는 개발자일수록 많이 읽고, 씁니다. 특히 데이터 구조와 알고리즘을 배우는 것은 중요합니다. 많은 선구자의 지혜가 담긴 알고리즘을 알고, 그 효과를 느끼는 것은 매우 중요합니다.

이 책에서는 유명한 알고리즘은 이미 공부했고, 더 재미있게 공부하며, 더 진보하길 바라는 엔지니어를 위해 68개 퍼즐 문제를 준비했습니다.

이 책에 기술되어 있는 내용이 가장 적절하다는 것은 아닙니다. 부디 이보다 좋은 알고리즘을 생각해 보시기 바랍니다.

지은이 마스이 토시카츠

이 책의 개요

이 책에서는 68개의 수학 퍼즐을 풀기 위한 프로그램을 작성해 나갑니다. 크게 '문제 페이지'와 '해설 페이지'로 구성되어 있으며 각 문제의 첫 페이지가 '문제 페이지'입니다. 일단 문제를 읽고 직접 프로그램을 만들며 풀어 보기 바랍니다. 이때, 구현 방법보다도 '어떤 순서로 구현하면 풀 수 있을까?'를 생각하는 것이 중요합니다.

페이지를 넘기면 해설과 소스 코드의 예시가 기재되어 있습니다. 처리 속도나 가독성 등 자신이 고안한 것과 해답 예시의 소스 코드가 어떻게 다른지 비교해 보세요. 생각하는 법과 해답을 먼저 보게 되면 퍼즐을 푸는 즐거움이 사라지게 되니, 프로그램을 만들어 보고 나서 페이지를 넘길 것을 권장합니다.

문제 페이지

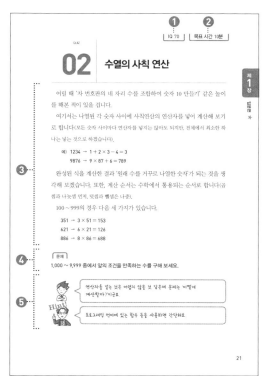

❶ IQ

이 책은 문제의 난이도에 따라 장별로 나누어 있습니다.

또한, 각 장의 안에 있는 문제도 난이도에 따라 IQ라는 수치로 구분합니다.

❷ 목표 시간

문제를 풀기 위해 생각하는 시간의 기준입니다.

❸ 문제의 배경

문제를 조금 더 쉽게 이해할 수 있게 배경을 설명합니다.

❹ 문제

문제의 배경을 기반으로 프로그램을 만들고 답을 이끌어 내기 위한 문제입니다.

❺ 힌트

문제를 풀기 위한 힌트입니다.

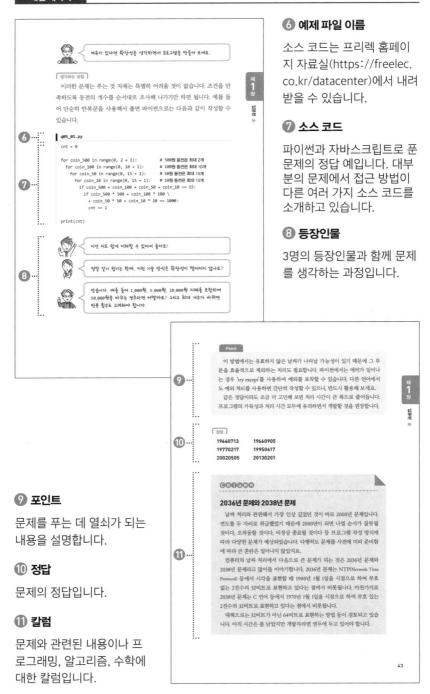

⑥ 예제 파일 이름

소스 코드는 프리렉 홈페이지 자료실(https://freelec.co.kr/datacenter)에서 내려받을 수 있습니다.

⑦ 소스 코드

파이썬과 자바스크립트로 푼 문제의 정답 예입니다. 대부분의 문제에서 접근 방법이 다른 여러 가지 소스 코드를 소개하고 있습니다.

⑧ 등장인물

3명의 등장인물과 함께 문제를 생각하는 과정입니다.

⑨ 포인트

문제를 푸는 데 열쇠가 되는 내용을 설명합니다.

⑩ 정답

문제의 정답입니다.

⑪ 칼럼

문제와 관련된 내용이나 프로그래밍, 알고리즘, 수학에 대한 칼럼입니다.

10

철수

주식회사 프리렉에서 일하는 문과 출신의 젊은 프로그래머이다. 어느 날 선생님이 즐겁게 프로그램을 척척 만들어나가는 모습을 보고 충격을 받아 엔지니어가 되기로 했다. 겨우 프로그래밍을 할 수 있게 되었지만, 학생 때부터 수학엔 자신이 없었다.

영희

철수의 상사이다. 업무 관리는 엄격하게 하지만 언제든 상담에 응해 주고 술도 아주 잘 마셔서 다방면으로 후배 직원들에게 존경받고 있다. 철수와는 반대로 어릴 적부터 숫자를 좋아해 사내 동아리 '수식의 아름다움을 이야기하는 모임'의 회장(회원 수 2명)이기도 하다.

선생님

주식회사 프리렉 옛 직원으로 지금은 프리랜서이다. 지금도 회사에 자주 드나들며, 후배들에게 프로그래밍의 즐거움을 가르치고 있다. 사원 시절에는 코딩이 너무 빨라 "손가락이 두 개 더 있다.", "밤에는 세 번째 눈을 뜨고 있다." 등의 소문이 있었다.

예제 파일 내려받기

이 책의 설명에 등장하는 소스 코드는 다음 웹 사이트에서 무료로 내려받을 수 있습니다.

프리렉 홈페이지 자료실(https://freelec.co.kr/datacenter)

또한, 소스 코드는 다음 환경에서 동작을 확인하였습니다.

- Python 3.6 이상
- JavaScript 1.8
- C 언어 C99 (GCC)

차례

제1장 입문편 ★
프로그램으로 주어진 문제를 풀어보자 ⸱⸱⸱⸱⸱⸱⸱⸱⸱⸱⸱⸱⸱⸱⸱⸱⸱⸱⸱⸱⸱⸱⸱⸱⸱ 15

제2장 초급편 ★★
간단한 문제를 풀어 알고리즘의 효과를 실감해 보자 ⸱⸱⸱⸱⸱⸱⸱ 55

제3장 중급편 ★★★
알고리즘을 연구하여 고속 처리를 구현하자 ——————— 135

제4장 고급편 ★★★★

제 **1** 장

입문편

프로그램으로
주어진 문제를 풀어보자

2진수와 10진수

컴퓨터 내부는 2진수로 처리되고 있다는 사실을 들은 적은 있더라도 구체적인 이미지를 떠올릴 수 있는 사람은 얼마나 될까요? 실제로 화면에 표시되는 문자나 이미지, 그리고 음악이나 영상을 통틀어 내부에서는 2진수로 취급하는 것이 기본입니다. 여기서 2진수에 대해 배워둡시다.

우선, 우리가 평소 사용하는 수를 생각해봅시다. 수를 순서대로 셀 때 0, 1, 2, ···, 9, 10, 11, ···, 98, 99, 100, 101과 같이 나타냅니다. 이때 사용하는 것이 0 ~ 9의 10개 숫자입니다. 10진수에서는 이렇게 10개의 숫자를 사용하여 표현합니다.

같은 방식으로 2진수에서는 0과 1 두 가지 숫자를 사용합니다. 자릿수가 늘었을 때에도 0과 1만 사용해야 하므로 0, 1, 10, 11, 100, 101, 110, 111, 1000, 1001, ···과 같이 이어집니다.

10진수의 3984를 1000 (= 10^3)이 3개, 100 (= 10^2)이 9개, 10(= 10^1)이 8개, 1(= 10^0)이 4개라는 식으로 생각하면, 같은 것을 2진수로도 표현할 수 있습니다. 2진수의 1011은 8 (= 2^3)이 1개, 4 (= 2^2)가 0개, 2 (= 2^1)가 1개, 1 (= 2^0)이 1개입니다.

즉 2진수의 1011은 8 + 0 + 2 + 1이므로 10진수에서 11로 계산할 수 있습니다. 반대로 10진수에서 2진수를 구하려면 10진수를 2로 나누어 그 몫을 다시 2로 나누고, 또 그 몫을 2로 나누고,··· 이 작업을 몫이 0이 될 때까지 반복합니다. 이때 나온 나머지를 역순으로 나열하면 2진수로 나타낼 수 있습니다.

예를 들면 10진수의 19인 경우 다음과 같이 계산하여 구할 수 있습니다.

19 ÷ 2 = 9 나머지 1

9 ÷ 2 = 4 나머지 1

4 ÷ 2 = 2 나머지 0

2 ÷ 2 = 1 나머지 0

1 ÷ 2 = 0 나머지 1

이 나머지를 아래부터 나열하면 '10011'이 됩니다.

QUIZ

01 | 앞뒤가 같은 10진수 만들기

앞뒤가 같아 거꾸로 읽어도 같은 수를 '대칭수' 또는 '회문수'라고 합니다. 예를 들면 '123454321'과 같은 수를 의미합니다.

[문제]

10진수, 2진수, 8진수 그 어느 것으로 표현하여도 대칭수가 되는 수 중, 10진수의 10 이상에서의 최솟값을 구해 보세요.

예) 9(10진수) = 1001(2진수) = 11(8진수)

※ 예시는 10진수에서 10 미만이므로 대상 외

[표 1] 10진수, 2진수, 8진수의 예

10진수	2진수	8진수
0	0	0
1	1	1
2	10	2
3	11	3
4	100	4
5	101	5
6	110	6
7	111	7
8	1000	10
9	1001	11
10	1010	12
11	1011	13
12	1100	14
13	1101	15
14	1110	16
15	1111	17
16	10000	20

'대칭수'라는 건 처음 들어 보는데요. 'level' 같은 걸 말하는 건가요?

맞아요. 'level' 같은 단어를 대칭이라고 해요. 여기서는 숫자니까 '대칭수'가 되지요.

재미있는 수네요. 2진수와 10진수는 자주 들어봤는데 8진수는 사용해본 적이 없어요. 원리는 같은 거겠죠?

Hint!

사용하는 숫자가 0~7의 8개라는 것뿐, 2진수와 원리 자체는 같답니다.

2진수에서의 대칭은 가장 오른쪽 자리가 0이 되면 가장 왼쪽 자리도 0이 되어야 합니다. 그러나 0으로 시작하는 수는 2진수에서 '0' 외에는 없으므로 가장 오른쪽 자리가 무조건 1이 되어야 한다는 것을 알 수 있습니다.

2진수에서 가장 오른쪽 자리가 1이라는 것은 반드시 홀수여야 한다는 의미이기도 합니다. 즉, 홀수만 찾으면 되지요. 그다음은 10 다음인 11부터 순서대로 찾아 나가는 프로그램을 만들면 됩니다. 예를 들면 파이썬 (Python)에서는 다음과 같이 찾을 수 있습니다.

q01_01.py

```python
# 11부터 탐색 개시
num = 11

while True:
  # 진법에 따른 변수를 선언
  num_10 = str(num)
  num_8 = oct(num).replace("0o", "")
  num_2 = bin(num).replace("0b", "")

  # 앞뒤가 같은지 확인
  if num_10 == num_10[::-1]\
    and num_8 == num_8[::-1]\
    and num_2 == num_2[::-1]:
    print(num)
    break

  # 홀수만 탐색하므로 2씩 늘림
  num += 2
```

Point

파이썬에서는 다음과 같은 방법으로도 진법을 변환할 수 있습니다. 이 방법을 사용하면, 별도로 replace 함수를 사용하지 않아도 0o, 0b 등을 없앨 수 있습니다. 또한 format 함수의 다양한 기능도 함께 활용할 수 있습니다. '7번 문제'에서도 이 방법을 사용하므로 기억해 둡시다.

```python
"{0:x}".format(273) # "111"
"{0:o}".format(273) # "421"
"{0:b}".format(273) # "100010001"
```

파이썬에서 2진수 또는 8진수로 변환하는 경우는 bin()과 oct()라는 함수를 사용하면 되는군요.

파이썬은 특정 진수로 변환할 때, 앞에 "0b"(2진수), "0o"(8진수), "0x"(16진수) 형태의 문자열이 붙어요. 그래서 이를 제거한 뒤 활용하고 있습니다.

[:: − 1]라는 특이한 형태의 코드로 좌우 반전이 가능하다는 건 정말 신기하네요.

같은 처리를 자바스크립트(JavaScript)에서도 구현해 봅시다. 자바스크립트는 문자열을 역순으로 만드는 처리를 표준으로 제공하지는 않습니다. 그래서 역순을 반환하는 메서드를 직접 구현해 주어야 합니다. 나머지는 파이썬과 같은 방식의 처리로 구현할 수 있습니다. 다음은 자바스크립트로 작성한 예입니다.

q01_02.js

```js
/* 문자열 형식을 역순으로 반환하는 메서드를 추가 */
String.prototype.reverse = function (){
  return this.split("").reverse().join("");
}

/* 11부터 탐색 개시 */
var num = 11;
while (true){
  if ((num.toString() == num.toString().reverse()) &&
      (num.toString(8) == num.toString(8).reverse()) &&
      (num.toString(2) == num.toString(2).reverse())){
    console.log(num);
    break;
  }
  /* 홀수만 탐색하므로 2씩 늘림 */
  num += 2;
}
```

맨 앞에 있는 역순 반환 메서드가 추가된 부분이군요.

문자열을 배열로 분할하여 역순으로 바꾼 다음 결합하고 있습니다.

배열을 역순으로 만드는 처리가 가능하다면 문자열을 역순으로 바꾸는 처리도 되게 했으면 좋았을 텐데.

많은 언어에서 2진수나 8진수로 변환하는 처리를 사용할 수 있습니다. 대표적인 언어에서 사용할 수 있는 함수나 메서드를 정리하였습니다. C 언어에는 한 번에 변환할 수 있는 처리 방식이 없습니다.

[표 2] 각 언어별 진수 변환 처리

언어	2진수	8진수	16진수
PHP	decbin	decoct	dechex
Python	bin	oct	hex
자바스크립트	toString(2)	toString(8)	toString(16)
Java	toBinaryString	toOctalString	toHexString
C#	Convert.ToString	Convert.ToString	Convert.ToString 또는 ToString("X")

프로그래밍 언어에 따라 처리의 이름도 다르네요. 외우기가 어려워요.

우선은 잘하는 언어부터 기억하고 그 특징을 아는 것부터 시작하면 됩니다.

확실히 하나의 언어를 배우면 다른 것은 사용 방법을 공부하기만 하면 되니까요.

정답

585

(2진수로는 1001001001, 8진수로는 1111)

QUIZ

02 | 수열의 사칙 연산

　어릴 때 '차 번호판의 네 자리 수를 조합하여 숫자 10 만들기' 같은 놀이를 해본 적이 있을 겁니다.

　여기서는 나열된 각 숫자 사이에 사칙연산의 연산자를 넣어 계산해 보기로 합니다(모든 숫자 사이마다 연산자를 넣지는 않아도 되지만, 전체에서 최소한 하나는 넣는 것으로 하겠습니다).

예) 1234 → $1 + 2 \times 3 - 4 = 3$
　　9876 → $9 \times 87 + 6 = 789$

　완성된 식을 계산한 결과 '원래 수를 거꾸로 나열한 숫자'가 되는 것을 생각해 보겠습니다. 또한, 계산 순서는 수학에서 통용되는 순서로 합니다(곱셈과 나눗셈 먼저, 덧셈과 뺄셈은 나중).

　100 ~ 999의 경우 다음 세 가지가 있습니다.

351 → $3 \times 51 = 153$
621 → $6 \times 21 = 126$
886 → $8 \times 86 = 688$

문제

1,000 ~ 9,999 중에서 앞의 조건을 만족하는 수를 구해 보세요.

Hint!

연산자를 넣는 것은 어렵지 않을 것 같은데 문제는 '어떻게 계산할까?'이군요.

프로그래밍 언어에 있는 함수 등을 사용하면 간단해요.

　이러한 문제를 풀 때 '어떻게 연산을 구현할까?'가 정답을 도출하는 하나의 분기점이 됩니다. 계산기 등을 구현하는 경우에는 역 폴란드 표기법을 사용하여 연산하는 방법이 일반적이지만, 이번과 같은 문제에는 프로그래밍 언어에 준비된 기능을 사용하면 간단합니다.

　많은 스크립트 언어에는 eval( )이라는 함수를 표준으로 사용할 수 있게 되어 있습니다. 예를 들어 자바스크립트로는 다음과 같이 구현할 수 있습니다.

q02_01.js

```
var op = ["+", "-", "*", "/", ""];
for (i = 1000; i < 10000; i++){
  var c = String(i);
  for (j = 0; j < op.length; j++){
    for (k = 0; k < op.length; k++){
      for (l = 0; l < op.length; l++){
        val = c.charAt(3) + op[j] + c.charAt(2) + op[k] +
            c.charAt(1) + op[l] + c.charAt(0);
        if (val.length > 4){ /* 반드시 연산자를 하나는 넣는다. */
          if (i == eval( )(val)){
            console.log(val + " = " + i);
          }
        }
      }
    }
  }
}
```

　10번째 줄에 있는 'eval( )'이 이번 문제의 포인트입니다. 그다음에는 연산자를 선택하여 설정합니다. 반복문이 다소 깊어지지만, 자릿수가 결정되어 있다면 이것으로 충분합니다.

확실히 문자열의 식만 계산하는 것이라면 이걸로 충분하네요.

조금 생각해 봤는데, 연산자로 * 외의 것을 한 번이라도 사용하면 4자리 수가 되지 않을 것 같아요.

제 1 장

개념편 ★

맞습니다. '+'를 사용하면 최대 999 + 9 = 1,008이네요. 역순으로 정답이 될 수 없습니다. '−'를 사용해도 안 되지요.

그러므로 앞의 첫 번째 행에 있는 op라는 변수를 다음과 같이 설정하면 더 빠르게 구할 수 있습니다.

```
var op = ["*", ""];
```

Point

같은 처리를 다른 언어로 쓸 때에는 0 처리에 주의해야 합니다. 예를 들면 C 언어에서는 앞자리가 0으로 시작하는 숫자는 8진수로 처리되어 버립니다. 그래서 앞자리가 0인 경우에는 0을 제외해야 합니다. 또한, 0으로 나누는 경우도 제외해야 합니다.

이를 파이썬으로 구현한다면, 다음과 같은 형태로 구현하게 됩니다.

q02_02.py

```python
import re

op = ["*", ""]
for i in range(1000, 10000):
  c = str(i)
  for j in range(0, len(op)):
    for k in range(0, len(op)):
      for l in range(0, len(op)):
        val = c[3] + op[j] + c[2] + op[k] + c[1] + op[l] + c[0]

        # 0으로 시작하는 숫자가 있는지 확인하고
        # 있는 경우 제거
        val = re.sub(r"0(\d+)", r"\1", val)

        # 연산자를 하나는 넣는 경우
        if len(val) > 4:
          if i == eval(val):
            print(val, "=", i)
```

C 언어로 만들어 보려고 하는데 eval()이라는 함수를 못 찾겠어요.

 많은 스크립트 언어에 eval()이 있지만, C와 같은 언어에는 없어요. 이 경우 '역 폴란드 표기법'을 사용해서 구현해야 합니다.

 '역 폴란드 표기법'은 초보자용 연습 문제에서 자주 볼 수 있지요.

정답

5931

(5 * 9 * 31 = 1395)

Column

이 책에서는 파이썬을 중심으로 퍼즐을 해결합니다. 다만 상황에 따라서 파이썬과 자바스크립트 두 프로그래밍 언어 중 하나만 사용해서 해설하는 경우도 있습니다. 이번 문제도 첫 번째 해결 방법은 자바스크립트, 두 번째 해결 방법은 파이썬을 사용했습니다.

eval( ) 함수의 위험성

이번 문제에서는 eval( )이라는 함수를 사용하였습니다. 계산을 하는 경우 매우 편리한 함수이지만 eval( )로 가능한 것은 계산 뿐만이 아닙니다. 심지어는 명령을 실행할 수도 있습니다.

웹 애플리케이션에서 사용자의 입력을 eval( )로 처리하는 경우 부적절한 입력이 발생하면 임의의 명령이 실행될 가능성이 있습니다. 다음과 같이 PHP로 만든 웹 페이지가 있다고 합시다.

| q02_03.php

```php
<!DOCTYPE html>
<html>
<head>
<meta charset="utf-8">
<title>계산기</title>
</head>
<body>
<form method="post" action="<?php echo $_SERVER[<SCRIPT_NAME>];?>">
<input type="text" name="exp" size="30">
<input type="submit" value="계산">
</form>
<div>
<?php
  if($_SERVER["REQUEST_METHOD"] == "POST"){
    $exp = $_POST["exp"];
    eval( )("echo $exp;");
  }
?>
</div>
</body>
</html>
```

표시된 폼에 '1 + 2 * 3'과 같은 계산식을 넣으면 결과가 표시되는 처리입니다. 계산식을 입력한 경우에는 문제가 없지만 입력하는 내용에 따라서는 PHP의 스크립트를 실행할 수도 있습니다. 예를 들어 'phpinfo( )'라고 입력하면 PHP 버전 정보 등이 표시되어 보안상으로 매우 위험한 상태가 됩니다.

QUIZ

03 | 카드를 뒤집어라!

1 ~ 100의 번호가 쓰인 100장의 카드가 순서대로 나열되어 있습니다. 모든 카드는 뒷면이 위를 향한 상태로 놓여 있습니다. 한 사람이 2번 카드부터 1장 간격으로 카드를 뒤집어 나갑니다. 그러면 2, 4, 6, ···, 100번 카드의 앞면이 나타나게 됩니다.

그다음으로, 다른 사람이 3번 카드부터 2장 간격으로 카드를 뒤집어 나갑니다(뒷면이 위를 향한 카드는 앞면이 보이게 되고 앞면이 위를 향한 카드는 뒷면이 보이게 됩니다). 다시 다른 사람이 4번 카드부터 3장 간격으로 카드를 뒤집어 나갑니다([그림 1]).

이렇게 n번째의 카드부터 $n-1$장 간격으로 카드를 뒤집는 작업을 뒤집을 카드가 더는 없을 때까지 계속한다고 합시다.

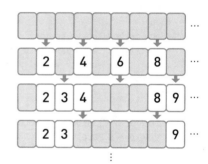

[그림 1] 카드를 뒤집는 모습

[문제]

뒤집을 카드가 더는 없을 때 뒷면이 위를 향한 카드의 번호를 모두 구해 보세요.

Hint!

> 왼쪽부터 순서대로 처리해 나가기만 하면 되니 간단하게 구현하세요.

[생각하는 방법]

문제와 같이 카드를 차례대로 뒤집는 처리를 실행하는 것만으로 풀 수 있습니다. 카드 상태를 배열로 표현하고 설정 값은 앞면이 위를 보는 카드를 True, 뒷면이 위를 보는 카드를 False라고 합시다. 이렇게 하면 반전을 간단히 표현할 수 있습니다. 파이썬으로 구현하면 다음과 같은 프로그램으로 구현할 수 있습니다.

q03_01.py

```python
# 카드의 초기화
N = 100
cards = [False] * N

# 2~N까지 뒤집음
for i in range(2, N + 1):
  j = i - 1
  while j < len(cards):
    cards[j] = not cards[j]
    j += i

# 뒷면이 위를 향한 카드를 출력
for i in range(0, N):
  if not cards[i]:
    print(i + 1)
```

배열을 다루는 것에 익숙하다면 특별히 어려운 부분은 없겠네요.

정말이네요! 문제 그대로 써 나가면 간단히 답이 나와요.

Point

위에서는 배열을 사용하였지만, 왼쪽부터 순서대로 처리한다는 것은 "이미 지나간 부분은 반전시키지 않는다."라고 바꿔 말할 수 있습니다. 그러므로 더 간단하게 다음과 같이 쓸 수도 있습니다.

q03_02.py

```python
for i in range(1, 100 + 1):
  flag = False
  for j in range(1, 100 + 1):
    if i % j == 0:
      flag = not flag
  if flag:
    print(i)
```

이것을 실행해 보면 정답인 1, 4, 9, 16, 25, 36, 49, 64, 81, 100을 구할 수 있습니다. 결과를 보면 모두 제곱수라는 것을 알 수 있습니다.

 이렇게 2번 제곱하여 만들어지는 수를 '제곱수'라고 하는군요.

 마찬가지로 '1, 8, 27, 64, 125, 216, … '과 같이 3번 제곱하여 나오는 수를 '세제곱 수'라 합니다. 함께 기억해 두면 좋겠지요.

뒤집는 작업을 홀수 번 실행하면 앞면, 짝수 번 실행하면 뒷면이 나오므로 이번 문제에서는 짝수 번 뒤집는 것을 찾으면 됩니다. 뒤집는 동작이 일어나는 것은 '그 수의 약수'일 때가 되므로 '1 이외의 약수'가 짝수 개 존재하는 것을 구하는 것과 같은 것입니다.

예를 들어 12의 약수는 1, 2, 3, 4, 6, 12의 6개, 즉 짝수 개입니다. 약수를 작은 쪽부터 나열하여 양끝부터 순서대로 곱하면 원래의 수를 구할 수 있습니다.

예) 1×12, 2×6, 3×4

그러나 16의 약수는 '1, 2, 4, 8, 16'의 5개, 즉 홀수 개입니다. 약수를 작은 쪽부터 나열하여 양끝부터 순서대로 곱하면 한가운데 수가 남게 됩니다.

예) 1×16, 2×8

※ 남은 숫자 하나를 제곱하면 원래 수를 구할 수 있습니다. ($4 \times 4 = 16$)

즉, 제곱수일 때만 약수가 홀수 개, 1 이외의 약수가 짝수 개가 됩니다. 이 점을 깨달으면 프로그램을 만들지 않아도 풀 수 있습니다. 평상시의 업무에서도 프로그램을 만들기 전에 항상 먼저 생각해 보는 것이 좋을지도 모르겠네요.

정답

1, 4, 9, 16, 25, 36, 49, 64, 81, 100

귀차니스트가 프로그래머에 적합하다?

프로그래머는 매우 매력적인 직업입니다. 아무것도 없는 상태에서 소스 코드를 짜는 것만으로 새로운 가치를 만들어 낼 수 있으니 어떤 의미에서는 '발명'을 한다고 표현해도 될 것 같습니다.

어떤 타입의 사람이 프로그래머에 적합할지 이따금 화제에 올리게 되는데, 일반적으로 이공계 출신에다 집에 있는 것을 좋아하고, 게임을 좋아하는 사람의 이미지를 많이 떠올릴 것입니다. 그러나 실제 개발 현장에는 문과 출신 프로그래머도 많고 활동적인 스포츠를 좋아하는 사람도 있습니다.

만약 프로그래머에 적합한 조건을 하나 꼽아본다면 저는 '귀차니즘'을 말하고 싶습니다. 단순 노동을 매우 싫어해서 가능하면 자동화하고 싶고, 30분간 단순 노동을 해야 한다면 1시간이 걸려 프로그램을 만들어서라도 순식간에 끝내버리고 싶은 마음이 분명히 어딘가에 있지요.

실은 필자가 프로그래밍을 배운 계기도 바로 귀찮음이었습니다. 학생 시절 키보드 배치를 외우기 위해 'A'부터 'Z'까지 몇 번이나 입력해야 했던 적이 있습니다. 화면을 'A'부터 'Z'로 가득 채울 때까지 연습을 계속하는 것이지요.

그런 단순 노동이 싫었던 저는 조금이라도 편해 보려고 화면 가득 'A'부터 'Z'를 표시하는 프로그램을 만들었습니다. 그 프로그램을 저장해두면, 다음부터는 실행만 하면 단박에 화면을 알파벳으로 채울 수가 있었습니다.

그 후에도 귀찮은 일이 생길 때마다 프로그램을 만드는 일을 반복하는 새에, 자연스레 여러 가지 방법을 익힐 수 있게 되었습니다. 사소한 계기였지만 문득 깨달아보니 20년도 넘게 프로그래밍을 하고 있네요.

QUIZ

04 막대 자르기

길이 n[cm]의 한 막대를 1[cm] 단위로 자른다고 생각해 봅시다. 단, 하나의 막대는 한 번에 한 사람만이 자를 수 있습니다. 잘린 막대가 3개가 되면, 동시에 3명이 자를 수 있습니다([그림 2]).

최대 m명이 있을 때 막대를 자르는 최소 횟수를 구해 보세요. 예를 들어 $n = 8$, $m = 3$일 때 다음의 그림과 같이 4번으로 자를 수 있습니다.

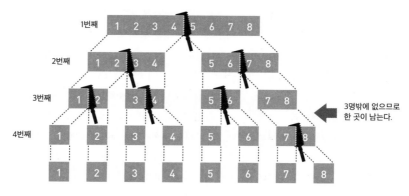

[그림 2] $n = 8$, $m = 3$일 때

문제1

$n = 20$, $m = 3$일 때의 횟수를 구해 보세요.

문제2

$n = 100$, $m = 5$일 때의 횟수를 구해 보세요.

사람만 많다면 단순히 반으로 잘라 나가면 최소 횟수가 나올 것 같은데….

사랑 수에 제한이 있으니 가능하면 사랑이 남지 않도록 하는 게 관건이겠네요.

[생각하는 방법]

이런 문제에서 가장 떠올리기 쉬운 것이 재귀입니다. 잘라낸 각각의 막대를 계속해서 잘라나간다고 생각해 보세요. 예를 들어 파이썬으로는 다음과 같은 프로그램으로 찾아낼 수 있습니다.

q04_01.py

```
def cutbar(m, n, current): # current는 현재 막대의 개수
  if current >= n:
    return 0 # 잘라내기 완료
  elif current < m:
    return 1 + cutbar(m, n, current * 2) # 다음은 현재의 2배가 된다
  else:
    return 1 + cutbar(m, n, current + m) # 가위 수만큼 추가
print(cutbar(3, 20, 1))
print(cutbar(5, 100, 1))
```

cutbar( )라는 메서드 내에서 같은 이름의 cutbar( )를 호출하네요. 이게 뭐죠?

이렇게 함수(메서드)가 자기 자신을 호출하는 것을 '재귀 호출'이라고 한답니다.

같은 처리를 반복할 때 사용하면 편하겠어요.

끝도 없이 깊이 탐색하지 않도록 종료 조건을 설정해 두는 것이 중요합니다. 그리고 소스 코드가 짧아진다는 특징이 있습니다.

또 하나, 이렇게 바꿔 생각해 볼 수도 있습니다. 문제를 반대로 생각하면 1[cm]의 막대를 m[명]으로 결합하여 n[cm]의 막대를 만든다는 것으로 해석할 수 있겠지요. 즉, 막대의 길이가 n[cm]가 될 때까지 결합해 나가면 됩니

다. 이를 프로그램으로 만들면 다음과 같이 구현할 수 있습니다.

q04_02.py

```
def cutbar(m, n):
  count = 0
  current = 1 # current는 현재의 길이
  while n > current:
    current += current if current < m else m
    count += 1
  print(count)

cutbar(3, 20)
cutbar(5, 100)
```

정답

문제 1) $n = 20$, $m = 3$일 때 8번

문제 2) $n = 100$, $m = 5$일 때 22번

깊이 우선 탐색과 너비 우선 탐색

이번처럼 탐색 처리를 실행하는 경우 '재귀'를 사용한 탐색이 편리합니다. 이 문제에서 사용한 재귀는 '깊이 우선 탐색'이라 불리는 것입니다. '백트랙'으로도 불리며 목표하는 곳으로 진행할 수 있는 만큼 진행하여 더는 진행할 수 없으면 되돌아오는 방법입니다. 책을 읽을 때 앞에서부터 순서대로 읽어나가는 장면을 상상하면 됩니다([그림 3]).

그리고 '너비 우선 탐색'도 자주 사용하는 방법입니다. 이는 탐색을 개시한 지점에서 가까이에 있는 것을 목록으로 만들고 이를 각각 더욱 상세하게 검색하는 방법입니다. 예를 들어 책을 읽을 때 목차를 보고 전체 내용을 파악하고, 다음으로 각 장의 개요를 읽고, 그다음으로는 내용을 읽는 식으로 서서히 깊이 읽어나가는 방식입니다([그림 4]).

모든 답을 구해야 할 때에는 깊이 우선 탐색을 사용하면 메모리 사용량을 줄일 수 있지만, 가장 빠르게 도달할 수 있는 것을 하나 발견해야 한다면 너비 우선 탐색이 효율적입니다.

이 두 탐색 방법의 중간 정도에 해당하는 '반복 심화'라는 것이 있습니다. 반복 심화에서는 일정 깊이까지 깊이 우선 탐색으로 탐색하고 답을 찾지 못했을 때 다시 깊이를 늘려 탐색하는 방식입니다.

각각의 특징을 이해한 다음 문제의 특징이나 요구되는 내용에 따라 어떤 방법을 사용해야 하는지 생각하도록 합시다.

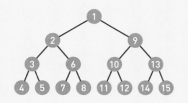

[그림 3] 깊이 우선 탐색의 탐색 순서

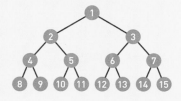

[그림 4] 너비 우선 탐색의 탐색 순서

QUIZ

05 아직도 현금으로 계산하다니!

요즘에는 지하철이건 버스건 전자 화폐가 당연시됩니다. 하지만, 아직도 현금으로 계산하는 사람도 있습니다. 이번에는 현금으로 내는 사람을 위한 동전 교환기를 떠올려 봅시다.

이 기계는 10원, 50원, 100원, 500원 동전으로 섞어서 교환할 수 있고 모든 동전은 충분한 개수가 마련되어 있다고 가정하겠습니다.

다만, 환전할 때 안 쓰이는 동전은 있어도 되지만, 너무 많은 잔돈이 나오면 곤란하기 때문에 각 동전마다 최대 15개까지 환전할 수 있습니다. 예컨 대 1,000원을 환전할 때 '10원짜리 동전 100개'로는 환전할 수 없습니다.

[문제]

1,000원 지폐를 넣었을 때 나오는 동전의 조합이 몇 가지인지 구해 보세요. 동전의 순서는 무시하기로 합니다.

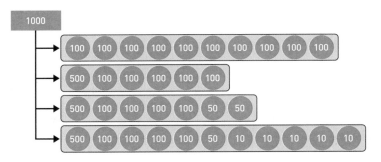

[그림 5] 동전 교환 모습

Hint!

단순히 풀기만 하는 거라면 간단할 듯한데요?

> 여유가 있다면 확장성을 생각하면서 프로그램을 만들어 보세요.

생각하는 방법

이러한 문제는 푸는 것 자체는 특별히 어려울 것이 없습니다. 조건을 만족하도록 동전의 개수를 순서대로 조사해 나가기만 하면 됩니다. 예를 들어 단순히 반복문을 사용해서 풀면 파이썬으로는 다음과 같이 작성할 수 있습니다.

q05_01.py

```python
cnt = 0

for coin_500 in range(0, 2 + 1):          # 500원 동전은 최대 2개
  for coin_100 in range(0, 10 + 1):       # 100원 동전은 최대 10개
    for coin_50 in range(0, 15 + 1):      # 50원 동전은 최대 15개
      for coin_10 in range(0, 15 + 1):    # 10원 동전은 최대 15개
        if coin_500 + coin_100 + coin_50 + coin_10 <= 15:
          if coin_500 * 500 + coin_100 * 100 \
            + coin_50 * 50 + coin_10 * 10 == 1000:
            cnt += 1

print(cnt)
```

> 이건 저도 쉽게 이해할 수 있어서 좋아요!

> 정말 알기 쉽기는 한데, 이런 기술 방식은 확장성이 떨어지지 않나요?

> 맞습니다. 예를 들어 1,000원, 5,000원, 10,000원 지폐를 포함하여 50,000원을 바꾸는 경우라면 어떨까요? 그리고 최대 개수가 바뀌면 반복 횟수도 고려해야 합니다.

재귀를 사용하여 다음과 같이 작성할 수도 있습니다.

q05_02.py

```python
from collections import deque

cnt = 0
def change(target, coins, usable):
  global cnt
  coin = coins.popleft()
  if len(coins) == 0:
    if target // coin <= usable:
      cnt += 1
  else:
    for i in range(0, target // coin + 1):
      change(target - coin * i, coins.copy(), usable - i)

change(1000, deque([500, 100, 50, 10]), 15)
print(cnt)
```

 'deque'라는 특이한 클래스가 등장했어요.

 파이썬에서 shift 함수를 사용하고자 할 때 활용하면 좋은 클래스입니다. 이렇게 코드를 작성하면 사양 변경이 쉬운 프로그램을 만들 수 있답니다.

 재귀를 이렇게 활용하니 멋진 것 같아요.

 재귀에 익숙해지면 프로그래밍의 폭이 넓어지기는 하지만, 적재적소에 사용할 수 있도록 해야겠죠.

정답

20가지

함수형 언어에서 재귀를 배워보자!

절차형 언어에서도 재귀를 배울 수 있지만, 가능하면 함수형 언어로 접해볼 것을 권장합니다. 함수형 언어에서는 반복문을 구현하기 위해 재귀를 사용하는 것이 일반적입니다. 즉, 기본적으로는 재귀를 사용할 수밖에 없는 상태가 됩니다.

함수형 언어로는 LISP나 Scheme, Haskell이 대표적이지만, 스칼라를 사용하여 함수형 언어를 배울 수도 있고 파이썬을 사용하는 방법도 있습니다. 그러니, 다른 언어에서의 반복문을 함수형 언어에서 '반복문을 사용하지 않고' 바꾸어 써보도록 합시다.

익숙해지면 반복문을 재귀로 바꾸어 쓰는 것은 그다지 어렵지 않다는 것을 알게 됩니다. 그러나 반대로 재귀를 반복문으로 바꾸어 쓰는 것은 어려울 것입니다. 반드시 다양한 프로그램을 서로 바꾸어 쓰고 작동시켜 보도록 하세요.

QUIZ

06 콜라츠 추측

수학의 미해결 문제 중 하나로 콜라츠 추측(Collatz Conjecture)이 있습니다.

콜라츠 추측

자연수 n에 대해

- n이 짝수인 경우, n을 2로 나눈다.
- n이 홀수인 경우, n에 3을 곱해 1을 더한다.

이 계산을 반복하면 초깃값이 어떤 수였더라도 반드시 1에 도달한다.
($1 \rightarrow 4 \rightarrow 2 \rightarrow 1$과 같이 반복)

이 내용을 조금 바꾸어 초깃값이 짝수면 맨 처음에만 n에 3을 곱하여 1을 더하는 것에서 시작하기로 하고 '맨 처음의 수'로 돌아가는 법을 생각해 봅시다.

예를 들어 2로 시작하는 경우에는 다음과 같습니다.

$2 \rightarrow 7 \rightarrow 22 \rightarrow 11 \rightarrow 34 \rightarrow 17 \rightarrow 52 \rightarrow 26 \rightarrow 13 \rightarrow 40 \rightarrow 20 \rightarrow 10 \rightarrow 5$
$\rightarrow 16 \rightarrow 8 \rightarrow 4 \rightarrow 2$

마찬가지로 4로 시작하면 다음과 같습니다.

$4 \rightarrow 13 \rightarrow 40 \rightarrow 20 \rightarrow 10 \rightarrow 5 \rightarrow 16 \rightarrow 8 \rightarrow 4$

그러나 6으로 시작하면 다음과 같이 되어 6으로 되돌아가지 않습니다.

$6 \rightarrow 19 \rightarrow 58 \rightarrow 29 \rightarrow 88 \rightarrow 44 \rightarrow 22 \rightarrow 11 \rightarrow 34 \rightarrow 17 \rightarrow 52 \rightarrow 26 \rightarrow$
$13 \rightarrow 40 \rightarrow 20 \rightarrow 10 \rightarrow 5 \rightarrow 16 \rightarrow 8 \rightarrow 4 \rightarrow 2 \rightarrow 1 \rightarrow 4 \rightarrow \cdots$

문제

10,000 이하의 짝수 중 앞의 2나 4와 같이 '처음의 수로 돌아가는 수'가 몇 개 있는지 구해 보세요.

숫자가 1이 되거나 원래의 수가 되면 반복을 종료시키면 되겠네요.

생각하는 방법

콜라츠 추측에서는 "초깃값이 어떤 수라도 반드시 1에 도달한다."라고 합니다. 이번 문제에서도 맨 처음 부분만 바꾼 것이므로, 최종적으로는 그와 같이 1에 도달한다는 예측이 가능합니다.

그러면 '1이 될 때까지 작업을 반복하여 숫자를 변화시켜 맨 처음의 수로 돌아가는지를 확인'하는 프로그램을 만들어 보겠습니다. 파이썬으로 간단히 구현하면 다음과 같이 작성할 수 있습니다.

q06_01.py

```python
# 반복하며 확인
def is_loop(n):
    # 맨 처음에는 3을 곱하고 1을 더함
    check = n * 3 + 1
    # 1이 될 때까지 숫자를 변화시키는 작업 반복
    while check != 1:
        check = check // 2 if check % 2 == 0 else check * 3 + 1
        if check == n:
            return True
    return False

# 2~10,000 범위의 짝수 확인하기
cnt = 0
for i in range(2, 10000 + 1, 2):
    if is_loop(i):
        cnt += 1
print(cnt)
```

여기서는 10,000 내에서의 짝수를 구했지만, 범위를 늘려도 그 이후로는 맨 처음 수로 돌아가는 수를 찾을 수가 없네요. 신기하군요.

정답

34개

07 | 날짜의 2진수 변환

날짜를 표기하는 방법은 다양합니다. 우리나라에서는 양력이나 음력을 사용하며, 빗금(/)으로 구분하여 표현하는 경우에는 미국식(월/일/년도)이나 영국식(일/월/년도)이 있는 등 나라별로 다릅니다.

문제

연월일을 YYYYMMDD의 8자리 정수로 나타내었을 때 2진수로 변환하여 거꾸로 나열한 다음 다시 10진수로 되돌렸을 때 원래 날짜와 같은 날짜가 되는 것을 찾아보세요.

기간은 지난 도쿄 올림픽(1964년 10월 10일)부터 다음 도쿄 올림픽(2020년 7월 24일 예정)으로 하겠습니다.

예) 1966년 7월 13일인 경우

① YYYYMMDD의 포맷 → 19660713

② 2진수로 변환 → 1001010111111111110101001

③ 2진수를 거꾸로 나열 → 1001010111111111110101001

④ 거꾸로 나열한 2진수를 10진수로 되돌림 → 19660713

…1966년 7월 13일(맨 처음 수)로 되돌아간다.

2진수에 대해서는 '1번 문제'에서 배웠으니 할 수 있겠지?

여기서는 날짜를 어떻게 취급할지가 포인트지요. 특히 한 달의 날 수는 월마다 다른 데다 윤년도 고려해야 합니다.

스크립트 언어에는 날짜 처리 라이브러리가 준비된 경우가 많으니 그것을 사용하는 것도 좋겠네요.

생각하는 방법

이 문제를 풀 때 크게 두 가지 방법을 생각할 수 있습니다. 첫 번째는 문제 내용 그대로, 날짜를 2진수로 변환하고 역순으로 만드는 방법입니다. 지금까지의 문제에서도 등장했던 것처럼 파이썬을 사용하면 2진수나 10진수 변환을 간단하게 할 수 있습니다. 문제에서 주어진 범위의 날짜를 순서대로 반복하여 해당하는 내용을 출력하는 처리를 만들어 보겠습니다.

q07_01.py

```python
# 날짜를 다루는 datetime 클래스 불러오기
from datetime import datetime, timedelta

# 기간 설정
start = datetime.strptime("1964-10-10","%Y-%m-%d")
end = datetime.strptime("2020-07-24","%Y-%m-%d")
step = timedelta(days=1)

# 해당하는 날짜 찾아 출력하기
while start <= end:
  day = bin(int(start.strftime("%Y%m%d"))).replace("0b", "")
  if day == day[::-1]:
    print(start.strftime("%Y-%m-%d"))
  start += step
```

> datetime 클래스를 잘 모르면, 코드를 읽기 어렵겠어요.

> 중요한 클래스이니 관련된 문서를 찾아서 공부하면 좋습니다.

이 방법은 간단히 이해할 수 있지만, 시행 횟수가 많아진다는 단점이 있습니다. 그러므로 또 다른 방법으로 '대칭되는 2진수'가 '해당 기간에 포함되는 날짜인지'를 판정하는 방식을 생각해 봅시다.

이번 문제에서 주어진 범위를 2진수로 변환해 보면 다음과 같습니다.

    19641010은 '1001010111011001010110010'
    20200724는 '1001101000011110100010100'

> 양쪽 모두 왼쪽 끝 네 자리는 '1001'로 시작하네요. 게다가 자릿수도 똑같이 25자리고요.

좋은 발견입니다. 이런 규칙성을 깨닫게 되면 탐색하는 범위를 좁힐 수 있지요.

이 규칙성을 이용하여 파이썬으로 구현해 보면 다음과 같이 작성할 수 있습니다. 여기에서 포인트는 좌우대칭을 표현하기 위해 왼쪽과 오른쪽으로 나눈 부분입니다.

q07_02.py

```
# 날짜를 다루는 datetime 클래스 불러오기
from datetime import datetime, timedelta

# 대상 기간에서 2진수의 5번째 문자부터 8개의 문자 추출
from_left = int(bin(19641010).replace("0b", "")[4:4 + 8], 2)
to_left = int(bin(20200724).replace("0b", "")[4:4 + 8], 2)

# 좌우의 8문자를 반복
for i in range(from_left, to_left + 1):
  l = "{0:08b}".format(i)                  # 왼쪽
  r = l[::-1]                              # 오른쪽
  for m in range(0, 1 + 1):               # 중앙
    value = "1001{}{}{}1001".format(l, m, r)
    try:
      # 변환 가능한지 확인
      date = datetime.strptime(str(int(value, 2)),"%Y%m%d")
      # 변환 가능할 경우 출력
      print(date.strftime("%Y-%m-%d"))
    except:
      pass
```

우와! 확실히 빨라졌어요.

탐색 범위가 큰 폭으로 좁아졌기 때문이죠.

하지만 조금 읽기 어려워졌다는 것과 확장성이 없는 것이 문제지요. 만약 구하는 기간이 바뀌는 경우 '어떤 방식이 수정 부담이 덜한지'를 생각한다면 앞의 방법이 더 좋습니다.

이 방법에서는 유효하지 않은 날짜가 나타날 가능성이 있기 때문에 그 부분을 효율적으로 제외하는 처리도 필요합니다. 파이썬에서는 에러가 일어나는 경우 'try except'를 사용하여 예외를 포착할 수 있습니다. 다른 언어에서도 예외 처리를 사용하면 간단히 작성할 수 있으니, 반드시 활용해 보세요.

같은 정답이라도 조금 더 고민해 보면 처리 시간이 큰 폭으로 줄어듭니다. 프로그램의 가독성과 처리 시간 모두에 유의하면서 개발할 것을 권장합니다.

정답

19660713	19660905
19770217	19950617
20020505	20130201

Column

2036년 문제와 2038년 문제

날짜 처리와 관련해서 가장 인상 깊었던 것이 바로 2000년 문제입니다. 연도를 두 자리로 취급했기 때문에 2000년이 되면 나열 순서가 잘못될 것이다, 오작동할 것이다, 비정상 종료될 것이다 등 프로그램 작성 방식에 따라 다양한 문제가 예상되었습니다. 다행히도 문제를 사전에 미리 준비함에 따라 큰 혼란은 일어나지 않았지요.

컴퓨터의 날짜 처리에서 다음으로 큰 문제가 되는 것은 2036년 문제와 2038년 문제라고 많이들 이야기합니다. 2036년 문제는 NTP(Network Time Protocol) 등에서 시각을 표현할 때 1900년 1월 1일을 시점으로 하여 부호 없는 2진수의 32비트로 표현하고 있다는 점에서 비롯됩니다. 마찬가지로 2038년 문제는 C 언어 등에서 1970년 1월 1일을 시점으로 하여 부호 있는 2진수의 32비트로 표현하고 있다는 점에서 비롯됩니다.

대책으로는 32비트가 아닌 64비트로 표현하는 방법 등이 검토되고 있습니다. 아직 시간은 좀 남았지만 개발자라면 염두에 두고 있어야 합니다.

QUIZ

08 똑똑한 로봇 청소기

최근 다양한 로봇 청소기가 여러 제조사에서 출시되고 있습니다. 바쁜 우리에게 있어 가사일을 도와주는 로봇은 매우 편리합니다. 하지만, 같은 장소를 몇 번이고 왔다갔다하는 등 움직임을 이해하기 어려운 경우도 가끔 있습니다.

여기서는 같은 장소를 다시 지나다니지 않는 로봇 청소기를 생각해 봅시다. 이 로봇 청소기는 전후 좌우로만 이동할 수 있습니다. 예를 들어 3회 이동하는 경우 맨 처음에 뒤로 이동하는 경로는 다음과 같이 9가지 패턴이 있습니다([그림 6]). 맨 처음의 이동 방향은 전후 좌우가 있으므로 생각할 수 있는 이동 경로는 모두 $9 \times 4 = 36$가지가 됩니다.

※ 최초의 위치를 '0'으로, 그 후의 이동 위치를 숫자로 표현하였습니다.

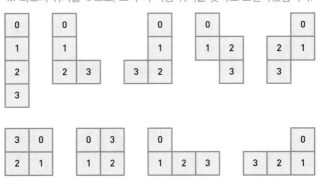

[그림 6] 이동 경로의 예

문제

이 로봇이 12회 이동할 때, 생각할 수 있는 이동 경로의 패턴이 몇 가지인지 구해 보세요.

최초 3회까지는 진행 방향의 앞 방향과 좌우로 이동할 수 있지만,
4회째 이후부터는 움직일 수 없는 방향이 생기겠군요.

생각하는 방법

맨 처음의 위치를 좌표로 표현하여 (0, 0)이라고 합시다. 여기서 전후 좌우로 이동하여 지금까지 지나왔던 장소를 피해 로봇 청소기를 이동시켜 나갑니다. 깊이 우선 탐색으로 구현하면 다음과 같이 작성할 수 있습니다.

q08_01.py

```
N = 12

def move(log):
    # 맨 처음의 위치를 포함하여 N+1개 조사하면 종료
    if len(log) == N + 1:
        return 1

    cnt = 0
    # 전후 좌우로 이동
    for d in [[0, 1], [0, -1], [1, 0], [-1, 0]]:
        # 탐색이 끝나지 않았으면 이동시킴
        next_pos = [log[-1][0] + d[0], log[-1][1] + d[1]]
        # 로그에 다음 위치가 기록되어 있는지 확인하기
        check = False
        for p in log:
            if p[0] == next_pos[0] and p[1] == next_pos[1]:
                check = True # 있는 경우 플래그를 True로 변경
        if check == False:
            cnt += move(log + [next_pos])
    return cnt

print(move([[0, 0]]))
```

맨 마지막의 위치는 log[-1]을 이용하여 배열을 뒤부터 얻는다는 건가요?

그렇습니다. 경로를 배열로 표현하면 매우 간단하게 구현할 수 있습니다.

정답

324,932가지

09 | 남녀 불균형

어느 이벤트 장소에 남녀가 모였습니다. 도착한 순서대로 일렬로 서서 입장을 기다립니다. 이벤트 주최자인 당신은 한 지점에서 끊어 두 개의 그룹으로 나누고 싶습니다.

두 그룹 중 적어도 하나는 남녀 수가 같게 나누고 싶지만 도착한 순서가 나쁜 경우에는 어디에서 끊더라도 두 그룹 다 남녀의 수가 달라져 버립니다.

예를 들어 남자 3명, 여자 3명이 '남남여남여여' 순으로 도착하면, [그림 7]과 같이 어디에서 끊어도 남녀의 수가 달라집니다. 그러나 '남남여여남여' 순으로 도착하면 네 번째 사람까지 끊는 것으로 남녀 수가 같아집니다.

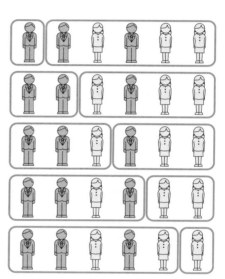

[그림 7] 남녀의 수를 균등하게 나눌 수 없는 예

> **문제**

남자 20명, 여자 10명이 도착하였을 때 어디에서 끊더라도 두 그룹 모두 남자와 여자의 수가 달라지게 되는 도착 순서가 몇 가지 있는지 구해 보세요.

Hint!

남녀를 순서대로 배치하여 같은 수가 되었을 때는 세지 않도록 합시다.

　남녀의 도착 순서를 생각할 때 2차원 표를 사용하면 이해하기 쉽습니다. 남자가 도착하면 오른쪽으로, 여자가 도착하면 위쪽으로 이동하는 경로라고 생각할 수 있습니다. 남녀의 수가 맞지 않는 경우를 구하고자 남녀가 같은 수가 되는 지점을 카운트하지 않도록 합니다. 그림으로 표현하면 다음과 같습니다([그림 8]).

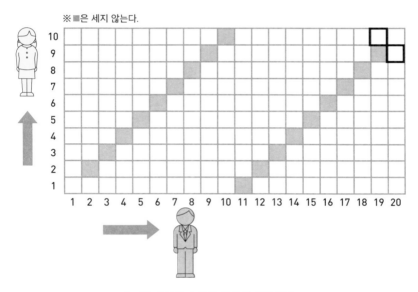

[그림 8] 도착 순서를 경로로 생각한다.

왼쪽 아래에서 진행하여 남녀가 같은 수가 되는 지점과 오른쪽 위에서 진행하여 남녀가 같은 수가 되는 지점을 제외하면 되겠군요. 문제는 오른쪽 윗부분인가요?

Point

　남녀 수가 같아지지 않도록 하려면 오른쪽 위에 까맣게 테두리 쳐진 두 군데에 도달하는 배열 순서가 몇 가지 있는지를 구하여 더합니다. 이 표에서 "왼쪽 아래에서 순서대로 두 군데의 칸에 도달하는 경로가 몇 가지 있는지를 구하면 된다."라는 것입니다.

이를 파이썬으로 구현하면 다음과 같이 작성할 수 있습니다.

q09_01.py

```python
boy, girl = 20, 10
boy, girl = boy + 1, girl + 1

ary = [0] * (boy * girl)
ary[0] = 1

for g in range(0, girl):
  for b in range(0, boy):
    if (b != g) and (boy - b != girl - g):
      if b > 0:
        ary[b + boy * g] += ary[b - 1 + boy * g]
      if g > 0:
        ary[b + boy * g] += ary[b + boy * (g-1)]

print(ary[-2] + ary[-boy - 1])
```

남녀 각각 1을 더한 건 무엇 때문이죠?

0명부터 세기 때문이에요. 20명인 경우 0명~20명의 21가지를 생각할 수 있습니다. 10명의 경우에도 마찬가지로 11가지이지요. 그리고 맨 마지막 합계 부분은 배열을 오른쪽 끝부터 세고 있습니다. 파이썬에서는 −1이 배열의 꼬리랍니다.

같은 처리를 자바스크립트에서 다차원 배열을 사용하여 작성해 봅시다.

q09_02.js

```javascript
var boy = 20;
var girl = 10;
boy += 1;
girl += 1;
var ary = new Array(girl);
for (var i = 0; i < girl; i++){
  ary[i] = new Array(boy);
  for (var j = 0; j < boy; j++){
    ary[i][j] = 0;
  }
}
ary[0][0] = 1;
for (var i = 0; i < girl; i++){
```

```
  for (var j = 0; j < boy; j++){
    if ((i != j) && (boy - j != girl - i)){
      if (j > 0){
        ary[i][j] += ary[i][j - 1];
      }
      if (i > 0){
        ary[i][j] += ary[i - 1][j];
      }
    }
  }
}
console.log(ary[girl - 2][boy - 1] + ary[girl - 1][boy - 2]);
```

정답

2,417,416가지

©οⅈⅇωⅿⁿ

최단 경로 문제를 푸는 법

이 문제에서 사용되고 있는 경로를 생각하는 방법은 최단 경로 문제에서 자주 사용됩니다. [그림 9]와 같은 격자형 길이 있을 때 "A에서 B로 이동하는 최단 경로가 몇 가지인가?"라는 문제입니다.

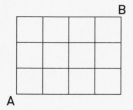

[그림 9] 왼쪽과 아래쪽으로부터 도달하는 수를 더한다.

가로로 4회, 세로로 3회 이동한다는 점에서 '7회 이동 중 가로를 4회 선택하는 조합'을 생각하면 수학적으로는 $_7C_4$를 계산하여 35가지를 구할 수 있습니다. 그러나 이번과 같이 각각의 교차점에 왼쪽과 아래쪽으로부터 도달하는 수의 합계를 반복하여 구하는 방법이 있습니다. 복잡한 형태일 때는 편리한 방식이지요.

10 룰렛의 최댓값

'카지노의 여왕'이라고도 불리는 룰렛. 딜러가 던져 넣은 볼이 회전판을 굴러 예상한 곳에 들어갔을 때의 감동은 일확천금을 꿈꾸는 도전자의 마음을 사로잡을 만합니다.

룰렛의 숫자 배치로 유명한 것이 '유로피안 스타일'과 '아메리칸 스타일'입니다. 여기서는 각각의 배치에서 '연속하는 n개의 수의 합'이 최대가 되는 위치를 생각해 봅시다.

예를 들어 $n = 3$일 때 유로피안 스타일에서는 36, 11, 30의 나열을 더한 77이, 아메리칸 스타일에서는 24, 36, 13의 나열을 더한 73이 최대가 됩니다.

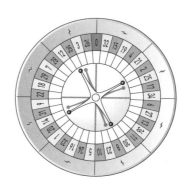

유로피안 스타일

0, 32, 15, 19, 4, 21, 2, 25, 17, 34, 6, 27, 13, 36, 11, 30, 8, 23, 10, 5, 24, 16, 33, 1, 20, 14, 31, 9, 22, 18, 29, 7, 28, 12, 35, 3, 26

아메리칸 스타일

0, 28, 9, 26, 30, 11, 7, 20, 32, 17, 5, 22, 34, 15, 3, 24, 36, 13, 1, 00, 27, 10, 25, 29, 12, 8, 19, 31, 18, 6, 21, 33, 16, 4, 23, 35, 14, 2

[그림 10] 숫자의 배치와 룰렛 이미지

문제

$2 \leq n \leq 36$의 각각의 n에 대하여, 연속하는 n개의 수의 합이 최대가 되는 경우를 구하고, 유로피안 스타일에서의 합이 아메리칸 스타일에서의 합보다도 작아지는 n이 몇 개 있는지 구해 보세요.

제 1 장

룰렛은 원형이므로 배열로 표현하는 경우에는 접근하는 인덱스에 주의가 필요합니다.

생각하는 방법

가장 알기 쉬운 방법은 연속하는 수의 합을 순서대로 구해 나가는 것입니다. 배열에 룰렛의 숫자를 저장하고 시작 위치를 하나씩 밀면서 대상이 되는 개수만큼 배열에서 골라내어 합을 구합니다.

이 합이 최대가 되는 것을 유로피안 스타일과 아메리칸 스타일에서 모두 구하고 그 결과를 비교하여 셉니다. 이를테면 파이썬을 사용해서 다음과 같은 소스 코드로 구현할 수 있습니다.

q10_01.py

```python
european = [0, 32, 15, 19, 4, 21, 2, 25, 17, 34, 6, 27, 13, 36, \
  11, 30, 8, 23, 10, 5, 24, 16, 33, 1, 20, 14, 31, 9, \
  22, 18, 29, 7, 28, 12, 35, 3, 26]
american = [0, 28, 9, 26, 30, 11, 7, 20, 32, 17, 5, 22, 34, 15, \
  3, 24, 36, 13, 1, 0, 27, 10, 25, 29, 12, 8, 19, 31, \
  18, 6, 21, 33, 16, 4, 23, 35, 14, 2]

def sum_max(roulette, n):
  ans = 0
  for i in range(0, len(roulette) + 1):
    tmp = 0
    if i + n <= len(roulette):
      # 배열의 양끝을 넘지 않는 경우
      tmp = sum(roulette[i:i + n + 1])
    else:
      # 배열의 양끝을 넘는 경우
      tmp = sum(roulette[0:((i + n) % len(roulette) + 1)])
      tmp += sum(roulette[i:-1])
    ans = max([ans, tmp])
  return ans

cnt = 0
for i in range(2, 36 + 1):
  if sum_max(european, i) < sum_max(american, i):
    cnt += 1
print(cnt)
```

룰렛은 원형이니까 "배열의 오른쪽 끝이 넘치면 넘친 만큼 왼쪽에서 얻는다."라는 것이죠?

그렇죠. 처리는 간단해서 알기가 쉽군요. 이렇게 해도 충분하지만, 대상이 되는 수가 늘면 처리에 다소 시간이 소요됩니다. 그럴 때는 자벌레가 움직이는 것처럼 시작 위치와 종료 위치를 하나씩 밀어 나가면 고속으로 처리할 수 있는 프로그램이 된답니다.

Point

맨 처음 단계에서 왼쪽 n개의 합계를 얻어두고 오른쪽으로 하나씩 밀 때마다 왼쪽 끝의 수를 줄이고 오른쪽 끝의 수를 늘려나갑니다. 이렇게 함으로써 배열의 합을 구하는 과정을 줄일 수가 있습니다.

q10_02.py

```python
european = [0, 32, 15, 19, 4, 21, 2, 25, 17, 34, 6, 27, 13, 36, \
  11, 30, 8, 23, 10, 5, 24, 16, 33, 1, 20, 14, 31, 9, \
  22, 18, 29, 7, 28, 12, 35, 3, 26]
american = [0, 28, 9, 26, 30, 11, 7, 20, 32, 17, 5, 22, 34, 15, \
  3, 24, 36, 13, 1, 0, 27, 10, 25, 29, 12, 8, 19, 31, \
  18, 6, 21, 33, 16, 4, 23, 35, 14, 2]

def sum_max(roulette, n):
  ans = sum(roulette[0:n])
  tmp = ans
  for i in range(0, len(roulette)):
    tmp += roulette[(i + n) % len(roulette)]
    tmp -= roulette[i]
    ans = max([ans, tmp])
  return ans

cnt = 0
for i in range(2, 36 + 1):
  if sum_max(european, i) < sum_max(american, i):
    cnt += 1
print(cnt)
```

보기에는 반복 횟수가 같은 듯한데 어디가 다른 건가요?

실제로 sum 함수의 처리는 내부적으로 반복이 일어나는데 sum 함수가 줄면서 실질적으로 반복이 줄어들었다고 할 수 있어요.

정답

9개

ⓒⓞⓛⓤⓜⓝ

소스 코드의 줄 수가 많을수록 이득이다?

소프트웨어 개발 현장에서는 아직도 LOC(Line of Code)라는 사고방식이 있습니다. 이는 소스 코드의 줄 수에 따라 개발 비용 견적을 내거나, 실제로도 그렇게 청구하는 방식입니다. 당연히 긴 소스 코드를 작성하려면 그만한 시간이 소요되니 개발 비용도 더 든다고 할 수 있습니다.

이러한 사고방식은 개발 비용을 간단히 계산할 수 있고 수치화하여 나타나기 때문에 설명하기에도 쉽습니다. 하지만, 실제로는 한 줄로 할 수 있는 처리가 10줄, 혹은 그 이상으로 쓰여 악용되는 일도 많습니다.

이러한 방식이라면 소프트웨어를 개발하는 회사 입장에서는 코드 줄 수를 늘리기만 하면 매출 증대로 연결됩니다. 이에 따라 필요 없는 소스 코드가 추가될 뿐만 아니라 수정에도 방대한 시간이 소요될 수도 있습니다. 게다가 무엇을 어떻게 세는지에 따라서도 달라집니다. 주석을 포함할지, 1줄의 길이를 어떻게 정의할지, 어느 프로그래밍 언어를 사용할 지와 같은 조건을 정하지 않으면 작업자에 따라 큰 차이를 보이는 것이지요.

개발자라면 매출에 신경 쓰지 말고 최적의 소스 코드를 작성하는 데만 온 힘을 다하시기 바랍니다.

제 **2** 장

초급편

★★

간단한 문제를 풀어
알고리즘의 효과를 실감해 보자

비용 대비 효과 생각하기

"처리를 고속화한다."라는 것은 상당히 애매한 말입니다. 실행 속도에 대해서는 다양한 견해가 있습니다. 이를테면 프로그램 내의 코드 실행 시 소요되는 '실제 속도'인지 사용자가 소프트웨어를 사용할 때 느끼는 '체감 속도'인지 통신이나 화면 표시를 포함한 '표시 속도'인지 말이지요.

'for와 while을 비교하여 어느 쪽이 빠른지'와 같은 논쟁도 있습니다. 솔직히 요즘 컴퓨터 환경을 생각하면 "둘 다 좋다."라고 말할 수밖에 없습니다. 더욱 고속화할 수 있는 부분이 그 외에도 있기 때문입니다.

예를 들어 0.1초 걸리는 처리가 0.05초 만에 끝나면 속도가 2배 빨라진 셈이 되지만, 그 속도를 알아챌 수 있는 사람은 많지 않을 것입니다. 그러나 10시간 걸리는 처리가 5시간으로 끝난다면 그 효과는 분명하겠지요.

실무 현장에서는 사소한 개선보다 '큰 파일을 불러올 때 프로그레스바(진행률을 보여줌)를 표시하는 것'과 같이 눈에 보이는 부분을 바꾸는 것만으로 체감 속도를 높일 수 있습니다. 상황을 알지 못해 불안할 때일수록 처리 시간이 길게 느껴지는 법이지요. 이때 처리 진행 상황을 알 수 있게 하면 처리가 늦어진다는 느낌을 줄일 수 있습니다.

하드웨어를 빠른 것으로 바꾸는 것도 선택지 중 하나입니다. 요즘에는 임베디드 업계에서도 가격이 싸면서 속도가 빠른 디바이스를 이용할 수 있게 되었습니다. 병렬 처리 환경도 마련된 데다, 처리 능력이 2배로 높아지는 것만으로도 성능 면의 문제가 사라지는 경우도 드물지 않지요.

프로그래머는 기술자로서 빠른 속도를 추구하게 되는 경향이 있습니다. 나쁘다고 할 수는 없지만, 고속화를 위해 소비해야 하는 시간과 그 효과의 균형도 생각해 보도록 합시다.

QUIZ

11 피보나치 수열

그리스의 파르테논 신전이나 밀로의 비너스 등에 나타나는 '황금비율'로 유명한 피보나치 수열에는 수학적으로 재미있는 성질이 아주 많습니다.

피보나치 수열은 두 개의 1에서 시작합니다. 그다음에는 직전의 두 수의 합을 계속해서 써 나갑니다. 예를 들어 1과 1의 합은 2, 1과 2의 합은 3, 2와 3의 합은 5, 3과 5의 합은 8과 같이 말입니다. 이 작업을 반복하면,

1, 1, 2, 3, 5, 8, 13, 21, 34, 55, 89, …

라는 수열이 나타납니다. 이것이 바로 '피보나치 수열'입니다.

여기서 이웃한 두 수로 나눗셈을 해보면 [표 1]과 같은 결과를 얻을 수 있습니다. 서서히 1.618에 가까워지는 모습을 볼 수 있군요. 바로 여기서 '황금비율'이 나왔습니다.

문제

피보나치 수열 중 각 자리의 숫자를 더한 수로 나누어 떨어지는 수를 다음의 예에 이어 작은 쪽부터 5개 구해보세요.

예) 2 → 2 ÷ 2

3 → 3 ÷ 3

5 → 5 ÷ 5

8 → 8 ÷ 8

21 → 21 ÷ 3 ⋯ 2 + 1 = 3으로 나눔

144 → 144 ÷ 9 ⋯ 1 + 4 + 4 = 9로 나눔

[표 1] 피보나치 수열의 나눗셈

1/1	=	1.00000
2/1	=	2.00000
3/2	=	1.50000
5/3	=	1.66667
8/5	=	1.60000
13/8	=	1.62500
21/13	=	1.61538
34/21	=	1.61905
55/34	=	1.61765
89/55	=	1.61818

각 자리의 값으로 분할하는 처리를 할 수 있다면 그다음부터는 간단한가요?

피보나치 수열은 값이 금방 커지기 때문에 자릿수에 주의합시다.

> 생각하는 방법

피보나치 수열에서는 바로 전의 두 가지 값을 알면 이어질 수를 알 수 있습니다. 그러므로 점화식을 사용하면 n번째 피보나치 수를 구하는 함수는 다음과 같이 구현할 수 있습니다. 여기서는 자바스크립트에서의 예를 기재하였습니다.

q11_01.js

```javascript
function fib(n){
  if ((n == 0) || (n == 1)){
    return 1;
  } else {
    return fib(n - 2) + fib(n - 1);
  }
}
```

역시 재귀를 사용하면 간단하게 구현할 수 있군요.

단, n이 커지면 처리에 시간이 소요되는 게 문제지요.

그럼 이건 어떨까요? 한 번 계산한 것을 메모해 두고 다시 계산하지 않도록 만들어봤어요.

q11_02.js

```javascript
var memo = new Array()
function fib(n){
  if (memo[n] == null){
    if ((n == 0) || (n == 1)){
      memo[n] = 1;
    } else {
```

```
    memo[n] = fib(n - 2) + fib(n - 1);
    }
  }
  return memo[n];
}
```

'메모화'라 불리는 방법이군요. 이것도 좋은 방법입니다. 하지만, 이것만으로는 이 문제를 풀 수 없어요. 수치형의 최댓값에 대해서도 생각해 봅시다.

큰 숫자를 다룰 때는 오버플로에 주의하는 것이 중요합니다. 자바스크립트 표준에서는 ±2의 53제곱 범위를 다룰 수 있지만, 그 이상은 불가능합니다. 엑셀이나 R 언어에서도 유효 자릿수는 15자리입니다.

이번 문제에서는 마지막 답변이 이 범위를 넘게 됩니다. 문제는 이번과 같이 나눗셈을 하면 오버플로한 것을 알아차리기가 어렵다는 것입니다.

파이썬을 사용하면 큰 자릿수도 취급할 수 있으니 파이썬으로 다시 만들어 봤어요.

q11_03.py

```
memo = {}
def fib(n):
  if n in memo:
    return memo[n]
  if (n == 0) or (n == 1):
    memo[n] = 1
  else:
    memo[n] = fib(n - 1) + fib(n - 2)
  return memo[n]
```

확실히 파이썬이라면 큰 수라도 처리할 수 있지요. 하지만, 애초에 재귀를 사용하지 않는 방법도 있습니다. 이를테면 다음과 같이 써보면 어떤가요?

q11_04.py

```python
import re

a = b = 1
count = 0
while count < 11:
  c = a + b
  # 1자리씩으로 분할하여 각 자리의 합을 취득
  sum = 0
  for e in str(c):
    sum += int(e)
  if c % sum == 0:
    # 나누어 떨어지면 출력
    print(c)
    count += 1
  a, b = b, c
```

우와! 엄청나게 빨라요! 순식간에 답이 나오네요.

a, b, c라는 변수로 차례대로 치환해 나가는 것이 포인트군요.

Point

처리 속도에 신경 쓰는 것도 중요하지만 '사용하는 언어로 다룰 수 있는 자릿수는 어디까지인지', '얻은 결과가 적절한지'도 항상 확인하도록 합시다.

정답

2,584
14,930,352
86,267,571,272
498,454,011,879,264
160,500,643,816,367,088

우리 주변에 있는 피보나치 수열

피보나치 수열은 수학이나 알고리즘의 세계에만 있는 것은 아닙니다. 자연 속에서도 황금비율의 식물이 있다고 하며 디자인의 세계로 보면 애플의 로고가 황금비율의 조합으로 만들어져 있다는 사실이 유명하지요.

주식이나 외환 시장 등에서는 'Fibonacci Ratio', 즉 '황금분할'이라 불리는 것이 있어 주가나 환율을 볼 때 이를 사용하고 있습니다. 기간을 볼 때 13주, 21주, 34주, 55주, 89주 등으로 구분하여 판단하는 방법이나 가격을 볼 때 고가와 저가의 폭을 1로 하여 0.618의 범위에서 보는 방법 같은 것입니다.

일상에서 일어나는 일들을 생각할 때 사용해 보는 것도 참 재미있을 것 같습니다. 참고로 제가 혼인신고서를 제출한 날은 13일, 결혼식을 올린 날은 21일입니다. 왠지 인연이 있는 것 같네요.

QUIZ

12 제곱근의 숫자

제곱근은 중학교 과정에서 배우게 됩니다. '루트'라는 이름이 더 알기 쉬울지도 모르겠습니다. 예를 들어 2의 제곱근은 ±1.41421356237309 5048…과 같이 무한으로 이어집니다.

엑셀뿐만 아니라 대부분의 프로그래밍 언어에서는 제곱근을 구하는 함수가 있기 때문에 간단하게 사용할 수 있습니다.

문제

제곱근을 소수로 나타내었을 때 0 ~ 9의 모든 숫자가 가장 빨리 나타나는 최소 정수를 구해 보세요. 단 여기서는 양의 제곱근만을 대상으로 합니다. 정수 부분을 포함하는 경우와 소수 부분만 취하는 경우 각각에 대해 모두 구해 보세요.

예) 2의 제곱근: 1.414213562373095048…
    (0 ~ 9가 모두 나타나려면 19자리가 필요)

Hint!

> 이 문제는 제곱근의 자리를 어떻게 추출할 지가 관건이네요.

Hint!

> 포인트는 소수의 '유효 숫자'를 의식하고 있느냐가 되겠습니다.

> 소수를 다루는 형에는 float형이나 double형 등이 있어요.

> 이번에는 제곱근만 계산하면 되니까 '언더플로(Underflow)'는 고려하지 않아도 되겠지요.

※ '언더플로'란 계산 결과가 0에 가까워지는 가감산을 부동소수점 연산으로 실행했을 때 유효 숫자의 자릿수가 극단적으로 적어지는 것입니다.

IEEE754 형식에서는 '단정도 부동소수점 수'와 '배정도 부동소수점 수'가 자주 사용됩니다. 단정도 부동소수점 수에서는 32비트를 부호부 1비트, 지수부 8비트, 가수부 23비트로 나누고 있습니다. 이를 이용하여 숫자를 다음 식으로 표현합니다.

$$(-1)^{부호부} \times 2^{지수부-127} \times 1.가수부$$

'1.가수부'라는 게 뭐예요?

맨 앞을 반드시 1로 함으로써 표현할 수 있는 자릿수를 조금이라도 늘리려고 하는 것이지요. 이렇게 하면 23비트에서 24비트분을 표현할 수 있습니다. 즉 부호부의 부분은 플러스나 마이너스를 나타내며 '1.가수부' 부분에서 숫자의 나열을 나타냅니다. 그다음은 '$2^{지수부-127}$' 부분에서 자리를 나타냅니다.

2.5를 2진수로 고치면 정수 부분은 10, 소수 부분은 0.1로 나타낼 수 있으니 '10.1'이지만 이것을 한 자리 오른쪽으로 밀어 가수부에는 '1.01' 지수부에는 '1'을 설정하면 되는군요.

그렇게 하면 가수부의 맨 앞 '1'은 생각하지 않아도 되지요.

Point

지수부는 127을 더한 값으로 하지 않으면 마이너스가 되기 때문에 25를 표현하려고 하면 지수부의 값은 128을 2진수로 한 '10000000'으로 하면 됩니다. 즉, 25는 '01000000001000000000000000000000'이 됩니다.

이에 따라 숫자의 나열은 23자리(실제로는 24자리)로 표현할 수 있는 범위라고 할 수 있게 됩니다. 2진수로 23자리이므로 10진수라면 $\log_{10}2^{23} = 6.92$자리, 24자리로도 $\log_{10}2^{24} = 7.225$자리입니다. 즉, 6자리나 7자리 정도로밖에는 정확하게 표현할 수 없습니다.

마찬가지로 배정도 부동소수점 수라면 약 15자리가 됩니다. 즉 '단정도 부유소수점 수'로는 이번 문제는 풀 수 없으므로 '배정도 부동소수점 수'를 사용해야 합니다.

 그다음은 어떻게 문자열로 만들지?

수치를 문자열로 변환하는 방법은 언어에 따라 다릅니다. 예를 들면 C 언어 등에서 snprintf( ) 함수 등을 사용하는 경우에는 '서식 지정자를 적절히 사용'하는 것이 되지만 1자리씩 10배 하여 정수 부분만을 추출하도록 하면 바르게 문자열화되지 않을 수도 있습니다.

스크립트 언어인 파이썬이나 자바스크립트에서는 다음과 같은 기술로 문자열화할 수 있습니다.

┃ 파이썬

```
str(1.2345)
str(0.000012345)
```

┃ 자바스크립트

```
1.2345.toString()
0.000012345.toString()
```

둘 다 첫 번째는 '1.2345'를 얻게 되지만 두 번째는 파이썬에서 '1.2345e − 05'처럼 출력됩니다. 자바스크립트도 자릿수가 더 내려가면 이렇게 표현됩니다. 앞의 내용을 유념하고 나서 이번 문제에서는 영향이 없다고 판단하는 것은 괜찮지만, 무의식적으로 사용하게 되면 문제가 될 수 있습니다. 이를 방지하려면 다음 방법을 사용하는 것이 좋습니다.

┃ 파이썬

```
"{:10.10f}".format(0.000012345)
```

┃ 자바스크립트

```
1.2345.toFixed(10)
0.000012345.toFixed(10)
```

이번 문제를 파이썬으로 구현하면 다음과 같이 작성할 수 있습니다.

q12_01.py

```python
from math import sqrt

# 정수 부분을 포함하는 경우
i = 1
while True:
  i += 1
  # 소수점을 제거하고 왼쪽 10문자 추출
  string = '{:10.10f}'.format(sqrt(i)).replace('.','')[0:10]
  # 중복을 제거해서 10문자라면 종료
  if len(set(string)) == 10:
    break

print(i)

# 소수 부분만 계산하는 경우
i = 1
while True:
  i += 1
  # 소수점으로 분할하여 소수 부분만을 취득
  string = '{:10.10f}'.format(sqrt(i)).split('.')[1]
  # 소수 부분의 중복을 제거하고 10문자라면 종료
  if len(set(string)) == 10:
    break
print(i)
```

 파이썬 등의 스크립트 언어에는 format( ), split( ), set( ) 등의 편리한 메서드가 많네요.

 이렇게 편리한 언어를 사용하는 것도 좋지만 가능하면 C 언어 같은 언어로도 구현해보았으면 해요.

정답

정수 부분을 포함하는 경우: 1362

($\sqrt{1362} = 36.90528417$)

소수부분만 계산하는 경우: 143

($\sqrt{143} = 11.9582607431$)

QUIZ

13 복면산을 만족하게 하는 것은 몇 가지일까?

복면산이란 복면을 쓴 숫자, 즉 문자로 표현한 계산식으로, 같은 문자에는 같은 숫자가 들어가고 다른 문자에는 다른 숫자가 들어갑니다. 그리고 최상위 문자에 0은 들어가지 않습니다.

We × love = CodeIQ

라는 식이 주어졌을 때 다음과 같이 대입할 수 있습니다.

W = 7, e = 4, l = 3, o = 8, v = 0, C = 2, d = 1, I = 9, Q = 6

이 변환에 의해 '74 × 3804 = 281496'이라는 식을 만들 수 있습니다. 앞의 식을 만족하는 것은 이 한 가지뿐입니다.

[문제]

다음의 식을 만족하는 숫자 대입 방법은 몇 가지 있는지 구해 보세요.

READ + WRITE + TALK = SKILL

완전 탐색으로 풀면 답은 어떻게 나올 거 같긴 한데….

확실히 전부를 탐색하면 답은 나올 것 같네요. 하지만, 이런 문제는 수작업으로 풀더라도 좀 더 연구해 본 뒤에 풀어야겠죠.

Hint!

요즘 컴퓨터는 속도가 빨라서 완전 탐색으로도 풀 수 있는 문제가 많아지긴 했지만, 될 수 있으면 범용성이나 처리 속도를 고려하도록 합시다.

생각하는 방법

　같은 문자에는 같은 숫자가 들어가고 다른 문자에는 다른 숫자가 들어간

다는 점에서 0～9의 숫자를 어떻게 할당할 지가 포인트가 됩니다. 이번에

사용된 문자는 R, E, A, D, W, I, T, L, K, S의 10개이므로 각각 하나씩 대

응하면 되겠군요.

　가장 간단한 것은 10개의 숫자를 순서대로 대입해 가는 방법입니다. 단

순히 완전 탐색해도 풀 수는 있습니다. 파이썬으로 구현하면 다음과 같이

작성할 수 있습니다.

q13_01.py

```
from itertools import permutations

count = 0
for (r, e, a, d, w, i, t, l, k, s) in permutations(range(0, 10)):
  if r == 0 or w == 0 or t == 0 or s == 0:
    continue
  read = r * 1000 + e * 100 + a * 10 + d
  write = w * 10000 + r * 1000 + i * 100 + t * 10 + e
  talk = t * 1000 + a * 100 + l * 10 + k
  skill = s * 10000 + k * 1000 + i * 100 + l * 10 + l
  if read + write + talk == skill:
    count += 1
    print("{} + {} + {} = {}".format(read, write, talk, skill))

print(count)
```

　제일 앞 문자가 0이 되지 않도록 주의하면서 각각의 문자에 할당해
나가는 것이군요.

　어떻게 하면 더 빠르게 만들 수 있을까요? 이번과 같이 10문자를 사용하

는 경우, 전체 탐색하면 10! (10의 계승) 가지가 필요하므로 탐색 범위를 줄

이는 방법을 생각해 봅시다.

　문제에 있는 것과 같이 최상위 자리에는 '0'을 사용할 수 없기 때문에 제

외할 수 있습니다. 그리고 이번 문제에서 5자리의 수는 'WRITE'와

'SKILL'로, 최상위 자리가 다릅니다. 즉, 직전 자리에서 올림 수가 있다는

것이 됩니다. 올림 수는 1 아니면 2이므로 'W+1=S' 또는 'W+2=S'를 만족합니다.

그리고 밑에서 두 번째 자리를 보면 A+T+L=L이라고 되어 있습니다. 밑에서 첫 번째 자리로부터의 올림 수는 0, 1, 2 중 하나이므로 'A+T=8', 'A+T=9', 'A+T=10' 중 하나를 만족합니다.

마찬가지로 밑에서 세 번째 자리를 보면 'E+I+A=I'라고 되어 있습니다. 올림수는 앞과 마찬가지로 0, 1, 2 중 하나이므로 똑같이 'E+A=8', 'E+A=9', 'E+A=10' 중 하나를 만족합니다.

이 조건들을 집어넣은 것이 다음 프로그램입니다.

q13_02.py

```python
import re
from itertools import permutations
from collections import OrderedDict

count = 0
for (e, a, d, t, k, l) in permutations(range(0, 10), 6):
  if ((a + t == 8) or (a + t == 9) or (a + t == 10)) and\
     ((a + e == 8) or (a + e == 9) or (a + e == 10)) and\
     ((d + e + k) % 10 == l) and\
     (((a + t + l) * 10 + d + e + k) % 100 == l * 11):
    temp = [item for item in range(0, 10) if item not in [k, e, d, l, t, a]]
    for (i, r, s, w) in permutations(temp, 4):
      if ((r != 0) and (w != 0) and (t != 0)) and\
         ((s == w + 1) or (s == w + 2)):
        read = r * 1000 + e * 100 + a * 10 + d
        write = w * 10000 + r * 1000 + i * 100 + t * 10 + e
        talk = t * 1000 + a * 100 + l * 10 + k
        skill = s * 10000 + k * 1000 + i * 100 + l * 10 + l
        if read + write + talk == skill:
          print("{} + {} + {} = {}".format(read, write, talk, skill))
          count += 1

print(count)
```

 프로그램은 복잡해졌지만, 처리는 순식간이군요.

68

이렇게 하면 0.1초 미만으로 구할 수 있게 되지요. 단, 이것도 다른 입력 값에는 대응할 수 없습니다. 어떤 것이 최고라는 것은 없으니 때와 장소에 맞게 적절히 사용하는 것이 중요합니다.

너무 복잡해지면 버그를 만들어 내기 쉬우니 어렵네요.

정답

10가지

7092 + 47310 + 1986 = 56388   7092 + 37510 + 1986 = 46588

5094 + 75310 + 1962 = 82366   5096 + 35710 + 1982 = 42788

5180 + 65921 + 2843 = 73944   5270 + 85132 + 3764 = 94166

2543 + 72065 + 6491 = 81099   1632 + 41976 + 7380 = 50988

9728 + 19467 + 6205 = 35400   4905 + 24689 + 8017 = 37611

프로그래머에게 필요한 기술

이 문제에 사용된 복면산은 'READ＋WRITE＋TALK＝SKILL'입니다. 프로그래머에게 필요한 기술에는 어떤 것들이 있을까요? 먼저, 소스 코드를 읽고 쓰려면 프로그래밍 언어 지식은 필수입니다. 구직 활동 관련해서 자주 들을 수 있는 말인 '커뮤니케이션 능력'도 필요할지 모릅니다.

이 책은 '수학 퍼즐'을 다루고 있지만 '수학'을 실무에 사용하는 경우는 그다지 많지 않습니다. 게임을 만드는 프로그래머라면 좌표나 회전과 같은 지식은 필요하겠지만, 대부분은 편리한 라이브러리가 있습니다.

그리고 개발에 걸리는 공정에 따라서 요구되는 기술도 달라집니다. 요구 사항 정의 공정이라면 알기 쉬운 자료를 작성하는 기술도 요구될 것이고, 테스트 공정이라면 테스트 방법에 관한 기술이나 '직감'이 요구되기도 합니다.

IT 업계를 희망하는 학생은 자격증 취득에 혈안일지도 모릅니다. 하지만, 프로그래밍만 파고드는 일은 하지 않았으면 좋겠습니다.

회사에서 일해보면 가장 필요한 것은 '업무 지식'이라는 것을 알게 됩니다. 주어진 사양을 실무에 녹여내려면 업무 지식이 없으면 사용자와 대화하는 것조차 불가능합니다. 애초에 사양을 이해하지 못할지도 모릅니다. 업계에 따라 내용은 다르겠지만, 프로그래밍만 공부하게 되면 '쓸모없는' 프로그래머가 되어버리므로 주의하여야 합니다.

QUIZ

14 월드컵 출전국 끝말잇기

축구팬에게 있어 FIFA 월드컵은 4년에 한 번 돌아오는 빅 이벤트입니다. 여기서는 2014년도 출전국으로 끝말잇기를 해 봅시다. 단, 알파벳으로 끝말잇기를 합니다(대문자와 소문자는 같은 것으로 취급합니다).

2014년도 출전국은 [표 2]와 같은 32개국입니다.

[표 2] 2014년 FIFA 월드컵 출전국

Brazil	Croatia	Mexico
Cameroon	Spain	Netherlands
Chile	Australia	Colombia
Greece	Cote d'Ivoire	Japan
Uruguay	Costa Rica	England
Italy	Switzerland	Ecuador
France	Honduras	Argentina
Bosnia and Herzegovina	Iran	Nigeria
Germany	Portugal	Ghana
USA	Belgium	Algeria
Russia	Korea Republic	

예를 들어 다음과 같이 하면 3개국 만에 끝나버립니다(D로 시작하는 나라 이름이 없습니다).

‘Japan’ → ‘Netherlands’ → ‘Switzerland’

문제

각 나라를 한 번씩만 말할 수 있다고 할 때 가장 길게 이어지는 순서를 구하고 사용한 국가의 수를 답해 보세요.

맨 앞 문자는 모두 대문자이지만, 끝 문자는 대문자, 소문자 둘 다 있네요.

모두 대문자로 통일하고 나서 처리하면 간단하지요.

생각하는 방법

나라 이름은 한 번밖에 사용할 수 없기 때문에 사용했는지를 어떻게 확인할지가 포인트입니다. 방법은 몇 가지를 생각할 수 있습니다. 예를 들어 다음과 같은 방법이 있습니다.

· 사용 완료 플래그를 설정하는 방법
· 사용한 나라 이름을 제외해 나가는 방법

Point

차례로 탐색한다는 의미를 반복문으로 구현할 수도 있지만, 재귀를 사용하여 깊이 우선 탐색으로 구현하면 간단하게 작성할 수 있습니다.

여기서는 '사용 완료 플래그를 설정하는 방법'을 파이썬으로 작성해 보겠습니다.

q14_01.py

```python
# 월드컵 출전국을 배열로 설정
country = ["Brazil", "Croatia", "Mexico", "Cameroon",
           "Spain", "Netherlands", "Chile", "Australia",
           "Colombia", "Greece", "Cote d'Ivoire", "Japan",
           "Uruguay", "Costa Rica", "England", "Italy",
           "Switzerland", "Ecuador", "France", "Honduras",
           "Argentina", "Bosnia and Herzegovina", "Iran",
           "Nigeria", "Germany", "Portugal", "Ghana",
           "USA", "Belgium", "Algeria", "Russia",
           "Korea Republic"]
# 사용 완료 여부 확인
is_used = [False] * len(country)

def search(prev, depth):
  global max_depth
  is_last = True
  for i, c in enumerate(country):
```

```
      if c[0] == prev[-1].upper():
        if not is_used[i]:
          is_last = False
          is_used[i] = True
          search(c, depth + 1)
          is_used[i] = False
    if is_last:
      max_depth = max([max_depth, depth])
      return max_depth


# 모든 나라로부터 개시
max_depth = 0
for i, c in enumerate(country):
  is_used[i] = True
  search(c, 1)
  is_used[i] = False

# 깊이의 최대치(끝말잇기로 이어지는 나라의 수)를 표시
print(max_depth)
```

재귀적으로 탐색하기 전에 플래그를 설정하고 끝나면 플래그를 원래대로 되돌린다는 거가요?

그렇습니다. 사용 완료 여부를 확인하기 위한 배열을 인수로 보내는 방법도 있지만, 여기서는 전역 변수를 사용하고 있습니다.

17번째 줄에서 알파벳을 모두 대문자로 치환한 것도 간단해서 알기 쉽네요.

이 정도의 나라 수라면 처리 시간을 염두에 두지 않아도 간단히 풀 수 있습니다. 하지만, 나라 수가 늘면 처리 시간도 단번에 늘어나는 것이 끝말잇기의 어려움입니다.

정답

8개

Korea Republic → Cameroon → Netherlands → Spain → Nigeria → Argentina → Australia → Algeria 등

※ 마지막 3개국은 교체가 가능하므로 모두 6가지 순서가 있습니다.

QUIZ

15 계단에 서서 수다 떨기

어느 계단을 밑부터 A가 올라가는 동시에 위에서 B가 내려옵니다. 계단은 1단씩 올라갈(내려갈) 필요는 없으며 최대 3단까지 건너 뛰어(즉, 한 번에 4단 진행) 갈 수 있습니다.

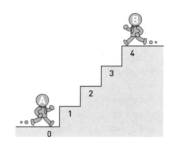

단, 몇 단을 뛰더라도 1회 이동에 걸리는 시간은 같은 것으로 합니다. 여기서, 두 명

[그림 1] A는 계단을 올라가고 B는 계단을 내려간다.

이 동시에 한 번씩 이동할 때 '두 명이 같은 단에 머물도록 움직이는 방법'이 몇 가지인지를 생각해 봅시다(계단은 충분한 폭이 있어 두 사람이 함께 지날 수 있으므로 부딪칠 일은 없습니다. 그리고 같은 단에 머문 시점에서 이동은 종료하는 것으로 합니다).

예를 들어 [그림 1]과 같이 4단짜리 계단이 있을 때 [표 3]과 같이 네 가지가 있습니다(각 단에 0 ~ 4의 숫자가 쓰였다고 생각합니다).

[표 3] 계단이 4단인 경우

	A	B	이동 방법
(1)	0 → 1 → 2	4 → 3 → 2	A, B 모두 1단씩 이동
(2)	0 → 1	4 → 1	A는 1단 이동, B는 2단 건너뛰어 이동
(3)	0 → 2	4 → 2	A, B 모두 1단 건너뛰어 이동
(4)	0 → 3	4 → 3	A는 2단 건너뛰어 이동, B는 1단 이동

문제

10단짜리 계단에서 같은 방식으로 이동했을 때 두 사람이 같은 단에 서는 방법은 몇 가지인지 구해 보세요.

A와 B를 차례로 이동시키기만 하면 되니까 방식은 단순하네요.

계단 수가 늘더라도 고속으로 처리하는 방법도 생각해 보세요.

생각하는 방법

"두 사람이 같은 단에 선다."라는 점에서 A가 B보다도 윗단에 도달한 경우에는 탐색을 중단할 수 있습니다. A와 B가 각각의 위치에서 이동하여 한 번에 나아가는 단 수를 바꾸면서 탐색하는 과정을 재귀적으로 구현하면 되므로 파이썬에서는 다음과 같이 작성할 수 있습니다.

q15_01.py

```python
N = 10      # 계단의 단 수
STEPS = 4   # 한 번에 진행할 수 있는 단 수

def move(a, b):
  if a > b:
    # A가 B보다 위에 있으면 종료
    return 0
  elif a == b:
    # 같은 단에서 멈추면 수를 셈
    return 1
  cnt = 0
  for da in range(1, STEPS + 1):
    for db in range(1, STEPS + 1):
      cnt += move(a + da, b - db) # 재귀적으로 탐색
  return cnt

# A는 0의 위치에서 B는 N의 위치에서 스타트
print(move(0, N))
```

또 재귀가 나왔어요. 종료 조건이 여러 가지 있다는 게 재미있어요.

제 2 장

초급편

이런 문제는 재귀를 사용하면 간단하게 작성할 수 있는 전형적인 사례지요. 하지만, N의 수(계단의 단 수)가 20단을 넘은 시점부터 처리에 시간이 걸리게 돼요.

 '11번 문제'에서 구현한 것처럼 메모화하는 것은 어때요?

다음과 같이 구현하면 고속으로 처리할 수 있습니다.

q15_02.py

```
N = 10          # 계단의 단 수
STEPS = 4       # 한 번에 진행할 수 있는 단 수

memo = {}

def move(a, b):
  if a > b:
    # A가 B보다 위에 있으면 종료
    return 0
  elif a == b:
    # 같은 단에서 멈추면 수를 셈
    return 1

  # 메모화
  key = (a, b)
  if key in memo:
    return memo[key]

  cnt = 0
  for da in range(1, STEPS + 1):
    for db in range(1, STEPS + 1):
      cnt += move(a + da, b - db) # 재귀적으로 탐색

  # 메모화 후 리턴
  memo[key] = cnt
  return cnt

# A는 0의 위치에서 B는 N의 위치에서 스타트
print(move(0, N))
```

 아주 좋아요. 메모화는 효과적인 방법입니다. 비슷한 방법으로 하나 더, '동적 계획법'으로도 만들어 봅시다.

　동적 계획법은 재귀를 사용하지 않고 메모화와 같은 처리를 구현하는 방법입니다. 여기서는 *t*번 이동으로 어느 단에 있는지를 셉니다. 위에서 내려오는 B가 각각의 단에 있는 패턴을 생각하면 [표 4]와 같습니다.

[표 4] B가 각 단에 있는 패턴

단 수	0	1	2	3	4	5	6	7	8	9	10
1회	0	0	0	0	0	0	1	1	1	1	0
2회	0	0	1	2	3	4	3	2	1	0	0
3회	6	10	12	12	10	6	3	1	0	0	0
…											

"두 사람이 같은 단에 선다."라는 것은 "한 사람이 짝수 회 이동하여 반대 위치에 도착한다."라고 바꾸어 말할 수 있으므로 다음과 같이 쓸 수 있습니다.

q15_03.py

```
N = 10        # 계단의 단 수
STEPS = 4     # 한 번에 진행할 수 있는 단 수

dp = [0] * (N + 1)         # t회 이동으로 이동한 위치 집계
cnt = 0
dp[N] = 1                  # 초깃값 설정

for i in range(0, N):    # 이동 횟수(최대 N)
  for j in range(0, N + 1): # 이동 시작
    for k in range(1, STEPS + 1):
      if k > j:
        break
      print(j-k, j)
      dp[j - k] += dp[j]
    dp[j] = 0              # 이동을 시작한 곳은 클리어
  if i % 2 == 1:
    cnt += dp[0]           # 짝수 회 이동으로 반대 위치에 도착

print(cnt)
```

반복만으로 구현할 수 있다면, 메모리 사용량을 적게 해서 만들 수 있네요.

처리 시간은 메모화와 동적 계획법 사이에 큰 차이는 없지만, 양쪽 다 사용할 수 있다면 정말 멋질 것 같아요!

이 방법들을 사용하면 100단의 계단이라도 순식간에 구할 수 있습니다. 메모화나 동적 계획법은 그 효과를 실감하면 손에서 놓을 수가 없게 됩니다. 꼭 시도해 보세요.

정답

201가지

QUIZ

16 끈 세 개로 만드는 사각형

같은 길이의 끈 세 개를 구부려 세 개의 사각형을 만든다고 생각해 봅시다. 그중 두 개로 각각 직사각형을 만들고 남은 하나는 정사각형을 만듭니다. 이때 만들어진 두 개의 직사각형 면적의 합이 정사각형 면적과 같아질 때가 있습니다(단, 모든 직사각형과 정사각형의 변의 길이는 정수가 된다고 합시다).

예) 끈의 길이가 20일 때 다음과 같은 직사각형과 정사각형을 만들 수 있습니다.
    첫 번째 끈: 세로 1 × 가로 9의 직사각형 → 면적 = 9
    두 번째 끈: 세로 2 × 가로 8의 직사각형 → 면적 = 16
    세 번째 끈: 세로 5 × 가로 5의 정사각형 → 면적 = 25

여기에 끈의 길이를 바꾸어서 만들 수 있는 직사각형과 정사각형의 조합을 센다고 생각합시다. 단, 같은 비율의 정수 배의 것은 하나로 셉니다.

예) 끈의 길이가 40, 60, …이라면 다음과 같이 앞 예에 정수를 곱하여 만들 수 있지만, 같은 것으로 생각해야 하기 때문에 합쳐서 하나로 셉니다.

· 끈의 길이 = 40

    첫 번째 끈: 세로 2   × 가로 18의 직사각형 → 면적 = 36
    두 번째 끈: 세로 4   × 가로 16의 직사각형 → 면적 = 64
    세 번째 끈: 세로 10 × 가로 10의 정사각형 → 면적 = 100

· 끈의 길이 = 60

    첫 번째 끈: 세로 3   × 가로 27의 직사각형 → 면적 = 81
    두 번째 끈: 세로 6   × 가로 24의 직사각형 → 면적 = 144
    세 번째 끈: 세로 15 × 가로 15의 정사각형 → 면적 = 225

문제

끈의 길이를 1부터 500까지 변화시킨다고 할 때 두 개의 직사각형의 면적의 합과 정사각형의 면적이 같아지는 조합이 몇 가지 있는지 구해 보세요.

수학적으로 생각해 보는 것도 하나의 방법이지요.

생각하는 방법

이 문제에서는 변화하는 수가 다섯 개 있습니다. 첫 번째 끈으로 만드는 직사각형의 '세로'와 '가로', 두 번째 끈으로 만드는 직사각형의 '세로'와 '가로', 그리고 세 번째 끈으로 만드는 정사각형의 '한 변'입니다.

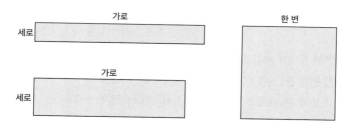

[그림 2] 변화하는 부분

이때 끈의 길이가 정해지면 정사각형의 '한 변'은 자동으로 결정됩니다.

정사각형의 한 변은 끈 길이의 4분의 1이지요.

또 직사각형의 '세로'의 길이를 정하면 '가로'의 길이도 자동으로 결정됩니다. 그러므로 끈의 길이를 차례로 변화시켜가면서 직사각형과 정사각형의 면적을 계산해 나갑니다.

세로의 길이를 정하면, 가로의 길이는 끈의 길이를 2로 나누어 세로의 길이를 빼면 되는 건가요?

그렇지요. 정사각형의 한 변을 2배 하여 세로의 길이를 빼는 방식도 가능합니다.

세로의 길이는 정사각형의 한 변보다도 짧게 한다고 해도 문제없나요?

세로와 가로의 값을 바꿔 넣어도 같은 형이니 그렇게 하면 되겠군요.

이를 구현하면 파이썬에서는 다음과 같이 작성할 수 있습니다.

q16_01.py

```python
from itertools import combinations

MAX = 500

answer = []
for c in range(1, MAX // 4 + 1):        # 정사각형의 한 변
  edge = map(lambda x: x * (2 * c - x), range(1, c))
  for a, b in combinations(edge, 2):
    if a + b == c * c:
      answer.append([1, b / a, c * c / a])


# 중복 제거
print(len(set(frozenset(i) for i in answer)))  # 정수배 제외
```

 앞의 방법으로도 충분하지만, 수학적으로 생각하면 다음과 같은 방식도 가능합니다.

Point

정사각형의 한 변을 c라고 하면 정사각형의 면적은 c^2이 됩니다. 둘레의 길이가 같으므로 직사각형의 하나는 세로와 가로변의 길이를 다음과 같이 나타낼 수 있습니다.

$c - x$, $c + x$ (정사각형에서 세로와 가로에 x씩 증감시킨다.)

이 직사각형의 면적은 $(c - x)(c + x)$에서 $c^2 - x^2$가 되므로, 남은 하나의 직사각형의 면적은 $c^2 - (c^2 - x^2) = x^2$이 되므로 '제곱수'임을 알 수 있습니다.

역으로 생각하면 첫 번째 직사각형의 면적도 제곱수라는 것이 됩니다. 정리하면, 면적이 만족하는 등식은 $a^2 + b^2 = c^2$ 즉, 피타고라스의 정리가 성립하므로 피타고라스 수가 되는 정수 a, b, c 조합을 구하면 됩니다.

이번에는 끈의 길이가 500까지이므로 빗변의 길이는 500 ÷ 4 = 125까지가 됩니다. 게다가 같은 비율로 정수 배인 것은 하나로 세므로 a와 b의 최대공약수가 1인 것을 구하면 됩니다.

지금까지의 내용을 파이썬으로 구현하면 다음과 같습니다.

q16_02.py

```python
from itertools import combinations
from math import gcd

MAX = 500

cnt = 0
for c in range(1, MAX // 4 + 1):        # 정사각형의 한 변
  for a, b in combinations(range(1, c), 2):
    if a * a + b * b == c * c:
      if gcd(a, b) == 1:
        cnt += 1

print(cnt)
```

 이 방법이 간단하고 알기 쉬운데요?

 참고로, 세로와 가로 값을 바꿔 넣기만 한 것을 구별할 때에는 combinations를 permutations로 바꾸기만 하면 됩니다. 첫 번째 끈과 두 번째 끈을 바꿔 넣기만 한 것을 구별하는 방식도 가능하겠네요.

 파이썬같은 언어는 combinations나 permutations를 사용할 수 있어서 편리하네요.

 꼭 다른 언어로도 고민해보고 구현해보도록 하세요.

정답

20가지
(세로와 가로를 바꿔 넣기만 한 것을 구별하면 '40가지'
첫 번째 끈과 두 번째 끈을 바꿔 넣기만 한 것을 구별하면 '80가지')

QUIZ

17

30인 31각에 도전!

오래전 일본 TV 프로그램에서 전국 각지의 초등학생들이 '30인 31각'으로 승부를 겨루었습니다. 연습 광경도 극적이었지만 전국 대회에 출전하는 아이들의 빠른 속도에 주목한 사람도 많았다고 합니다. 그리하여 이 '30인 31각'에서 유리하게 싸우기 위한 배치 방법을 생각해 보겠습니다. 여자 아이들만 연속으로 서면 체력적으로 불리하기 때문에 여자 아이는 연속으로 서지 않게 합니다(남자 아이는 몇 명이 계속 서도 무방하다고 가정합니다).

제
2
장

초급편

★
★

문제

30인을 한 줄로 세우는 경우 몇 가지 방법이 있는지 구해 보세요. 남녀의 배열 방법만 생각하는 것으로 하고, 누가 어느 위치에 서는지는 무시하기로 합니다. 예를 들어 4인(4인 5각)의 경우 [그림 3]과 같이 8가지가 있습니다.

[그림 3] 4인 5각이라면 8가지

음…. 여자 아이를 어디에 배치할지…. 조합을 생각하면 어렵군요.

전원으로 조합을 생각하는 것보다 한 명씩 추가하는 편이 쉬울지도….

生각하는 방법

조건을 만족하고자 하는 나열 순서를 생각할 때 여자 아이가 연속하지 않도록 한 명씩 추가하는 방법이 간단합니다. n명이 늘어선 상태에서 오른쪽 끝이 남자 아이면 '남자 아이'나 '여자 아이'를 추가하고, 오른쪽 끝이 여자 아이라면 '남자 아이'만 추가할 수 있습니다.

남자 아이는 어느 때든 추가할 수 있으니까 오른쪽 끝이 남자 아이인 경우에만 여자 아이를 추가하는 방식도 가능할까요?

좋은 발견입니다. 그러면, 그 방법으로 프로그램을 만들어 봅시다. 파이썬에서 재귀적으로 구현하면 다음과 같이 작성할 수 있습니다.

q17_01.py

```python
# 남자와 여자를 문자로 설정
boy, girl = "B", "G"
N=30

def add(seq):
  # 나열할 사람 수에 도달하면 종료
  if len(seq) == N:
    return 1
  #30명 미만인 경우 남자를 추가하거나 오른쪽 끝이 남자인 경우 여자를 추가
  cnt = add(seq + boy)
  if seq[-1] == boy:
    cnt += add(seq + girl)
  return cnt

# 남자와 여자에서 개시하여 카운트
print(add(boy) + add(girl))
```

재귀적으로 작성하면 소스 코드도 짧고 알기 쉽네요!

그렇지요. 단, 수가 적으면 금방 구할 수 있지만 30명이라면 처리에 얼마간의 시간이 걸립니다. 그러므로 고속화하는 방법을 생각해 보도록 합시다. 이미 소개한 메모화나 동적 계획법도 있지만, 이번에는 조금 다른 방식을 생각해 보겠습니다.

Point

$n - 1$명까지 남자 아이와 여자 아이가 늘어서 있다고 하면 다음이 가능합니다.

- 맨 마지막이 남자 아이면 남녀 모두 선택 가능
- 맨 마지막이 여자 아이면 남자 아이만 선택 가능

이는 다음과 같이 바꾸어 말할 수도 있습니다.

- 다음에 남자 아이가 오는 것은 맨 마지막이 남자 아이이든 여자 아이이든 무방
- 다음에 여자 아이가 오는 것은 맨 마지막이 남자 아이인 경우만 가능

앞의 방식에 기초하여 구현하면 다음과 같이 작성할 수 있습니다.

q17_02.py

```
N = 30
boy, girl = 1, 0
for i in range(0, N):
  # n-1명까지 늘어서 있는 상태에서 구한다
  boy, girl = boy + girl, boy
print(boy + girl)
```

우와! 이렇게 짧은 소스 코드로 구할 수 있군요!

인원수만큼의 횟수를 반복하기만 하면 되니까 순식간에 구할 수 있게 된 것이지요. 100인 101각이더라도 100회 반복으로 구할 수 있습니다.

다시 관점을 바꿔서 생각해보면 다음과 같습니다.

- 다음에 남자 아이가 오는 것은 맨 마지막이 남자 아이이든 여자 아이이든 무방
- 다음에 여자 아이가 오는 것은 맨 마지막이 남자 아이인 경우만 가능

이는 다음과 같이 바꾸어 표현할 수 있습니다.

- 남자 아이가 맨 마지막이 되는 것은 바로 앞의 수와 같다.
- 여자 아이가 맨 마지막이 되는 것은 바로 앞이 남자면 … 두 개 앞의 수와 같다.

이거 어디서 많이 본 것 같은데….

'피보나치 수열' 아닌가요? '11번 문제'에서 구현했었지요.

그렇습니다. 이 문제는 피보나치 수열이라는 점을 찾아내는 것이 포인트랍니다.

즉, '구하는 수 = 하나 앞의 수 + 두 개 앞의 수'이므로 $f(n) = f(n-1) + f(n-2)$로 쓰면 피보나치 수열의 식이 됩니다.

피보나치 수열을 구하는 방법은 이 책에서 등장한 방법뿐만 아니라 인터넷에도 많은 구현 예가 있으므로 꼭 참고해 보세요.

정답

2,178,309가지

관점을 바꿔보는 일의 중요성

이 문제를 본 순간 피보나치 수열을 떠올린 사람은 아마 많지 않을 것입니다. 적은 수로 시험해보고 나열 방법을 생각해 보다가 비로소 깨닫거나, 이번 문제의 해설처럼 생각을 바꿔보다가 알아차리는 경우가 일반적이겠지요.

사실 평소 프로그래밍을 할 때도 마찬가지입니다. 프로그램은 기본적으로는 한 번 만들면 끝입니다. 테스트하여 문제없이 작동하면 계속 사용하게 되지요. '바퀴를 처음부터 새로 만드는 일'이 없도록 과거에 만든 것이 있다면 그것을 참고로 합니다.

대부분은 처리 시간이 길거나 버그가 발생하면 그제야 소스 코드를 다시 보게 됩니다. 실제로는 더 좋은 방법이 있음에도 알아차리지 못한다는 것은 안타까운 일이라고 생각되지 않나요?

평소에도 다양한 아이디어로 프로그램을 만드는 습관을 길러보세요. "말하기는 쉬우나 행하기는 어렵다."라고는 하나, 다음날 다시 생각해보는 것만으로도 의외의 발상이 떠오를지도 모릅니다. 이를 심리학에서는 '부화 효과(Incubation Effects)'라고 합니다.

QUIZ

18 케이크 자르기

딸기로 장식한 맛있는 케이크가 하나 있습니다. 여기서는 케이크를 자를 때 케이크에 올려져 있는 딸기의 수가 모두 다르도록 자르는 방법을 생각해 봅시다. 여기서는 N개로 자를 때는 '1~N개의 딸기(합계 $N(N+1)/2$개)'가 각각의 케이크에 올려져 있도록 합니다.

단, "이웃한 두 개의 케이크에 올려져 있는 딸기 수의 합이 모두 제곱수가 되도록 잘라야만 한다."라는 조건을 추가하겠습니다.

이를테면 $N=4$일 때 다음 그림과 같은 방법으로 자르려 한다고 합시다. 이 경우 1과 3부분은 $1+3=4$로 제곱수가 되지만, 1과 4, 2와 3, 2와 4부분이 이 조건을 만족하지 못합니다([그림 4]).

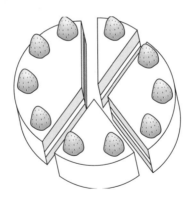

[그림 4] 조건을 만족하지 못한 예

┌ 문제 ┐

이 조건을 만족하는 방법으로 자를 수 있는 최소의 $N(> 1)$을 구해보세요.

제곱수 목록을 미리 준비해 두면 간단하게 구현할 수 있답니다.

생각하는 방법

이 문제에서는 제곱수를 어떻게 확인하는지가 포인트입니다. 이웃한 두 수의 합이 제곱수인지를 확인하려면 사전에 제곱수를 조사해두면 간단합니다. 이웃한 두 개의 케이크에 올려진 딸기 수는 최대 N의 두 배이므로 사전에 계산해둘 수 있습니다.

케이크에 올려져 있는 딸기 수를 생각하면 정확하게는 최대로 $N + (N-1) = 2N - 1$개가 되네요.

자른 케이크는 원형으로 나열되어 있으므로 맨 처음의 케이크를 고정하고 그 케이크에 올려진 딸기 수를 1개라고 해봅시다. 위치를 회전시키면 어느 위치건 성립하므로 이것으로 충분합니다.

그다음으로는 시계방향으로 합이 제곱수가 되는 수의 딸기를 올리는 작업을 반복하고 맨 마지막 케이크에 올려진 수와 맨 처음 케이크에 올려져 있는 '1'과의 합이 제곱수인지를 조사합니다.

q18_01.py

```python
from math import sqrt, floor

def check(last_n, used, ary):
  # 모두 사용 완료이며 맨 앞의 '1'과 제곱수가 되면 종료
  if (False not in used) and (last_n in ary[1]):
    return [1]
  for i in ary[last_n]: # 후보를 순서대로 시험한다
    if (len(used) > i - 1) and (used[i - 1] == False): # 사용 완료가 아닌 경우
      used[i - 1] = True
      result = check(i, used, ary)
      #발견한 경우 그 값을 추가하여 돌려줌
      if len(result) > 0:
        return [i] + result
      used[i - 1] = False
  return []
```

```
n = 2
result = []
while True:
  square = map(lambda x: x ** 2, range(2, floor(sqrt(n * 2)) + 1))
  square = list(square)
  # 이웃할 가능성이 있는 후보를 작성
  ary = {}
  for i in range(1, n + 1):
    temp = map(lambda x: x - i, square)
    temp = filter(lambda x: x > 0, temp)
    ary[i] = list(temp)

  # '1'을 사용 완료로 하고, '1'부터 탐색 개시
  result = check(1, [True] + [False] * (n - 1), ary)
  if len(result) > 0:
    break
  n += 1

print(n)
print(result)
```

정답

32

(딸기의 배치는 다음과 같습니다.

[1, 8, 28, 21, 4, 32, 17, 19, 30, 6, 3, 13, 12, 24, 25, 11, 5, 31, 18, 7, 29, 20, 16, 9, 27, 22, 14, 2, 23, 26, 10, 15])

프로그래밍 언어를 선택하는 방법

세상에는 수많은 프로그래밍 언어가 있습니다. 당연하게도 그 모든 언어를 배우는 것은 불가능하기 때문에 대표적인 언어 중에서 자기에게 맞는 언어를 선택해야 합니다. 만약 당신의 직업이 프로그래머라면 직장에서 사용하는 환경에 맞는 언어를 사용해야 하고, 학생이라면 학교에서 정한 언어를 배워야 합니다. 그러나 개인적으로 공부하는 경우에는 어느 정도 자유롭게 언어를 선택할 수 있습니다.

프로그래밍에 정답은 없지만 구현하고자 하는 것이나 환경에 맞춘 적절한 언어라는 것은 존재합니다. 웹 애플리케이션이라면 C 언어보다도 PHP나 자바, 파이썬이나 펄을 선택하는 경우가 많을 것입니다. 메인 프레임이라면 아직도 코볼이 대세입니다. 빠른 처리 속도를 추구한다면 C 언어를 사용하는 것이 현실적인 선택지일 것이며, 안드로이드 애플리케이션을 만든다면 자바일 것입니다.

알고리즘을 공부할 때도 하나의 언어에만 속박되지 않기를 바랍니다. 이 책에서는 주로 파이썬과 자바스크립트를 사용하고 있는데, 파이썬을 선택한 이유는 편리한 라이브러리가 갖춰져 있는 데다 설명하기도 쉽기 때문이며 자바스크립트는 여러분이 환경을 구축하기 쉽다는 이유 때문입니다. 게다가 자바스크립트로 쓰인 것은 다른 언어로 이식하기도 쉬울 거로 생각합니다.

최소한 두 가지 언어로 구현해 보고 각 언어의 특징을 파악해 보세요. 이때 형식이 다른 언어를 선택하는 것이 중요합니다. 다른 시점에서 사물을 보는 습관이 길러지면 기술 향상으로도 이어지게 될 것입니다.

제 2 장 초급편 ★★

QUIZ

19 친구의 친구는 친구?

'6단계 분리 이론'이라는 유명한 말이 있습니다. 지인 여섯 명을 거치면 대부분의 세상 사람들과 간접적으로 아는 사이가 된다는 의미인데, 여기서는 숫자의 친구를 찾아보겠습니다('친화수'라는 것이 있지만, 이 문제에서는 관계없습니다).

1 이외의 같은 약수를 가진 숫자를 '친구'라고 하겠습니다. 즉 두 수의 최대공약수가 1이 아닌 경우를 친구라고 합니다.

$1 \sim N$의 '합성수'에서 하나를 고르고 이 수에서 다른 모든 수에 도달하려면 몇 단계의 친구를 거치면 좋을지 세어봅시다(합성수는 '1과 그 수 자신 이외의 약수를 가지는 자연수'입니다).

이를테면 $N=10$일 때, $1 \sim 10$의 합성수는 4, 6, 8, 9, 10의 다섯 개입니다.

맨 처음에 10을 선택하면, 10의 친구는 공약수가 2인 4, 6, 8의 세 개입니다. 게다가 9는 6의 친구(공약수가 3)이므로, 9는 10에서 2단계 거침으로써 구할 수 있습니다([그림 5]). 맨 처음에 6을 선택하면 다른 4, 8, 9, 10은 모두 한 단계 만에 도달할 수 있습니다. 이렇게 찾아나가면 $N=10$일 때는 맨 처음에 어떤 수를 선택하여도 최대로 2단계만 거치면 된다는 결론이 나옵니다.

[문제]

$1 \sim N$의 합성수에서 7개의 수를 골랐을 때 최대 6단계를 거치게 되는 최소 N을 구해보세요.

[생각하는 방법]

이 문제를 풀려면 문제에 나온 용어를 정확하게 이해해야 합니다. 우선 '합성수'라는 용어입니다

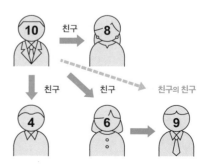

[그림 5] $N=10$일 때

문제에는 '1과 그 수 자신 이외의 약수를 가지는 자연수'라고 되어 있네요.

그러면 합성수와 대비되는 수는 무엇이 있을까요?

'1과 그 수 자신 이외에 약수를 가지지 않는 수'이니까 '소수'이겠네요.

다음으로 '공약수'라는 용어입니다. 초등학교 때 최대공약수를 구하는 문제를 본 적이 있을 테지요. 공약수는 '공통의 약수'라는 의미입니다. 이번 에는 같은 약수를 가지는 숫자를 '친구'라 부르기로 하였으니 최대공약수 가 1이 되지 않는 것을 찾아야 합니다.

1~N의 합성수에서 7개의 수를 골라 '최대 6단계를 거치는' 점에서 '두 수의 곱셈으로 만들어지는 수'의 조합을 생각해 보겠습니다. 이렇게 하면 그 곱셈에 사용되는 수가 공약수가 되기 때문입니다.

이를테면 a~h라는 수를 선택합니다. 간단하게 생각하면 7개의 수가 다 음의 형태로 되어 있다면 6단계를 거칠 수 있습니다.

$a \times b, \ b \times c, \ c \times d, \ d \times e, \ e \times f, \ f \times g, \ g \times h$

※ 여기서 $a \sim h$는 '서로소'인 수여야 합니다.

'서로소'라는 건 무슨 뜻인가요?

두 개의 정수가 1 또는 -1 이외의 공약수를 가지지 않는 것입니다. 이 문제에서는 '친구'가 같은 약수를 가지는 숫자라고 하였지만, 앞처럼 하면 이웃하는 수와만 친구가 될 수 있습니다.

한 발짝 더 들어가 생각해보면 문제의 예에도 있는 것처럼 맨 앞은 '같은 수의 제곱'으로도 만들 수 있으므로 다음과 같이 하는 편이 좋을 것입니다.

$$a \times a, \ a \times b, \ b \times c, \ c \times d, \ d \times e, \ e \times f, \ f \times g$$

마찬가지로 맨 끝도 '같은 수의 제곱'으로 하면 보다 작아집니다. 즉, 다음과 같은 숫자 조합을 구해 보겠습니다.

$$a \times a, \ a \times b, \ b \times c, \ c \times d, \ d \times e, \ e \times f, \ f \times f$$

이를 파이썬으로 구현하면 다음과 같이 작성할 수 있습니다.

q19_01.py

```python
from itertools import permutations

# a~f에 들어맞는 소수 6개
# 소수 6개 정도는 쉽게 예측할 수 있으므로 하드코딩했다
primes = [2, 3, 5, 7, 11, 13]
min_value = primes[-1] * primes[-1]      # 최대로 가장 큰 것의 제곱
min_friend = []
for prime in permutations(primes):       # 6개의 요소의 순열
  # 2개씩 선택하여 곱한다
  # friends = prime.each_cons(2).map{|x, y| x * y}
  friends = [prime[i]*prime[i+1] for i in range(len(prime) - 1)]
  # 맨 앞과 맨 끝은 같은 수의 제곱
  friends += [prime[0] ** 2, prime[-1] ** 2]
  if min_value > max(friends):           # 최소를 갱신한 경우
    min_value = max(friends)
    min_friend = friends

print(min_value)

min_friend.sort()
print(min_friend)
```

'서로소인 수'니까 소수를 사용하면 되는군요.

그렇습니다. 6개의 소수를 사용하면 되므로, 간단하게 하드코딩해서 입력해보았습니다. 필요하다면 소수와 관련된 모듈을 사용하면 좋을 것입니다.

배열의 인덱스에 '－1'을 지정하면 맨 마지막 요소를 얻을 수 있군요.
파이썬은 여러모로 정말 편리해요.

다른 언어라면 어떻게 구현하면 될지 꼭 생각해 보도록 하세요.

정답

55

(이를 만족하는 조합은 다음과 같습니다.

[4, 26, 39, 33, 55, 35, 49])

ᴄᴏʟᴜᴍn

유클리드 알고리즘

알고리즘에 대해 이야기할 때 빠질 수 없는 것이 '유클리드 호제법'입니다. 이는 최대공약수를 구하는 방법으로, '세계에서 가장 오래된 알고리즘'이라고도 합니다. 이번 문제에서 등장한 '서로소'를 구할 때에도 "최대공약수가 1이다."라는 점을 생각하면, 같은 방식으로 사용할 수 있습니다.

C 언어와 같은 프로그램에서는 대표적인 알고리즘의 예로 많은 입문서에 등장합니다. 파이썬과 같은 언어에는 최대공약수를 구하는 모듈이 있지만, 그럼에도 여전히 중요한 알고리즘이라는 것에는 변함이 없습니다.

평소 편리한 함수를 사용하는 경우라 하더라도 한 번쯤 스스로 구현해 보면 새로운 발견이 있을 것입니다. 꼭 시도해 보세요.

QUIZ

20 | 수난의 파사드 마방진

스페인의 관광 명소로 유명한 사그라다 파밀리아 성당. '수난의 파사드'에는 그리스도 최후의 만찬부터 승천까지가 조각으로 묘사되어 있는데, 그 안에는 있는 마방진(magic square)은 [그림 6]과 같이 "가로, 세로, 대각선을 더한 결과가 33이 된다."라는 것으로도 유명합니다(33이라는 수는 예수가 사망한 나이라던가…).

그리고 가로, 세로, 대각선뿐만 아니라 33이 되는 덧셈 조합이 310가지나 있습니다(인터넷에는 '네 개의 숫자를 더하면'이라는 내용이 많이 있는데 '네 개'로 고정하면 88가지입니다).

1	14	14	4
11	7	6	9
8	10	10	5
13	2	3	15

[그림 6] 수난의 파사드 마방진

[문제]

이 마방진을 사용하여 다음 조건으로 덧셈한 결과 그 합이 같은 조합을 가장 많이 가지는 값(합)을 구해 보세요.

【조건】

· 서로 더할 수 있는 것은 가로, 세로, 대각선에 한정하지 않음

· 서로 더하는 수의 개수는 4개에 한정하지 않음

※ '33'이 되는 것은 310가지이므로 310가지를 넘는 것이 없는 경우 '33'이 답이 됩니다.

Hint!

> 모든 조합의 합계를 구하기만 하면 되는 문제지만, 빠르게 계산할 수 있도록 연구해 보세요.

생각하는 방법

마방진 문제이지만 이번에는 합계만 내면 되므로 배치에는 관계없습니다. 임의의 개수 조합을 만들고, 그 조합의 합계를 집계한 결과 가장 출현 빈도가 높은 것을 선택합니다. 문제 그대로 구현하면 파이썬에서는 다음과 같이 작성할 수 있습니다.

q20_01.py

```python
from itertools import combinations

# 마방진을 배열로 설정
magic_square = [1, 14, 14, 4, 11, 7, 6, 9,
                8, 10, 10, 5, 13, 2, 3, 15]

# 집계용 해시
memo = {}
for i in range(1, len(magic_square) + 1):
  # 조합 전체 탐색
  for comb in combinations(magic_square, i):
    # 조합 합계를 해시로 저장
    key = sum(comb)
    if key not in memo:
      memo[key] = 0
    memo[key] += 1


# 합계가 최대인 것을 출력
max_key = 0
max_value = 0
for key, value in memo.items():
  if max_value < value:
    max_key = key
    max_value = value
print("답:", max_key)
print("조합 수:", max_value)
```

이를 실행하면 정답인 66을 구할 수 있습니다.

찾아보니 66이 되는 것은 1,364개나 있네요!

이번과 같이 16개 정도라면 순식간에 처리할 수 있습니다. 단, 만약 마방진의 크기가 6 × 6이 되면 단번에 처리에 걸리는 시간이 증가하게 됩니다. 그러므로 더 좋은 방법을 생각해 보겠습니다. 하나씩 수를 순서대로 설정하여 그때까지의 합을 다시 사용하는 것입니다.

앞의 방식으로 구현하면 다음과 같습니다.

q20_02.py

```python
# 마방진을 배열로 설정
magic_square = [1, 14, 14, 4, 11, 7, 6, 9,
                8, 10, 10, 5, 13, 2, 3, 15]
sum_all = sum(magic_square)

# 집계용 해시
ary = [0] * (sum_all + 1)

# 초깃값(아무것도 더하지 않을 때가 1개)
ary[0] = 1
for n in magic_square:
  # 큰 쪽부터 순서대로 가산
  for i in range(sum_all - n, -1, -1):
    ary[i + n] += ary[i]

# 합계가 최대인 것을 출력
print(ary.index(max(ary)))
```

시험해 보았어요. 6 × 6이라도 금방 구할 수 있네요!

생각을 조금 달리하는 것만으로도 큰 폭으로 처리 시간이 줄어들기도 합니다. 평소에도 이러한 의식을 갖도록 합시다.

정답

66
(조합 수는 1,364개)

외국으로 나가자!

여러분은 외국에 나가본 적이 있나요? 회사에 다니다 보면 장기 휴가를 내는 것이 어려울 수도 있습니다. 모처럼 만의 휴일이니 집에서 느긋하게 쉬겠다는 사람들도 많을 것이고요.

저도 꽤 오래전에는 외국에 가는 것에 소극적이었습니다. 경치는 인터넷에서 사진을 찾아보면 되고 기념품도 인터넷으로 주문할 수 있으니까요. 집에 있어도 여행간 것과 같은 기분을 느낄 수 있다고 생각한 적이 있었습니다. 그런데 실제로 외국으로 나가보면 인터넷으로는 얻을 수 없는 발견을 아주 많이 하게 됩니다.

사실 이번 문제도 제가 스페인 여행을 갔을 때 발견한 마방진이 계기가 되었습니다. 마방진 자체는 인터넷으로도 찾아볼 수 있으니 상식으로 알고는 있었지요. 하지만, 현지의 공기, 국민성 등을 피부로 느끼면 또 다른 감각을 느낄 수 있습니다.

· **국내에서 상식이라고 생각했던 것이 전혀 통용되지 않는 상황**

· **자신이 무지하다는 것에 대한 새삼스러운 깨달음**

· **모르는 곳에서 행동한다는 긴장**

· **귀국한 다음 알게 되는 우리나라의 장점**

아무리 인터넷이 발전하여도 '간 셈', '아는 셈', '본 셈'에 지나지 않습니다. 돈은 들겠지만, 무엇과도 바꿀 수 없는 것을 얻을 수 있을 것으로 생각합니다.

엔지니어이기 때문에 느낄 수 있는 것 또한 있을 것입니다. 부디 외국으로 나가서 피부로 느껴보도록 하세요.

QUIZ

21 배타적 논리합으로 만드는 삼각형

유명한 '파스칼 삼각형'은 '오른쪽 위의 수와 왼쪽 위의 수의 합'을 배치해 나가지만, 여기서는 단순한 '합'이 아니라 '배타적 논리합'을 사용한다고 생각해 보겠습니다. 1단계부터 순서대로 배치해보면 [그림 7]과 같습니다.

1단계	1
2단계	1 1
3단계	1 0 1
4단계	1 1 1 1
5단계	1 0 0 0 1
6단계	1 1 0 0 1 1
7단계	1 0 1 0 1 0 1
8단계	1 1 1 1 1 1 1 1
9단계	1 0 0 0 0 0 0 0 1
10단계	1 1 0 0 0 0 0 0 1 1
11단계	1 0 1 0 0 0 0 0 1 0 1
12단계	1 1 1 1 0 0 0 0 1 1 1 1

[그림 7] 배타적 논리합으로 만든 삼각형

문제

위로부터 순서대로 배치해 나갈 때 2,014번째의 '0'이 출력되는 것은 몇 번째 단계인지 구해 보세요.

※ 첫 번째 '0'은 3단계, 2, 3, 4번째 '0'은 5단계에 출력됩니다.

Hint!

배타적 논리합(XOR, Exclusive OR)은 한쪽만이 '1'일 때에 '1', 그 외에는 '0'이 되는 연산입니다([표 5]).

[표 5] 배타적 논리합

A	B	A XOR B
0	0	0
0	1	1
1	0	1
1	1	0

'한 줄 끝 모두에 "1"을 설정하고 그 사이의 수를 위의 줄로부터 결정'하는 작업을 반복하면 파스칼 삼각형을 만들 수 있습니다. 각각의 줄에서 사용하는 숫자를 일차원 배열로 표현하고, 사이에 들어가는 부분에 대해 배타적 논리합을 계산함으로써 다음 줄을 만들어 나갑니다.

 일반적인 '파스칼 삼각형'도 예쁘지만, 이것도 규칙성이 있어서 예쁘네요.

'0'이 2,014회 나타날 때까지 반복하는 것을 파이썬으로는 다음과 같이 구현할 수 있습니다.

q21_01.py

```python
count = 0       # '0'이 출현한 횟수
line = 1        # 현재의 행 수
row = [1]       # 현재의 행의 값

while count < 2014:
  next_row = [1]
  # 앞의 행에서 배타적 논리합으로 다음 행을 설정
  for i in range(0, len(row) - 1):
    cell = row[i] ^ row[i + 1]
    next_row.append(cell)
    if cell == 0:       # '0'인 경우에 카운트
      count += 1
  next_row.append(1)
  line += 1             # 행 수를 늘려 다음의 행으로
  row = next_row

print(line)             # 2,014개 카운트한 행을 출력
```

 배타적 논리합의 처리에 착안하면 배열로 할 필요는 없는 거죠?

 맞습니다. 행을 비트열로써 1과 0으로 표현하면, 다음 행은 '앞의 행을 1비트 왼쪽으로 시프트한 것과 앞의 행의 배타적 논리합'으로 구할 수 있습니다.

예) 6번째 단 → 110011
이를 1비트 왼쪽으로 시프트 → 1100110
배타적 논리합 → 1010101 … 7단계

이를 구현하면 다음과 같이 간단하게 작성할 수 있습니다.

q21_02.py

```
count = 0      # '0'이 출현한 횟수
line = 1       # 현재의 행 수
row = 1        # 현재의 행의 값(비트열)

while count < 2014:
  row ^= row << 1      # 앞의 행에서 배타적 논리합으로 다음 행을 설정
  count += "{0:b}".format(row).count("0")      # '0'의 수를 카운트
  line += 1

print(line)            # 2,014개 카운트한 행을 출력
```

다른 언어에서는 비트 수에 주의가 필요하지만, 파이썬과 같은 언어에서는 빠르고 간단하게 구할 수 있습니다.

> C 언어와 같은 언어에서는 2진수 32자리까지밖에 사용할 수 없으니, 이 방법을 사용할 때는 주의해야겠군요.

정답

75단계

프로그래밍에 필요한 문과적 요소와 이과적 요소

프로그래머라면 이과를 떠올리는 사람들이 많을 것입니다. 하지만, 실제로는 이과 출신 기술자만 있는 것은 아닙니다. 업무를 수행하려면 설명서 같은 자료를 작성하는 일도 많으므로 글을 잘 쓰는 문과 출신이 적절한 상황도 많습니다. 오히려 "언어를 공부한다."라는 의미에서는 문과적 사고방식에 가까울지도 모르겠네요.

물론 수학적 감각이 중요한 상황도 있습니다. 그 상황은 크게 나누어 '계산'과 '논리'가 될 것 같습니다. '컴퓨터'를 '계산기'라 부르듯이 '계산'은 중요한 기능입니다. 기능이라기보다 거의 모든 것이 계산이라고 말해도 과언은 아닙니다.

이렇게 보면 다양한 계산을 알고 있고 공식을 사용할 수 있다는 측면에서 이과적 감각이 중요하다고 생각합니다. 이 문제에 등장한 파스칼의 삼각형과 같이 규칙성에 착안하는 문제도 이과적이라고 할 수 있을지 모릅니다.

두 번째로 '논리'는 퍼즐을 풀 때처럼 논리적인 사고가 요구될 때 중요한 능력입니다. 문제를 이해하는 것은 어렵지 않더라도 어떤 순서를 밟을지, 어떤 방법을 사용할지, 어떻게 문제를 단순화할 수 있을지가 요구되기 때문이지요.

문과라서 또는 이과라서라고 말하기보다는 양쪽 모두의 사고방식을 익힐 수 있다면 좋을 것 같습니다.

제 **2** 장

초급편 ★★

QUIZ

22 | 엉키지 않는 실 전화

종이컵을 실로 연결하여 만드는 '실 전화기'를 기억하실 겁니다. 과학 시간의 실험을 떠올리는 사람도 있을지 모릅니다. 실이 팽팽하게 당겨진 상태에서 한쪽의 종이컵에 말을 걸면 반대쪽 종이컵으로 소리가 전달됩니다.

하나의 원 위에 같은 간격으로 늘어선 아이들이 짝을 지어 실 전화기로 이야기한다고 합시다. 이때 교차하면 실이 엉키기 때문에 교차하지 않는 상대와 짝을 지어야만 합니다.

예를 들어 아이들이 6명 있다고 할 때 [그림 8]과 같이 짝을 지으면 통화가 가능합니다. 즉, 6명으로는 다섯 가지의 짝이 만들어집니다.

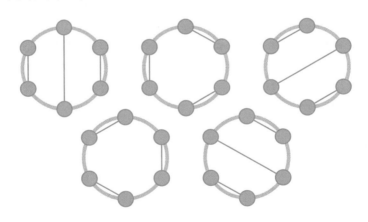

[그림 8] 6명이라면 짝은 모두 5가지

문제

아이들이 16명이라면 만들 수 있는 짝이 몇 가지 있는지 구해 보세요.

Hint!

교차 판정을 간단히 하려면 영역을 나누어 생각하면 되겠지요.

104

'교차하지 않는다.'라는 것을 생각하면 '임의의 위치에서 구분하고, 나뉜 영역 안에서 실 전화를 하면 된다.'라고 생각할 수 있습니다. 이때 각 영역의 인원수는 짝수여야 합니다.

두 명이면 조합이 한 가지임은 명백하므로 양측 멤버의 조합을 계산하고 양측의 수를 곱하면 구할 수 있습니다. 이를테면 파이썬으로는 다음과 같은 동적 계획법으로 구현할 수 있습니다.

q22_01.py

```python
n = 16
pair = [None] * (n // 2 + 1)
pair[0] = 1

for i in range(1, n // 2 + 1):
  pair[i] = 0
  for j in range(0, i):
    pair[i] += pair[j] * pair[i - j - 1]

print(pair[n // 2])
```

그렇군요! 두 개의 영역으로 나누면 알기 쉽네요.

동적 계획법을 사용하면 처리도 빠르답니다.

1,430가지

QUIZ

23 블랙잭으로 대박!?

카지노 게임의 대명사 블랙잭. 게임을 한 번 하려면 최소한 한 개의 칩이 필요합니다. 이기면 두 개의 칩을 얻을 수 있지만, 지면 걸었던 칩을 몰수당하게 됩니다.

맨 처음 칩을 하나만 갖고서 하나씩 걸면서 게임을 할 때 네 번 게임을 하여 수중에 칩이 남을 때의 개수 변화는 [그림 9]와 같은 6가지를 생각할 수 있습니다(원 안의 숫자가 소지한 칩의 개수를 나타냅니다).

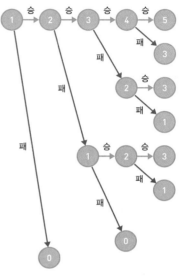

[그림 9] 네 번 게임을 계속하는 경우는 6가지

文제

맨 처음 칩을 10개 갖고 있을 때, 게임을 24번 하여 수중에 칩이 남을 때의 개수 변화는 몇 가지가 있는지 구해 보세요.

Hint!

수형도처럼 표현할 수 있다는 것은 재귀로 탐색하면 된다는 건가?

최단 경로를 구하는 게 아니니까 깊이 우선 탐색으로 구하면 간단하겠네요.

게임 횟수를 늘려도 풀 수 있도록 생각해 보세요.

　가지고 있는 칩의 개수가 0이 되면 다음 게임에 도전할 수 없지만, 한 개라도 남아 있으면 게임을 계속할 수 있습니다. 게임에 이기면 칩이 하나 늘고 지면 하나 줄어든다고 단순하게 생각하는 것이 포인트입니다.

　'게임을 문제 횟수만큼 했는지?'와 '칩이 없어졌는지?'만 판정하면 되므로 파이썬으로는 다음과 같이 구현할 수 있습니다.

q23_01.py

```python
memo = {}

def game(coin, depth):
  key = (coin, depth)
  if key in memo:
    return memo[key]
  if coin == 0:
    return 0
  if depth == 0:
    return 1

  win = game(coin + 1, depth - 1)  # 이길 때
  lose = game(coin - 1, depth - 1) # 질 때

  memo[key] = win + lose
  return memo[key]

print(game(10, 24))
```

짧은 소스 코드네요! 게다가 메모화되어 있어 아주 빠르고요.

종료 조건이 간단해서 좋군요.

16,051,010가지

24 | 완벽하게 꿰뚫은 스트럭아웃

　야구 소년에게 있어 한 번쯤 해보고 싶은 것이 '스트럭아웃 게임'([그림 10])입니다. 마운드에서 볼을 던져 홈 베이스에 있는 9개의 과녁을 꿰뚫는 게임입니다. 제구력을 갈고 닦기에도 좋은 연습이 될 것 같습니다.

　이번에는 이 9개의 과녁을 뚫는 순서를 생각해 보겠습니다. 단, 주위에 테두리가 있는 5번 과녁 외에는 이웃한 과녁이 있다면 2개를 뚫을 수 있습니다. 예를 들어 1번, 6번, 9번 과녁이 뚫린 [그림 11]과 같은 상태라면 2와 3, 4와 7, 7과 8의 2개를 뚫을 수 있습니다.

1	2	3
4	5	6
7	8	9

[그림 10] 게임 과녁

	2	3
4	5	
7	8	

[그림 11] 1번, 6번, 9번이 뚫린 상태

문제

9개의 과녁을 뚫는 순서가 몇 가지 있는지 구해 보세요. 던진 볼은 반드시 어떤 과녁에 맞는 것으로 합니다.

2개 뚫기가 있어서 어려운 것 같아요. 일단 뚫은 과녁은 다음부터 사용할 수 없게 해야 하는 거죠?

물론입니다. 예를 들어 1번을 뚫었으면 1번을 포함하여 2개를 동시에 뚫기는 불가능합니다.

생각하는 방법

이 문제에서 포인트가 되는 것은 '뚫은 과녁에 포함되는 숫자는 다음에 뚫을 수 없다.'라는 것입니다. 1번 과녁을 뚫었으면 '1과 2'나 '1과 4'와 같은 두 개 동시 뚫기는 할 수 없습니다. 반대로 '1과 2' 두 개를 뚫었다면 1번이나 2번 과녁은 더는 사용할 수 없습니다. 이를 구현하기 위해 뚫는 방법을 배열로 표현하기로 합니다.

그리고 1번 → 3번 순으로 뚫거나 3번 → 1번 순으로 뚫어도 그다음은 같은 패턴만 생각할 수 있으므로, 한 번 조사한 것은 메모화하여 고속화합니다. 이를테면 파이썬으로는 다음과 같이 구현할 수 있습니다.

q24_01.py

```
# 2개 뚫기의 가능성이 있는 방법을 설정
board = [[1, 2], [2, 3], [7, 8], [8, 9],
        [1, 4], [3, 6], [4, 7], [6, 9]]
# 1개씩 뚫는 방법을 추가
for i in range(1, 9 + 1):
  board.append([i])

memo = {"[]": 1}
def strike(board):
  # 이미 탐색 완료된 경우는 그 값을 사용
  key = str(board)
  if key in memo:
    return memo[key]
  cnt = 0
  for b in board:
    # 뚫은 과녁에 포함되는 숫자가 있는 뚫기 방법은 제외
    next_board = filter( \
      lambda i: \
        # 교집합이 없는 경우만 찾는다
        len(set(b).intersection(set(i))) == 0 \
    , board)
    next_board = list(next_board)
    cnt += strike(next_board)
```

```
    memo[key] = cnt
    return cnt

print(strike(board))
```

 set() 함수를 사용해 집합으로 만들면, 합집합, 차집합, 교집합 등을 쉽게 구할 수 있군요. 이를 활용해 공통 요소가 없는 것만 찾으면 뚫은 과녁을 제외할 수 있어요.

정답

798,000가지

QUIZ

25 운동화 끈 멋지게 묶기

분명히 세게 묶었는데 어느새 풀려 버리는 운동화 끈. 운동화 끈을 멋지게 묶는 방법에는 여러 가지가 있습니다. 그러면 이번에는 구멍에 끈을 통과시키는 다양한 방법들을 생각해 봅시다.

총 12군데의 구멍에 한 번씩 끈을 통과시킬 때 [그림 12]와 같은 방법을 자주 사용합니다(각각의 구멍 위아래 어느 쪽으로부터 통과시킬지는 여기서 생각하지 않는 것으로 합니다).

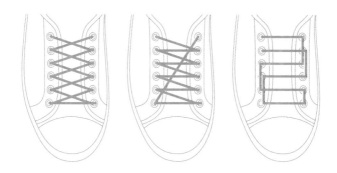

[그림 12] 운동화 끈을 묶는 여러 가지 방법

끈을 묶은 매듭의 위치는 왼쪽 두 그림과 같이 가장 위의 위치로 고정하기로 하고 좌우의 구멍을 교대로 사용하는 것으로 하겠습니다.

┌ 문제 ┐

끈이 교차하는 지점의 수가 가장 많을 때 그 수를 구해 보세요. 예를 들면 왼쪽 끝의 그림에서는 5개, 중간 그림에서는 9개입니다.

어떻게 교차할지 판정하는 게 어려워요.

먼저 적은 수로 생각해서 어떤 조건이라면 교차한다고 말할 수 있을지 고민해 봅시다.

생각하는 방법

끈을 묶을 두 군데는 고정되어 있으므로, 남은 것을 좌우로부터 교대로 선택해 나가게 됩니다. 선택 방법은 왼쪽에서 5! (5의 계승)가지, 오른쪽에서 5!가지 있습니다. 각각의 통과 방법에 대하여 교차점 개수를 구하는 것이 이 문제의 포인트가 됩니다. 이번에는 왼쪽과 오른쪽 각각의 구멍에 위로부터 순서대로 0~5의 번호를 붙이면 그 번호의 대소로 교차 판정을 할 수 있습니다.

예를 들어 왼쪽의 0에서 오른쪽의 1을 묶는 끈과 왼쪽의 1에서 오른쪽의 0을 묶는 끈은 교차합니다. 즉, 번호의 크고 작음이 역전할 때 교차한다는 것을 알 수 있습니다. 이러한 내용을 파이썬으로 구현하면 다음과 같이 작성할 수 있습니다.

q25_01.py

```python
from itertools import permutations

N = 6

max_cnt = 0
temp = list(range(1, N))
print(temp)
for l in permutations(temp, N - 1):    # 왼쪽의 순서
  for r in permutations(temp, N - 1):  # 오른쪽의 순서
    # 경로를 설정
    path = []
    left = 0
    right = r[0]
    for i in range(0, N - 1):
      path.append([left, right])
      left = l[i]
      path.append([left, right])
      if len(r) > i + 1:
        right = r[i + 1]
    path.append([left, 0])
```

```
# 경로가 교차하는지를 판정
cnt = 0
for i in range(0, N * 2 - 1):
  for j in range(i + 1, N * 2 - 1):
    if (path[i][0] - path[j][0]) * (path[i][1] - path[j][1]) < 0:
      cnt += 1

max_cnt = max([max_cnt, cnt])

print(max_cnt)
```

곱셈을 이용하여 교차 여부를 판정하고 있는데, 어떤 처리인가요?

왼쪽 구멍의 대소와 오른쪽 구멍의 대소를 비교할 때 이 둘의 차이를 이용하여 양수인지 음수인지를 판정하고 있어요. 어느 한 쪽이 음수가 되면 곱셈의 답도 음수가 되므로 교차 판정을 할 수 있습니다.

곱셈을 이렇게 사용하니 편리하네요. 하지만, 구멍 수가 늘어나면 처리에 시간이 걸릴 것 같아요.

Point

이번과 같이 양측에 6개씩 있는 경우라면 1초도 걸리지 않고 처리할 수 있지만, 7개씩이 되는 시점부터는 10초를 넘게 됩니다. 거기서 구멍의 수가 더 늘어나게 되면 상당한 시간이 소요됩니다.

그러므로 좀 더 좋은 방법은 없는지 생각해 봅시다. 사실 구멍의 수를 바꾸어 시험해 보면 규칙적으로 늘어난다는 사실을 깨닫게 될 것입니다. 양측의 구멍을 2개, 3개, 4개,…로 늘려나가면 그 교차점의 수는 1, 6, 15, 28, 45, 66,…이 됩니다. 그 차이를 구해보면 5, 9, 13, 17, 21,…이 되어 4씩 증가한다는 것을 알 수 있습니다. 이렇게 규칙성을 깨닫는 일도 중요합니다.

정답

45개

알고리즘 문제를 만드는 방법

　'금주의 알고리즘'을 매주 출제하다 보면 '어떻게 문제를 만드나요?'라는 질문을 받을 때가 있습니다. 매주 새로운 문제를 생각해서 정답을 구현하고 모범 답안과 설명을 만드는 것은 꽤 힘든 작업입니다. 게다가 채점 작업도 해야 하고요.

　솔직히 문제를 만드는 방법이 정해진 것은 없습니다. 자전거를 타고 거리를 지나다 문득 떠오를 때도 있는가 하면, 책상 앞에 앉아 주변을 둘러보다 떠오르기도 합니다. 어떤 책이나 문제를 보면서 이걸 어떻게 해볼 수 없을까 생각할 때도 있고 '메모화'나 '재귀'를 주제로 출제하면 좋겠다고 푸는 방법부터 생각하기도 합니다.

　그러나 한 가지 말할 수 있는 것은 "항상 문제 만드는 일을 의식하고 있다."라는 것입니다. 무언가를 하고 있을 때에도 '이걸 문제로 만들 수 없을까?'하고 생각합니다. 테이블 위에 달력이 있으면 바라보게 되고, 키보드를 보면 그 배치로 어떤 걸 만들 수 있을지 생각하기도 합니다. 다른 주제로 프로그램을 만들면서 생각할 때도 있고, 술을 마실 때 문득 떠오르는 때도 있습니다.

　주의를 기울인다는 것은 '시야를 좁히지 않는다.'라는 것입니다. 책을 읽으면 특정 분야에 대해서는 잘 알게 되지만, 폭넓은 시야를 얻을 수 없을 때도 있습니다. 그러므로 다양한 분야의 책을 읽음으로써 시야를 넓히기도 합니다. 스포츠를 관전할 때에도 특정 스포츠나 팀의 시점뿐만 아니라 여러 가지 관점에서 보려고 하고 있습니다.

　여러분도 어떤 주제를 갖고 '항상 의식하는' 일을 해보시기 바랍니다. 전혀 관계없는 일을 하고 있더라도 문득 떠오르는 순간이 분명히 있을 것입니다.

QUIZ

26 효율적인 입체 주차장

요즘에는 아파트 같은 곳에서도 입체 주차장이 늘어나는 추세입니다. 입체 주차장이란 좁은 면적에 가능하면 많은 차를 주차할 수 있도록 상하좌우로 이동하여 차를 넣고 뺄 수 있는 곳입니다.

이 입체 주차장에서는 차가 주차되지 않은 공간의 위치를 바꿔가며 출차 위치까지 차를 이동시킵니다. 왼쪽 위에 있는 차를 오른쪽 아래에 있는 출차 위치까지 이동시킨다고 할 때, 최소 횟수로 이동하는 방법을 생각해봅시다. 예를 들면 3×2 주차장에서 [그림 13]과 같이 이동하면 13회 이동해야 합니다.

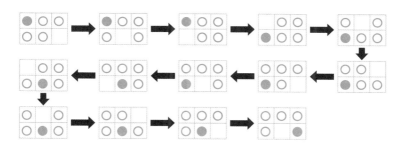

[그림 13] 왼쪽 위에서 오른쪽 아래로 이동하는 예 1 (13회)

그러나 [그림 14]와 같이 이동하면 9회 만에 이동할 수 있습니다.

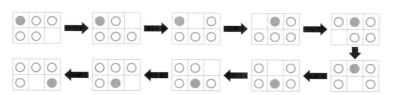

[그림 14] 왼쪽 위에서 오른쪽 아래로 이동하는 예 2 (9회)

10 × 10 주차장에서 왼쪽 위에서 오른쪽 아래로 이동하는 최소 횟수를 구해 보세요.

Hint!

역방향으로 탐색하는 것도 한 방법이겠네요.

생각하는 방법

최소 횟수로 이동하려면 너비 우선 탐색이 효과적입니다. 목표 패턴에 도달한 시점에서 탐색을 중단할 수 있기 때문에 바로 찾게 될 때에는 탐색에 걸리는 시간을 대폭 줄일 수 있습니다.

Point

이번에는 역순으로 주차장 배치가 맨 마지막 상태에서 역으로 따라가 맨 처음 위치에 도달할 때까지의 최소 횟수를 구해보겠습니다. 한 번 시도한 패턴과 같은 것이 나타나면 최소 횟수가 아니므로 같은 것이 나타나지 않도록 기록하면서 탐색해 나갑니다.

주차장 배치의 바깥쪽에 주차관리인으로 숫자 '9'를 설정하고 다른 차가 있는 위치를 '1', 목표 차량이 있는 위치를 '2'로 표시합니다. 그리고 차가 없는 곳의 위치를 파라미터로 동시에 보냅니다. 이를 파이썬으로 구현하면 다음과 같이 작성할 수 있습니다.

q26_01.py

```python
W, H = 10, 10
parking = [9] * (W + 1) + ([1] * W + [9]) * H + [9] * (W + 1)

goal = parking.copy()
goal[W + 1] = 2
start = parking.copy()
start[-W - 3] = 2

def search(prev, depth):
  target = []
  for parking, pos in prev:
    for d in [-1, 1, W + 1, - W - 1]:
```

```
            dd = pos + d
            if parking[dd] != 9:
              temp = parking.copy()
              temp[dd], temp[pos] = temp[pos], temp[dd]
              if str([temp, dd]) not in log:
                target.append([temp, dd])
                log[str([temp,dd])] = depth + 1

  temp = list(map(lambda x: str(x), target))
  if str([goal, (W + 1) * (H + 1) - 2]) in temp:
    return

  if len(target) > 0:
    search(target, depth + 1)

log = {}
log[str([start, (W + 1) * H - 2])] = 0
log[str([start, (W + 1) * (H + 1) - 3])] = 0
search([[start, (W+1) * H - 2], [start, (W+1) * (H+1) - 3]], 0)
print(log[str([goal, (W + 1) * (H + 1) - 2])])
```

정답

69회

27 우회전을 못해도 괜찮다고?

차를 운전할 때 일본과 같은 왼쪽 통행 도로에서는 우회전보다 좌회전이 더 편합니다. 반대편에서 오는 차를 신경 쓸 필요가 없고 항상 왼쪽 차선으로만 달리고 있으면 차선 변경을 고민하지 않아도 되지요.

그렇다면, 직진이나 좌회전만으로 목적지에 도달하는 방법을 생각해 봅시다. [그림 15]와 같이 그물눈 모양의 도로에서 직진이나 좌회전만으로, 심지어 같은 도로는 다시 지나가지 않고 이동해야 한다고 합시다. 이때 교차해도 상관없습니다.

여기서는 왼쪽 아래에서 오른쪽 위까지 나아가는 길이 몇 가지 있는지를 생각해 봅시다. 예를 들면 [그림 15]와 같이 3블록×2블록이라면 4가지 길이 있습니다.

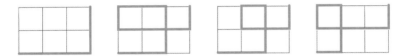

[그림 15] 3블록 × 2블록일 때

문제

6블록×4블록이라면 몇 가지 길이 있는지 구해보세요.

좌회전을 어떻게 표현할지를 모르겠어요. 위를 향하면 왼쪽으로 이동하게 되지만, 왼쪽을 향하면 다음으로 이동하게 돼요.

배열에서 '상', '좌', '하', '우'를 설정해 두면 좋을 것 같은데요. 인덱스를 하나 늘리면 위를 향하고 있으면 왼쪽, 왼쪽을 향하고 있으면 아래가 되네요.

Hint!

그렇죠. 오른쪽 다음은 위니까 인덱스를 0으로 되돌리면 되겠지요. "하나 늘린 다음 4로 나눈 나머지를 사용한다."라는 방법도 있어요.

생각하는 방법

이 문제의 포인트는 이미 지났던 도로를 다시 지나가지 않고 이동한다는 것입니다. 즉, 이동한 위치를 저장해두어야 합니다. 그리고 직진과 좌회전만 가능하므로 직전의 이동 방향 정보도 필요합니다.

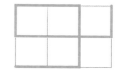

[그림 16] 이동 예

여기서는 이미 지난 도로인지 아닌지를 세로 선과 가로 선에 각각의 배열로 저장해두기로 합니다. 각 블록의 외곽에 세로 선과 가로 선이 사용되었는지를 비트열로 저장하면 [그림 16]과 같은 상태를 [표 6]과 같이 표현할 수 있습니다.

[표 6] 비트 열로 저장한 예시

세로 선	가로 선
1011	110
0010	111
	110

즉, 세로 선의 경우 첫 번째 단계에서 선이 그어진 것은 왼쪽 끝과 오른쪽에서 두 번째, 오른쪽 끝 이렇게 세 군데이며 그 위치에 '1'이라는 비트를 표시합니다. 마찬가지로 두 번째 단계는 오른쪽에서 두 번째뿐이므로, 그 위치에만 '1'을 표시합니다.

그 이후에는 진행 방향에 따라 사용 완료된 것이 아닌 경우 다음 방향으로 나아간다는 것을 재귀적으로 탐색합니다. 이를 파이썬으로 구현하면 다음과 같이 작성할 수 있습니다.

q27_01.py

```python
W, H = 6, 4
DIR = [[0, 1], [-1, 0], [0, -1], [1, 0]] # 이동 방향
left = [0] * H    # 세로 선을 사용했는지 비트 단위로 저장
bottom = [0] * W # 가로 선을 사용했는지 비트 단위로 저장

def search(x, y, dir, left, bottom):
  left_l = left.copy()
  bottom_l = bottom.copy()
  # 경계를 넘거나 사용 완료된 경우는 진행할 수 없음
  if (dir == 0) or (dir == 2): # 상하로 이동한 경우
    pos = min([y, y + DIR[dir][1]])
    if (pos < 0) or (y + DIR[dir][1] > H):
      return 0
    if left_l[pos] & (1 << x) > 0:
      return 0
    left_l[pos] |= (1 << x)        # 세로 선을 사용 완료로 함
  else:                            # 좌우로 이동한 경우
    pos = min([x, x + DIR[dir][0]])
    if (pos < 0) or (x + DIR[dir][0] > W):
      return 0
    if bottom_l[pos] & (1 << y) > 0:
      return 0
    bottom_l[pos] |= (1 << y)        # 가로 선을 사용 완료로 함
  next_x, next_y = x + DIR[dir][0], y + DIR[dir][1]
  if (next_x == W) and (next_y == H):
    return 1    # B에 도달하면 종료

  cnt = 0
  # 직진
  cnt += search(next_x, next_y, dir, left_l, bottom_l)
  # 좌회전
  dir = (dir + 1) % len(DIR)
  cnt += search(next_x, next_y, dir, left_l, bottom_l)
  return cnt

# 시작점으로부터 오른쪽으로 시작
print(search(0, 0, 3, left, bottom))
```

이동 방향을 배열로 표현해두면 간단하게 작성할 수 있군요. 마치 내가 직접 이동하는 것 같아서 재미도 있고요.

눈으로 디버그할 때에도 이런 소스 코드라면 크기가 커지더라도 알기 쉽답니다.

2,760가지

스터디나 세미나에 참가하자

매일같이 스터디나 세미나가 개최됩니다. 규모도 다양하고 장르의 폭이 넓어 조금만 찾아보면 쉽게 발견할 수 있습니다. 저도 되도록 적극적으로 참가하려고 하고 있고 회사원이었던 시절에도 한 달에 한 번은 유급 휴가를 사용해서 세미나에 참가하려고 노력하였습니다.

여기서 '유급 휴가를 사용해서'라는 것이 포인트입니다. 회사에 세미나 참가 신청을 하게 되면 '어떻게든 업무에 활용해야 한다.'라는 의식이 생깁니다. 보고서도 제출해야 할 테니 세미나 내에서의 활동을 마냥 자유롭게 할 수도 없습니다.

스터디나 세미나에 참가한다고 하면 "제대로 된 걸 배우진 못할 테니 일이나 하라."라는 부정적인 의견도 나오게 됩니다. 확실히, 스터디나 세미나에서 얻을 수 있는 것은 아주 적습니다. 단 하루, 혹은 몇 시간으로 큰 것을 얻을 수 있다고는 도무지 생각할 수 없습니다.

물론, 의미 있는 내용인 경우도 있지만, 효과가 없었다고 느끼는 세미나도 있겠지요. 그렇다 하더라도 괜찮습니다. 중요한 것은 소용없었다고 생각하지 않는 것입니다. '뭔가 하나라도 내 것으로 만든다.'라는 의식을 갖게 되면 세미나의 의의가 달라집니다. 강사의 화법, 세미나장의 분위기 같은 것이라도 상관없습니다. 좋지 않았다고 느낀다면 자신이 반대 관점이 되었을 때 반면교사로 삼아야 할 것이고, 좋다고 느낀 부분은 받아들이면 됩니다.

적극적으로 스터디나 세미나에 참가해 보세요. 언젠가 어떻게든 도움이 될 뿐만이 아니라 새로운 동료와의 만남이 기다리고 있을지도 모릅니다.

QUIZ

28 적절한 동아리 활동 배분

학생들에게 공부 이상으로 중요한 동아리 활동. 당신은 새로 생긴 학교의 교장으로 취임하게 되었습니다. 스포츠를 좋아하는 150명의 학생을 위해 어떤 동아리 활동을 개설할지를 고민하고 있습니다.

각 동아리에 필요한 운동장의 넓이를 조사한 결과, [표 7]과 같았습니다. 운동장은 각 동아리에 소속된 부원 수를 고려하여 확보해야 합니다.

[표 7] 각 동아리에 필요한 운동장과 예상 부원 수

클럽	필요 면적	예상 부원 수
야구	11,000㎡	40명
축구	8,000㎡	30명
배구	400㎡	24명
농구	800㎡	20명
테니스	900㎡	14명
육상	1,800㎡	16명
핸드볼	1,000㎡	15명
럭비	7,000㎡	40명
탁구	100㎡	10명
배드민턴	300㎡	12명

문제

클럽 부원 수는 최대 150명이며, 클럽 활동 시 필요한 운동장 면적을 최대로 하고자 합니다. 그 면적의 최댓값을 구해 보세요.

학생이 어느 동아리를 선택할지 모르니까 필요한 면적을 최대로 해두어야 하겠군요.

부원 한 사람당 면적을 구하는 것도 좋을 것 같은데….

그렇게 하면 최대로 할 수 있다고는 단정할 수가 없겠네요.

한정된 부원 수의 범위에서 어느 동아리를 선택해야 필요한 넓이가 최대로 될 수 있을지 생각합니다. 더욱 간단하게 생각하면 대상이 되는 동아리에서 몇 개를 고르고, 그 부원 수가 150명을 넘지 않는 조합 중에서 넓이가 최대인 것을 정답으로 고르면 되겠지요.

동아리 수를 늘리면서 조건을 채울 수 있는 조합을 탐색하면 파이썬으로는 다음과 같이 작성할 수 있습니다.

q28_01.py

```python
from itertools import combinations

club = [[11000, 40], [8000, 30], [400, 24], [800, 20], [900, 14],
        [1800, 16], [1000, 15], [7000,40], [100, 10], [300, 12]]
N = 150

max_value = 0
# 선택하는 동아리 수를 순서대로 시험
for i in range(1, len(club) + 1):
  for ary in combinations(club, i):
    # 선택한 동아리로 부원 수의 합이 조건을 만족할 때
    sum_value_1 = sum(map(lambda x: x[1], ary))
    if sum_value_1 <= N:
      sum_value_2 = sum(map(lambda x: x[0], ary))
      max_value = max([sum_value_2, max_value])

print(max_value)
```

이거라면 간단하네요. 선택한 조합의 수를 변화시키면서 부원 수를 합계하여 조건을 만족하는 경우에 넓이가 최대인지를 순서대로 시험해보기만 하면 되는군요.

하지만 이 방법은 클럽의 종류가 늘어나면 처리 시간도 금세 늘어나게 돼요.

이번과 같이 10개 정도라면 처리 시간이 그렇게 길지 않지만, 15개를 넘어버리면 제대로 처리할 수 있을 만한 시간이 못됩니다. 좀 더 궁리해 봅시다.

이런 문제를 '배낭 문제'라고 부르며, 메모화나 동적 계획법을 사용하여 빠르게 풀 수 있습니다.

우선 '야구'로 생각해 봅시다. 야구를 선택하면 면적이 11,000m² 필요하지만 선택하지 않는다면 면적 증가는 0m²입니다. 마찬가지로 두 번째의 '축구'를 선택한 경우는 면적이 8,000m² 필요하지만, 선택하지 않은 경우는 0m²입니다. 야구와 축구 양쪽 모두를 선택한 경우에는 더하게 됩니다.

이를 학생 수에 대해 배열을 만들고 집계합니다. 예를 들어 야구와 축구를 선택할 때의 배열 변화는 [그림 17]과 같습니다. 마찬가지로 모든 스포츠에 대해 집계한 뒤, 150명까지의 최댓값을 구함으로써 결과를 얻을 수 있습니다.

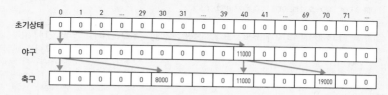

[그림 17] 야구와 축구를 선택할 때의 배열

예를 들어 이번 문제는 동적 계획법을 사용하여 다음과 같이 구현할 수 있습니다.

q28_02.py

```python
club = [[11000, 40], [8000, 30], [400, 24], [800, 20], [900, 14],
        [1800, 16], [1000, 15], [7000,40], [100, 10], [300, 12]]
N = 150

area = [None] * (len(club) + 1)
for i in range(0, len(area)):
  area[i] = [0] * (N + 1)

for i in range(len(club) - 1, -1, -1):
  for j in range(0, N + 1):
    if j < club[i][1]:
      area[i][j] = area[i + 1][j]
    else:
      area[i][j] = max([area[i + 1][j],\
                  area[i + 1][j - club[i][1]] + club[i][0]])

print(area[0][N])
```

이 방법이라면 클럽 수가 늘더라도 순식간에 처리할 수 있겠네요.

소스 코드는 간단하지만, 보기만 해서는 무엇을 하고 있는지 이해하기 어렵네요.

그럴 때는 그림을 그려서 어떻게 배열이 변화하는지를 보면 좋겠네요.

메모화를 이용할 때는 사용하지 않은 클럽 리스트와 남은 부원 수를 파라미터로 보내어 다음과 같이 구현할 수 있습니다.

q28_03.py

```python
club = [[11000, 40], [8000, 30], [400, 24], [800, 20], [900, 14],
        [1800, 16], [1000, 15], [7000,40], [100, 10], [300, 12]]

memo = {}
def search(club, remain):
  key = str([club, remain])
  if key in memo:
    return memo[key]
  max_value = 0
  for c in club:
    # 동아리를 추가하는 부원 수의 여유가 있는 경우
    if remain - c[1] >= 0:
      next_club = club.copy()
      next_club.remove(c)
      max_value = max([c[0] + search(next_club, remain - c[1]), max_value])
  memo[key] = max_value
  return max_value

print(search(club, 150))
```

그 외에도 분기 한정법(Branch and Bound Method)을 사용하는 방법 등이 알려졌습니다.

정답

28,800㎡

125

QUIZ

29

합성 저항으로 만드는 황금비율

물리 시간에 배운 '저항'. 직렬이나 병렬로 연결함으로써 저항값을 크게 하거나 작게 할 수 있습니다. 저항값이 R1, R2, R3인 세 개의 저항을 직렬로 연결한 경우 그 합성 저항값은 R1+R2+R3으로 구할 수 있습니다. 이 세 개를 병렬로 연결한 경우에는 각각의 저항의 '역수 합의 역수'가 합성 저항값이 됩니다 ([그림 18]).

여기에 저항값이 1Ω인 저항이 n개 있습니다. 이를 조합하여 저항값을 '황금비율'인

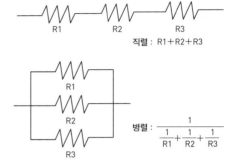

직렬 : R1+R2+R3

병렬 : $\dfrac{1}{\dfrac{1}{R1}+\dfrac{1}{R2}+\dfrac{1}{R3}}$

[그림 18] 합성 저항의 계산

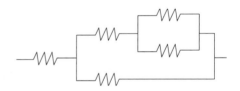

[그림 19] $n=5$에서 황금비율에 가까운 연결 예

1.6180339887…에 가까운 수로 만들고자 합니다. 이를테면 $n=5$일 때 [그림 19]와 같이 연결하면 1.6으로 만들 수 있습니다.

문제

$n=10$일 때 조합하여 만들 수 있는 저항값 중 황금비율에 가장 가까운 값을 소수점 10자리까지 구해 보세요.

Hint!

병렬 안에서 또 병렬이 되는 것을 생각해야 하는 것이 포인트네요.

직렬뿐이라면 덧셈만 하면 되므로 전혀 어려울 것이 없지만, 문제는 병렬입니다. 몇 개의 저항을 병렬로 연결할 수 있는가에 따라 계산이 달라지는데다, 병렬 안에 또 병렬로 저항이 나열되어 있을지도 모릅니다.

그러므로 병렬의 저항을 배열로 표현하기로 합니다. 그리고 n개의 저항으로 생각할 수 있는 저항값을 배열로 돌려줌에 따라 재귀적으로 계산할 수 있도록 생각합니다. 이렇게 하면 메모화할 수도 있어, 고속 처리가 가능해집니다. 단, 병렬로 연결할 때 문제가 되는 것이 "몇 개씩 구분하면 되는가?"입니다. 예를 들어 4개의 저항을 병렬로 나열한다면 다음을 생각해야 합니다.

- 1개씩 4개 나열한다.
- 1개, 1개, 2개로 나열하여 맨 마지막 2개를 직렬 또는 병렬로 나열한다.
- 1개, 3개로 나열하여 이 3개를 직렬 또는 병렬로 나열한다.
- 2개, 2개로 나열하여 각각 직렬 또는 병렬로 나열한다.

Point

우선 이 패턴을 모두 찾고자 일렬로 나열하여 구분한 것을 생각합니다. 예를 들어 4개의 저항을 나열한 경우, 그 구분 위치는 세 군데 있습니다. 이 세 군데 중 어느 위치에서 구분할지를 생각하는 것입니다([그림 20]).

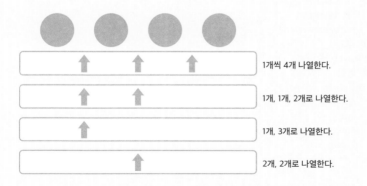

[그림 20] 4개의 저항을 나열할 때

파이썬으로 구현하면 다음과 같이 작성할 수 있습니다.

▌ q29_01.py

```python
import itertools
from fractions import Fraction
tes = 0

def flatten_list(data):
  results = []
  for rec in data:
    if isinstance(rec, list):
      results.extend(rec)
      results = flatten_list(results)
    else:
      results.append(rec)
  return results

# 배열의 직적(Direct Product)을 계산
def product(ary):
  result = ary[0]
  for i in range(1, len(ary)):
    result = list(map(list, itertools.product(result, ary[i])))
  result = list(map(flatten_list, result))
  return result

# 병렬이면 저항값을 산출
def parallel(ary):
  temp = list(map(lambda x: Fraction(1.0 / x), ary))
  return Fraction(1, sum(temp))

memo = {1: [1]}
def calc(n):
  if n in memo:
    return memo[n]
  # 직렬
  result = list(map(lambda x: x + 1, calc(n - 1)))
  # 병렬
  for i in range(2, n + 1):
    # 병렬로 구분하는 개수를 설정
    cut = {}
    for ary in itertools.combinations(list(range(1, n)), i - 1):
      pos = 0
      r = []

      for j in range(0, len(ary)):
        r.append(ary[j] - pos)
        pos = ary[j]
```

```
      r.append(n - pos)
      cut[str(sorted(r))] = list(sorted(r))
   # 구분한 위치에서 재귀적으로 저항을 설정
   for key, item in cut.items():
      temp = list(map(lambda x: calc(x), item))
      # 저항값을 계산
      for vv in product(temp):
        result.append(parallel(vv))
  memo[n] = result
  return result

golden_ratio = 1.61800339887
min_value = float("inf")
for i in calc(10):
  if abs(golden_ratio - i) < abs(golden_ratio - min_value):
    min_value = i

print("{:.10f}".format(float(min_value)))
```

parallel() 안에서 사용한 Fraction은 무엇인가요?

파이썬에서는 Fraction을 사용해서 분수를 처리할 수 있습니다.

정답

1.6181818182

30 멀티 탭으로 만든 문어 다리 배선

엔지니어에게 있어 전원 확보는 가장 중요한 과제입니다. PC뿐만 아니라 스마트폰이나 태블릿 PC, 디지털 카메라 등 배터리가 부족하면 바로 콘센트를 찾게 됩니다. 여러 사람이 함께 사용하는 경우에는 콘센트를 공유하게 됩니다. 그때 도움이 되는 것이 멀티 탭입니다. 연장 코드에 콘센트가 여러 개 있는 것이 일반적입니다.

여기서는 2구인 것과 3구인 것이 있다고 합시다. 벽의 콘센트는 하나만 사용할 수 있는 상태로, n대의 전기기구를 사용하고자 하는 경우의 멀티 탭 배치를 생각하도록 합시다. 예를 들어 $n = 4$라면 [그림 21]과 같이 네 가지를 생각할 수 있습니다(같은 멀티 탭에 꽂는 경우 꽂는 콘센트의 위치는 무시하고 멀티 탭의 결합 방법만 생각합니다. 그리고 남는 구가 없도록 멀티 탭을 연결합니다).

[그림 21] $n = 4$일 때

문제

$n = 20$일 때 몇 가지의 멀티 탭 배치를 생각할 수 있는지 구해 보세요(단, 전원 용량은 생각하지 않기로 합니다).

Hint! 멀티 탭에 꽂는 위치는 무시한다는 게 오히려 어려운 부분이네요.

생각하는 방법

사용할 수 있는 멀티 탭은 콘센트의 수가 2개인 것과 3개인 것이므로, 한쪽부터 차례로 사용합니다. 같은 멀티 탭에 꽂는 경우 꽂는 위치를 생각하지 않으므로 [그림 21]과 같이 오른쪽 콘센트부터 순서대로 사용하는 것으로 합니다.

하나의 콘센트에 멀티 탭을 꽂으면 그다음부터는 추가한 멀티 탭의 콘센트에 매달려 나가게 되기 때문에 깊이 우선 탐색을 실행해 보겠습니다. 여기서는 n개의 콘센트를 만족하는 것을 구하는 처리를 만듭니다. 각각의 콘센트에 멀티 탭을 꽂았다면 원래 멀티 탭은 각각의 콘센트 개수의 곱셈으로 구할 수 있으므로 파이썬으로는 다음과 같이 구현할 수 있습니다.

q30_01.py

```python
N = 20

def set_tap(remain):
  if remain == 1:
    return 1
  cnt = 0
  # 2구
  for i in range(1, remain // 2 + 1):
    if remain - i == i:
      cnt += set_tap(i) * (set_tap(i) + 1) // 2
    else:
      cnt += set_tap(remain - i) * set_tap(i)
  # 3구
  for i in range(1, remain // 3 + 1):
    for j in range(i, (remain - i) // 2 + 1):
      if (remain - (i + j) == i) and (i == j):
        cnt += set_tap(i) * (set_tap(i) + 1) * (set_tap(i) + 2) // 6
      elif remain - (i + j) == i:
        cnt += set_tap(i) * (set_tap(i) + 1) * set_tap(j) // 2
      elif i == j:
        cnt += set_tap(remain - (i+j)) * set_tap(i) * (set_tap(i)+1) // 2
      elif remain - (i + j) == j:
        cnt += set_tap(j) * (set_tap(j) + 1) * set_tap(i) // 2
```

```
    else:
        cnt += set_tap(remain - (i + j)) * set_tap(j) * set_tap(i)
    return cnt

print(set_tap(N))
```

 인수가 1일 때 1을 돌려주는 것은 무엇 때문인가요?

 콘센트가 하나일 때는 꽂는 방법이 하나밖에 없다, 즉 '멀티 탭을 연결하지 않는다.'라는 것일까요.

 그렇습니다. $n = 15$ 정도라면 순식간에 구할 수 있겠지만, 이번처럼 $n = 20$이 되면 20초 정도 소요됩니다. 메모화을 이용해 고속화합시다.

q30_02.py

```
N = 20

memo = {1: 1}
def set_tap(remain):
    if remain in memo:
        return memo[remain]
    cnt = 0
    # 2구
    for i in range(1, remain // 2 + 1):
        if remain - i == i:
            cnt += set_tap(i) * (set_tap(i) + 1) // 2
        else:
            cnt += set_tap(remain - i) * set_tap(i)

    # 3구
    for i in range(1, remain // 3 + 1):
        for j in range(i, (remain - i) // 2 + 1):
            if (remain - (i + j) == i) and (i == j):
                cnt += set_tap(i) * (set_tap(i) + 1) * (set_tap(i) + 2) // 6
            elif remain - (i + j) == i:
                cnt += set_tap(i) * (set_tap(i) + 1) * set_tap(j) // 2
            elif i == j:
                cnt += set_tap(remain - (i+j)) * set_tap(i) * (set_tap(i)+1) // 2
            elif remain - (i + j) == j:
                cnt += set_tap(j) * (set_tap(j) + 1) * set_tap(i) // 2
```

```
        else:
            cnt += set_tap(remain - (i + j)) * set_tap(j) * set_tap(i)

    memo[remain] = cnt
    return cnt

print(set_tap(N))
```

메모화는 중요하군요. *n* = 100인데도 순식간에 구했어요.

같은 처리를 자바스크립트로도 구현해 보려고 해요.

이번에는 특별히 주의해야 할 곳 없이 그대로 구현할 수 있답니다.

q30_03.js

```
const N = 20;
var memo = [];
memo[1] = 1;

function set_tap(remain){
  if (memo[remain]){
    return memo[remain];
  }
  var cnt = 0;
  /* 2구 */
  for (var i = 1; i <= remain / 2; i++){
    if (remain - i == i)
      cnt += set_tap(i) * (set_tap(i) + 1) / 2;
    else
      cnt += set_tap(remain - i) * set_tap(i);
  }
  /* 3구 */
  for (var i = 1; i <= remain / 3; i++){
    for (var j = i; j <= (remain - i) / 2; j++){
      if ((remain - (i + j) == i) && (i == j))
        cnt += set_tap(i) * (set_tap(i) + 1) * (set_tap(i) + 2) / 6;
      else if (remain - (i + j) == i)
        cnt += set_tap(i) * (set_tap(i) + 1) * set_tap(j) / 2;
      else if (i == j)
        cnt += set_tap(remain - (i+j)) * set_tap(i) * (set_tap(i)+1) / 2;
```

```
        else if (remain - (i + j) == j)
          cnt += set_tap(j) * (set_tap(j) + 1) * set_tap(i) / 2;
        else
          cnt += set_tap(remain - (i + j)) * set_tap(j) * set_tap(i);
      }
    }
  memo[remain] = cnt;
  return cnt;
}

console.log(set_tap(N));
```

63,877,262가지

제 3 장

중급편

★★★

알고리즘을 연구하여
고속 처리를 구현하자

빅오 표기법과 계산량

　알고리즘을 생각할 때 주목하는 것은 일반적으로 '처리 속도'와 '메모리 사용량'입니다. 그러나 컴퓨터의 구성이나 환경에 따라 처리에 걸리는 시간이나 필요한 메모리 사용량은 다릅니다.

　그렇기에 자주 사용되는 것이 '빅오 표기법'입니다. 'O 표기법'이라 불리기도 합니다. 이는 처리할 양을 N이라 하였을 때 그 크기에 따라 프로그램 처리 시간이 변동하는 정도를 나타낸 것입니다.

　예를 들어 N이 증가할 때 처리 시간이 대체로 N^2에 비례한다는 것을 $O(N^2)$로 표현합니다. 이러한 알고리즘을 '$O(N^2)$의 알고리즘'이라고도 합니다.

　어떤 처리를 할 때 채택하는 알고리즘에 따라 [표 1]과 같이 처리 시간은 크게 달라집니다. 예를 들어 $O(N^2)$의 처리라면 $N=10$일 때에 0.1초로 끝나는 처리라도 $N=1000$이 되면 1,000초, 즉 16분 정도가 소요되게 됩니다. 마찬가지로 같은 결과를 돌려주는 $O(N)$의 처리와 $O(N^2)$의 처리가 있을 때 같은 $N=1000$의 데이터를 입력하면 $O(N)$에서는 1초로 끝나는 처리가 $O(N^2)$에서는 16분 정도 소요되게 됩니다.

　여러분이 담당하는 업무에서 처리 속도가 늦다고 느낄 때에는 알고리즘을 재검토함으로써 처리 시간을 대폭 줄일 수도 있습니다. 해당 처리의 오더가 어떻게 되어 있는지 계산해 보세요.

[표 1] 알고리즘별 처리 시간 (O(1) = 1로 했을 때의 계산 값)

	$N = 10$	$N = 100$	$N = 1000$	$N = 100$만
O(log N)	3.3	6.6	10	20
O(N)	10	100	1,000	100만
O(N log N)	33	660	10,000	2,000만
O(N²)	100	10,000	100만	1조
O(N³)	1,000	100만	10억	100경
O(2ᴺ)	10^3	10^{30}	10^{300}	10^{30}만

　※ 로그의 밑에 따라 정수배로만 변하므로 여기서는 일반적으로 사용되는 '2'로 계산하였습니다.

QUIZ

31 최단 경로의 계산

[그림 1]과 같은 정사각형이 있고 한 변의 길이가 1cm인 정사각형 칸으로 구분되어 있습니다. 이 경계 위를 A에서 B까지 최단 거리로 왕복한다고 생각합시다. 이때 갈 때 지나간 길은 돌아올 때에는 지나갈 수 없다고 합시다 (단, 교차점이 겹치거나 엇갈리는 것은 무방합니다).

예를 들어 정사각형의 한 변의 길이가 2cm라면 다음과 같이 10가지 경로가 있습니다.

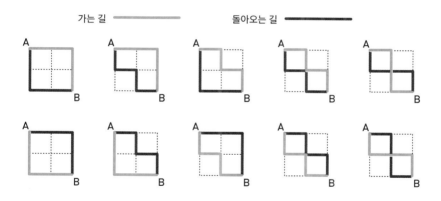

[그림 1] 한 변의 길이가 2cm인 경우

문제

한 변의 길이가 6cm인 정사각형일 때는 최단 경로가 몇 가지 있는지 구해 보세요.

경로 문제는 자주 보게 되네요. 그런데 왕복이라고 해도 단순히 2배를 해서는 안 되는 거죠?

Hint!

같은 경로를 지나서는 안 된다는 조건이 포인트네요. 지나온 경로인지를 판정해야 하겠습니다.

편도라면 매우 단순하지만, 왕복이라면 조금 복잡해집니다. 문제를 다른 시각으로 읽는 것도 프로그래밍을 편하게 하기 위한 단순화의 한 방법이 됩니다.

이번의 예라면 '왕복한다.'라는 부분을 '두 가지 방법으로 표현한다.'와 같이 바꿔 읽는 것만으로도 문제가 쉬워집니다. 경로의 표현 방법에 따라서도 푸는 방법이 달라지는 데다, 같은 표현이라도 구현할 수 있는 알고리즘을 다양하게 생각할 수 있는 문제이지요.

우선 가장 간단한 방법을 자바스크립트로 구현해 보겠습니다. 정점의 x 좌표와 y 좌표에 오른쪽 = 0, 아래쪽 = 1로 하여 지나간 장소를 기록합니다. 재귀로 깊이 우선하여 탐색한 후 플래그를 지웁니다.

❙ q31_01.js

```javascript
var square = 6;
var count = 0;
var is_used = new Array();
for (var i = 0; i <= square; i++){
  is_used[i] = new Array();
  for (var j = 0; j <= square; j++){
    is_used[i][j] = new Array(false, false);
  }
}
function route(x, y, is_first_time){
  if ((x == square) && (y == square)){
    if (is_first_time){
      route(0, 0, false);
    } else {
      count++;
    }
  }
  if (x < square){
    if (!is_used[x][y][0]){
      is_used[x][y][0] = true;
      route(x + 1, y, is_first_time);
      is_used[x][y][0] = false;
    }
  }
  if (y < square){
    if (!is_used[x][y][1]){
```

```
      is_used[x][y][1] = true;
      route(x, y + 1, is_first_time);
      is_used[x][y][1] = false;
    }
  }
}
route(0, 0, true);
console.log(count);
```

Point

  단, 앞의 방법에서는 정사각형이 커지면 처리 시간도 길어집니다. 그러므로 좀 더 심화된 방법을 소개합니다. 조금 복잡하므로 설명을 위해 한 변이 3cm인 경우로 생각해 보겠습니다.

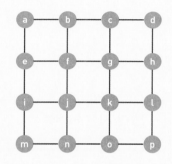

[그림 2] 한 변이 3cm일 때

  맨 처음에 a → b로 이동한다고 하면, b − d − p − n의 직사각형에서 b를 출발하여 같은 경로를 가지 않고 f, j, n으로 돌아오는 경로를 생각하게 됩니다(b로 돌아가면 반드시 b → a의 경로를 지나게 되어 문제 의도를 만족하지 못하므로). f로 돌아온 경우는 f → e → a, j로 돌아왔을 때는 j → i → e → a, n으로 돌아왔을 때는 n → m → i → e → a라는 경로가 되므로 돌아온 시점 이후부터는 한 가지로 표현할 수 있습니다. 즉 b를 출발하여 f, j, n으로 돌아오는 경로의 수를 더하면 답을 구할 수 있습니다(a → e로 이동한 경우에는 대칭형이므로 2배를 하면 됩니다).
  다음으로, b를 출발하여 f로 돌아오는 경로를 생각합니다. 이 경우에는 b → c로 이동한다고 하면, c − d − p − o의 직사각형에서 c를 출발하여 g, k, o로 돌아오는 것을 조사하면 됩니다. b → f로 이동한다고 하면 f를 출발하여 f로 돌아오므로, f − h − p − n의 정사각형(즉 재귀에서 말하는 '하나 앞')을 조사하면 됩니다.

이를 반복하면 다음과 같은 프로그램으로 구현할 수 있습니다.

q31_02.js

```javascript
function route(width, height, back_y){
  if (width == 1) return (back_y == height) ? back_y : back_y + 2;
  if (height == 1) return (back_y == 0) ? 2 : 1;
  var total = 0;
  if (back_y == 0){
    for (var i = 0; i < height; i++){
      total += 2 * route(width - 1, height, i + 1);
    }
  } else {
    for (var i = back_y; i <= height; i++){
      total += route(width - 1, height, i);
    }
    total += route(width, height - 1, back_y - 1);
  }
  return total;
}
console.log(route(6, 6, 0));
```

우와! 처리 시간이 엄청나게 줄었어요.

같은 재귀라도 생각하는 방식을 바꾸는 것만으로 처리 시간이 크게 달라지지요.

도중에 처리 결과를 메모해두면 더 단축할 수 있네요.

정답

100,360가지

QUIZ

32 직사각형 타일을 깔아보자!

직사각형 타일의 모서리들이 만나 십자를 이루지 않게 하는(4장의 타일 모서리가 한곳에 모이지 않는) 방식으로 욕실에 타일을 깐다고 생각합시다.

예를 들어 세로로 3개, 가로로 4개의 정사각형으로 구분된 욕실에 6장 의 타일을 까는 경우는 [그림 3]과 같습니다(타일 하나는 정사각형 두 개 크기라 고 합시다).

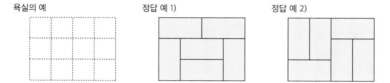

욕실의 예　　　　정답 예 1)　　　　정답 예 2)

[그림 3] 세로 3 × 가로 4일 때의 정답

이를 [표 2]와 같이 나타내기로 합니다.

[표 2] 정답의 표현 방법

정답 예 1)의 경우	정답 예 2)의 경우
- - - - ｜- - ｜ ｜- - ｜	｜ ｜- - ｜ ｜ ｜ ｜ - - ｜ ｜

문제1

세로 4 × 가로 7인 욕실에 14장의 타일을 까는 방법을 구해 보세요.

문제2

세로 5 × 가로 6인 욕실에 15장의 타일을 까는 방법을 구해 보세요.

Hint!

왼쪽 위로부터 타일을 놓아보고 더 놓을 수 없게 되었을 때 배치를 바꾸어 다시 놓아보면 되겠지요.

이번과 같이 판 형태로 생각할 수 있는 문제에서는 문제 범위의 바깥에 둘레를 만들면 조건 판정이 쉬워지는 경우가 많습니다. 자바스크립트로는 다음과 같은 프로그램으로 풀 수 있습니다.

q32_01.js

```javascript
var height = 4;
var width = 7;
var str = "";
var tatami = new Array(height + 2);

/* 초깃값을 설정(외주에 '-1', 내부에 '0'을 설정)*/
for (var h = 0; h <= height + 1; h++){
  tatami[h] = new Array(width + 2);
  for (var w = 0; w <= width + 1; w++){
    tatami[h][w] = 0;
    if ((h == 0) || (w == 0) ||
    (h == height + 1) || (w == width + 1)){
      tatami[h][w] = -1;
    }
  }
}

/* 타일을 표시 */
function printTatami(){
  for (var i = 1; i <= height; i++){
    for (var j = 1; j <= width; j++){
      /* 가로로 배열되어 있을 때는 '-'를 표시 */
      if ((tatami[i][j] == tatami[i][j + 1]) ||
          (tatami[i][j] == tatami[i][j - 1]))
      str += "-";
      /* 세로로 배열되어 있을 때는 '|'를 표시 */
      if ((tatami[i][j] == tatami[i + 1][j]) ||
          (tatami[i][j] == tatami[i - 1][j]))
      str += "|";
    }
    str += "\n";
  }
  str += "\n";
}

/* 재귀적으로 타일을 설정 */
function setTatami(h, w, id){
  if (h == height + 1){ /* 맨 마지막 행은 타일을 표시 */
    printTatami();
```

```
    } else if (w == width + 1){ /* 오른쪽 끝인 경우는 다음 행으로 이동 */
      setTatami(h + 1, 1, id);
    } else if (tatami[h][w] > 0){ /* 이미 설정 완료된 경우는 오른쪽으로 이동 */
      setTatami(h, w + 1, id);
    } else { /* 왼쪽 위와 위가 같은 경우, 왼쪽 위와 왼쪽이 같은 경우는 설정 가능 */
      if ((tatami[h - 1][w - 1] == tatami[h - 1][w]) ||
          (tatami[h - 1][w - 1] == tatami[h][w - 1])){
        if (tatami[h][w + 1] == 0){ /* 가로로 설정 가능한 경우 */
          tatami[h][w] = tatami[h][w + 1] = id;
          setTatami(h, w + 2, id + 1);
          tatami[h][w] = tatami[h][w + 1] = 0;
        }
        if (tatami[h + 1][w] == 0){ /* 세로로 설정 가능한 경우 */
          tatami[h][w] = tatami[h + 1][w] = id;
          setTatami(h, w + 1, id + 1);
          tatami[h][w] = tatami[h + 1][w] = 0;
        }
      }
    }
  }
}

setTatami(1, 1, 1);
console.log(str);
```

문제 2를 풀려면 첫 번째 행과 두 번째 행을 바꾸면 되는 건가요?

그렇지요. 이렇게 알기 쉬운 위치에 정수나 변수로 설정해 두면 수정도 간단해 지지요. 소스 코드를 읽을 때에도 의미를 이해하기 쉬워지니, 일거양득이랍니다.

바깥에 둘레를 만들어 두는 것은 의미 없는 것 같기도 한데, 조건이 간단해진다는 건가요?

바깥에 둘레를 만들어 두지 않게 되면 상하 좌우의 경계를 확인할 때 배열의 인덱스로서 유효한지를 확인해야 합니다. 바깥에 둘레가 있으면 그걸 생각할 필요가 없이 처리할 수 있으므로 프로그램이 간단해지는 거지요.

전반부는 초깃값의 설정과 타일을 표시하는 거니까 실제 처리는 setTatami( )라는 함수네요.

이번 프로그램을 실행하면 문제 1에서는 세 가지, 문제 2에서는 두 가지의 도형이 출력됩니다. 단, 문제 1에서 두 가지는 좌우반전 형태, 문제 2는 상하를 반전한 형태가 됩니다.

문제 1)

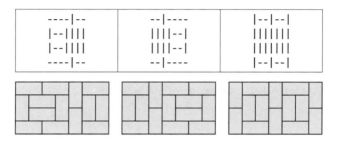

[그림 4] 문제1의 정답 이미지

문제 2)

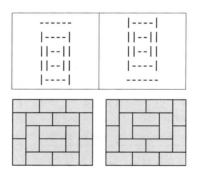

[그림 5] 문제2의 정답 이미지

QUIZ

33 운명적 만남은 몇 가지?

우연한 재회나 첫눈에 반하는 일…. 처음 본 순간 '운명'을 느낀 적이 있나요? 여기서는 '운명적 만남'을 주제로 생각해보기로 합시다.

[그림 6]과 같은 정사각형이 있고 한 변의 길이가 1cm인 정사각형의 눈금으로 구분되어 있습니다. 남자는 A에서 B까지, 여자는 B에서 A까지 각각 최단 거리를 같은 속도로 이동합니다. 이때 다음 같은 경우에 '운명적 만남'이 이루어진 것으로 간주합니다.

① 같은 직선 내의 꼭짓점에 동시에 멈추는 상황이 2번 발생한다(서로 볼 수 있는 상태).
　※한 번 스쳐 지났던 사람과 다시 만나면 운명을 느끼게 되지요~

② 같은 꼭짓점에서 동시에 겹친다(서로 접촉한 상태).
　※떨어진 물건을 주우려 하다 서로의 손이 닿게 되는데…. 이거 혹시 운명?

예를 들어 한 변의 길이가 3이라면 [그림 6]과 같은 패턴을 생각할 수 있습니다(남자가 파란선, 여자가 회색 선입니다).

[성공 예 1] 위 ①의 조건을 만족했을 때

[성공 예 2] 위 ②의 조건을 만족했을 때

[실패 예 1] 같은 직선 내의 꼭짓점에 동시에 멈추는 일이 한 번만 발생한 경우

[실패 예 2] 같은 직선 내의 꼭짓점이나 같은 꼭짓점에 동시에 멈추는 일이 한 번도 없는 경우

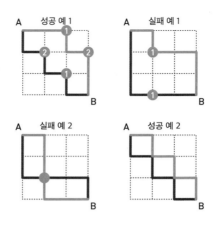

[그림 6] 한 변의 길이가 3일 때

한 변의 길이가 6cm의 정사각형이라면 '운명적 만남'이 일어나는 것은 몇 가지인지 구해보세요.

경로를 따라가는 문제는 이 외에도 있었지만 '경로를 어떻게 표현할지'에 따라 푸는 방법은 크게 달라집니다. 오른쪽을 '0', 아래쪽을 '1'의 비트열로 표현하는 방법도 있겠고, 다음의 예와 같이 경로를 단순히 따라가는 방법도 있습니다. 여기서는 파이썬으로 남녀의 움직임으로부터 재귀적으로 처리하는 프로그램의 예를 보겠습니다.

q33_01.py

```
N = 6
cnt = 0
def search(man_x, man_y, woman_x, woman_y, meet):
  global cnt

  if man_x <= N and man_y <= N and \
    woman_x >= 0 and woman_y >= 0:
   if man_x == N and man_y == N and meet >= 2:
     cnt += 1
   if man_x == woman_x:
     meet += 1
   if man_y == woman_y:
```

```
        meet += 1
    search(man_x + 1, man_y, woman_x - 1, woman_y, meet)
    search(man_x + 1, man_y, woman_x, woman_y - 1, meet)
    search(man_x, man_y + 1, woman_x - 1, woman_y, meet)
    search(man_x, man_y + 1, woman_x, woman_y - 1, meet)

search(0, 0, N, N, 0)
print(cnt)
```

이를 실행하면 정답인 527,552를 구할 수 있습니다.

 경로는 모두 924 × 924 = 853,776가지이므로 약 60%의 확률로 만나는구나!

 '운명적 만남'이라고 부르기에는 다소 확률이 높은 건지도 모르겠네요.

 A와 B가 각각의 회사를 출발하여 상대방의 회사로 향한다고 생각하면 그 두 사람은 이미 만났던 걸지도 몰라요!

정답

527,552가지

34 | 0과 7로 만든 대칭수

임의의 양의 정수 n에 대하여 숫자 0과 7로만 구성된 n의 양의 배수가 있다고 알려졌습니다.

예) $n = 2$일 때 $2 \times 35 = 70$
　　$n = 3$일 때 $3 \times 2359 = 7077$
　　$n = 4$일 때 $4 \times 175 = 700$
　　$n = 5$일 때 $5 \times 14 = 70$
　　$n = 6$일 때 $6 \times 1295 = 7770$

여기서는 숫자 0과 7로만 구성된 n의 양의 배수 중에서 최소인 수를 구하고, 그중 대칭수가 되는 것을 생각하겠습니다. 대칭수란 숫자를 뒤집어도 같은 수를 말합니다. 예를 들어 $13 \times 539 = 7007$ 등이 있습니다.

> **문제**

$1 \sim 50$의 n에 대해 앞 조건을 만족하는 것을 예로 들었던 13을 제외하고 모두 구해 보세요.

3의 배수인지 아닌지를 판정할 때에 "각 자리의 합을 계산한다."라고 배웠어요.

그렇습니다. 단, 이번에는 사용할 수 없어요.

하지만 1배, 2배, 3배, … 이런 식으로 구하는 건 시간 낭비 같은데….

> **생각하는 방법**

1부터 50을 단순히 1배, 2배, 3배, …하여 순서대로 구하는 방법은 9의 배수일 때 처리에 시간이 소요됩니다. 9의 배수의 경우 모든 자리의 수를 더하면 9의 배수가 된다는 법칙이 있으므로, 7이 9번 나타나는 것을 찾는 것도 하나의 방법입니다.

이번에는 거꾸로 0과 7로 이루어진 수를 원래의 수로 나누고 나누어떨어지는 것을 찾는 방법을 사용하면 매우 빠르게 구할 수 있습니다.

0과 7로 이루어진 수를 작은 쪽부터 순서대로 열거하려면, 2진수의 0과 1을 7배 하면 간단합니다. 즉 0, 1, 10, 11, 100, 101, 110, 111, 1000, …으로 이어지는 것을 7배 하면 0, 7, 70, 77, 700, 707, 770, 777, 7000, …과 같은 수를 구할 수 있습니다.

그리고 2의 배수는 반드시 1의 자리가 짝수이므로, 이번 문제의 대상이 되지 않습니다(1의 자리가 0일 때는 짝수이지만 대칭수로 하였을 때 최상위 자리가 0인 것은 있을 수 없음).

과연 그렇군요! 2진수의 0과 1을 7배 한다는 것이 출발점이로군요.

문자열과 수치의 변환이 발생하는 것이 난관이지만, 소스 코드가 알기 쉽다는 점에서는 좋은 아이디어입니다.

5의 배수도 반드시 1의 자리가 0이나 5가 되니까 이것도 대칭수를 생각하면 제외할 수 있겠네요.

그렇습니다. 여기까지의 내용으로 프로그램을 만들어 보도록 하죠.

0과 7로 이루어지는 수를 1 ~ 50중 2의 배수와 5의 배수를 제외한 것으로 나누고, 나누어떨어지는 최솟값이 대칭수인지 확인하는 파이썬은 다음과 같이 작성할 수 있습니다.

q34_01.py

```python
n = range(1, 51) # 1~50까지를 요소로 갖는 범위
n = filter(lambda i: i % 2 > 0 or i % 5 > 0, n)
n = list(n) # 리스트로 변환

answer = []
k = 1
while len(n) > 0:
  x = int("{0:b}".format(k)) * 7
  if '0' in str(x):
    for i in n:
      if x % i == 0:
        if str(x) == str(x)[::-1]:
          answer.append(i)
          n.remove(i)
  k += 1

answer.sort()
print(answer)
```

이를 실행하면 '13, 39, 49'를 구할 수 있습니다. 여기서 13을 제외한 39와 49가 정답이 됩니다.

또한, 0을 포함하지 않는 경우(7뿐인 경우)도 생각할 때는 if 문을 삭제하고 다음과 같이 프로그램을 작성합니다.

q34_02.py

```python
n = range(1, 51) # 1~50까지를 요소로 갖는 범위
n = filter(lambda i: i % 2 > 0 or i % 5 > 0, n)
n = list(n) # 리스트로 변환

answer = []
k = 1

while len(n) > 0:
  x = int("{0:b}".format(k)) * 7
  for i in n:
    if x % i == 0:
      if str(x) == str(x)[::-1]:
        answer.append(i)
        n.remove(i)
  k += 1

answer.sort()
print(answer)
```

이를 실행하면 대칭수가 되는 '1, 3, 7, 9, 11, 13, 21, 33, 37, 39, 41, 49'를 구할 수 있습니다. 여기서 13을 제외한 '1, 3, 7, 9, 11, 21, 33, 37, 39, 41, 49' 가 답이 됩니다.

문제를 반대로 생각하면 원활하게 해결할 수 있는 때가 있군요.

그렇죠. 평상시의 업무 중에서도 다양한 시점으로 생각해 보도록 합시다.

정답

0과 7이 둘 다 있는 경우:

39, 49

(39 × 1813 = 70707

49 × 143 = 7007)

0을 포함하지 않는 가능성도 생각할 경우:

1, 3, 7, 9, 11, 21, 33, 37, 39, 41, 49

(1 × 7 = 7

3 × 259 = 777

7 × 1 = 7

9 × 86419753 = 777777777

11 × 7 = 77

21 × 37 = 777

33 × 23569 = 777777

37 × 21 = 777

39 × 1813 = 70707

41 × 1897 = 77777

49 × 143 = 7007)

QUIZ

35 주사위 뒤집기

6개의 주사위를 일렬로 나열합니다. 맨 앞에 있는 주사위 눈이 n일 때, 앞부터 n개의 주사위를 뒤집어 뒷줄에 붙인다고 합시다(주사위 눈은 앞뒤를 더하면 7이 되도록 배치되어 있습니다. 1의 뒷면은 6, 2의 뒷면은 5, 3의 뒷면은 4). 이 작업을 되풀이하면 같은 눈이 몇 번이고 나타나므로 이를 반복합니다.

예1)

↓ …맨 앞의 눈이 1이므로 앞에서 1개를 뒤집어 뒤로 붙인다.

↓ …맨 앞의 눈이 2이므로 앞에서 2개를 뒤집어 뒤로 붙인다.

↓ …맨 앞의 눈이 4이므로 앞에서 4개를 뒤집어 뒤로 붙인다.

↓ …맨 앞의 눈이 5이므로 앞에서 5개를 뒤집어 뒤로 붙인다.

↓ …처음의 눈으로 돌아왔으므로 이 이후에는 위의 단계를 반복한다.

예2) 343434 → 434434 → 343433 → 433434 → 343443 → 443434 → 343343 → 343434

※처음의 눈으로 돌아왔으므로 이 이후는 위의 단계를 반복한다.

예3) 132564 → 325646 → 646452 → 131325 → 313256 → 256464 → 646452

※세 번째의 눈으로 돌아왔으므로 이 이후는 위의 세 번째 이후 단계를 반복한다.

예4) 616161 → 161616 → 616166 → 161611 → 616116 → 161661 → 616616 → 161161 → 611616 → 166161 → 661616 → 116161 → 161616

※두 번째의 눈으로 돌아왔으므로 이 이후는 위의 두 번째 이후 단계를 반복한다.

그런데 앞의 예3), 예4)와 같이 반복 안에 들어가지 않는 눈이 있습니다 (132564, 325646, 616161 등).

문제

이처럼 반복에 포함되지 않는 수의 개수를 구해 보세요.

Hint!

처음의 눈을 모든 패턴으로 시도해도 좋지만, 탐색 범위를 걸러낼 수 있도록 생각해 봅시다.

생각하는 방법

이 정도의 문제라면 전체 탐색으로도 정답은 충분히 구할 수 있습니다 (프로그램의 구현 방법에 좌우되기도 하지만 5초 이상 걸리는 것 같다면 로직을 재고 하는 편이 좋을 것입니다).

그러면 단순한 전체 탐색을 생각해 보겠습니다

q35_01.py

```python
# 다음 눈을 취득한다
def next_dice(dice):
  top = dice // 6**5
  left, right = divmod(dice, 6**(5 - top))
  return (right + 1) * (6**(top + 1)) - (left + 1)


count = 0
for i in range(0, 6 ** 6):
  check = []
  # 반복할 때까지 다음 주사위를 찾는다
  while i not in check:
    check.append(i)
    i = next_dice(i)
  # 반복한 위치를 확인하고 반복 대상이 아니라면 카운트
  if check.index(i) != 0:
    count += 1
print(count)
```

같은 숫자를 탐색하고 있다는 게 마음에 걸려요. 일단 탐색한 숫자를 기록해 두면 어떨까요?

제3장 중급편

탐색한 값을 기록하기 위해 6^6개의 요소를 가지는 배열을 준비하여, 탐색했을 때에 설정해 나가는 프로그램을 소개하겠습니다.

q35_02.py

```python
# 다음 눈을 취득한다
def next_dice(dice):
  top = dice // 6**5
  left, right = divmod(dice, 6**(5 - top))
  return (right + 1) * (6**(top + 1)) - (left + 1)

# 탐색한 값을 기록한다(0: 미 탐색, 1: 반복 이외, 2: 반복)
all_dice = [0] * (6 ** 6)
for i in range(0, 6 ** 6):
  if all_dice[i] == 0:
    check = []
    while (all_dice[i] == 0) and (i not in check):
      check.append(i)
      i = next_dice(i)

    try: # 반복했을 때 그 위치 이전은 반복 이외
      index = check.index(i)
      for j in range(0, len(check)):
        if j < index:
          all_dice[check[j]] = 1
        else:
          all_dice[check[j]] = 2
    except ValueError: # 이미 확인 완료된 값에 해당했을 때는 반복 이외
      for j in check:
        all_dice[j] = 1

print(len(all_dice))
print(all_dice.count(1))
```

대박! 처리 시간이 약 3분의 1로 줄었어요.

가능하면 탐색 범위를 좁히는 것은 항상 유념해야 하겠지요.

앞의 처리를 자바스크립트로는 다음과 같이 쓸 수 있습니다. 나눗셈을 하면 부동소수점 수가 되므로 정수로 변환해야 한다는 것이 포인트입니다.

q35_03.js

```javascript
function next_dice(dice){
  var top = parseInt(dice / Math.pow(6, 5));
  var left = parseInt(dice / Math.pow(6, 5 - top));
  var right = dice % Math.pow(6, 5 - top);
  return (right + 1) * Math.pow(6, top + 1) - (left + 1);
}

var all_dice = new Array(Math.pow(6, 6));
for (i = 0; i < Math.pow(6, 6); i++){
  all_dice[i] = 0;
}
for (i = 0; i < Math.pow(6, 6); i++){
  if (all_dice[i] == 0){
    check = new Array();
    while ((all_dice[i] == 0) && (check.indexOf(i) == -1)){
      check.push(i);
      i = next_dice(i);
    }
    index = check.indexOf(i);
    if (index >= 0){
      for (j = 0; j < check.length; j++){
        if (j < index){
          all_dice[check[j]] = 1;
        } else {
          all_dice[check[j]] = 2;
        }
      }
    } else {
      for (j = 0; j < check.length; j++){
        all_dice[check[j]] = 1;
      }
    }
  }
}
cnt = 0;
for (i = 0; i < Math.pow(6, 6); i++){
  if (all_dice[i] == 1) cnt++;
}
console.log(cnt);
```

 규칙성에 착안해서 좀 더 개선해 볼 수 없을까요?

여기까지로도 충분하지만, 더 나은 로직을 고안할 수 없을지 생각해봅시다. 1로 시작하려면 앞의 순서에서 다음 요소 중 하나가 되어야 합니다.

11xxxx, 2x1xxx, 3xx1xx, 4xxx1x, 5xxxx1, 6xxxxx

이때 다음 수는 1xxxx6, 1xxx5x, 1xx4xx, 1x3xxx, 12xxxx, 1xxxxx가 됩니다. 즉 n번째의 수가 n이 됨을 알 수 있습니다.

반대로 생각하면 n번째의 수가 n이 아니고 맨 앞이 1이라면 반복에는 절대로 들어가지 않는(이 수에서 시작하는)다는 것이 됩니다. 마찬가지로 2로 시작하려면 앞의 턴에서 다음 요소 중 하나가 되어야 합니다.

12xxxx, 2x2xxx, 3xx2xx, 4xx2x, 5xxxx2

이때 다음 수는 2xxxx6, 2xxx5x, 2xx4xx, 2x3xxx, 22xxxx가 됩니다. 즉, 이때도 n번째의 수가 n이 됩니다.

다른 맨 앞의 수에 대해서도 마찬가지로 n번째의 수가 n이 아니면 반복에 들어가지 않고 이 수로부터 시작되므로 이러한 수에서 탐색을 시작하면 된다는 것이 됩니다.

하지만 이것을 사용하여 확인 횟수가 줄어드는 것은 정말 작은 부분이라 처리 속도 개선에는 그다지 도움이 되지 못하네요.

이번 예에서도 알 수 있듯이 문자열 결합 부하는 정수 처리보다 더 크기 때문에 '가능하면 정수로 처리한다.'라는 의식을 갖기만 하여도 처리의 고속화를 도모할 수 있습니다. 어떻게 하면 얼마만큼 처리 속도를 바꿀 수 있는지를 의식하면서 여러 가지 구현을 시도해 보세요.

정답

28,908개

QUIZ

36 | 7 세그먼트 코드의 반전

 계산기나 기록 경기에서 시간을 계산할 때 이용되는 '7 세그먼트 디스플레이'에서는 다음ㄴ의 On/Off로 숫자 1문자를 표현합니다(A ~ G의 비트가 1일 때 점등, 0일 때 소등 [표 3] [그림 7]).

[표 3] 각 숫자를 점등시킬 때의 패턴

n	A	B	C	D	E	F	G
0	1	1	1	1	1	1	0
1	0	1	1	0	0	0	0
2	1	1	0	1	1	0	1
3	1	1	1	1	0	0	1
4	0	1	1	0	0	1	1
5	1	0	1	1	0	1	1
6	1	0	1	1	1	1	1
7	1	1	1	0	0	0	0
8	1	1	1	1	1	1	1
9	1	1	1	1	0	1	1

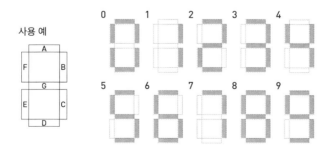

사용 예

[그림 7] 7 세그먼트 디스플레이의 점등 예

 이 디스플레이를 사용하여 0 ~ 9까지의 10개의 숫자를 각각 한 번씩 표시한다고 생각합시다. 직전에 표시한 숫자와 켜진 부분이 같은 경우는 켠 채로, 끈 부분이 같을 때는 끈 채로 있다고 하고, 변화하는 부분만 끄고 켜는 것을 바꾸어 다음 숫자를 표시하기로 합니다.

문제

10개의 숫자를 모두 표시할 때 끄거나 켜는 횟수가 가장 적은 표시 순서를 구하고, 그 바꾼 횟수를 구해 보세요.

숫자는 단지 7비트로 표현할 수 있군요. 선인들의 지혜는 정말 위대하네요.

이번에는 모든 표시 순서에 대해 끄거나 켠 횟수를 구하는 전체 탐색만 하면 되는군요.

Hint!

전체 탐색이라도 어떻게 하면 처리 시간을 줄일 수 있을지 생각해 보세요.

생각하는 방법

예를 들어 '0123456789'의 순서로 표시하는 경우 다음과 같이 28회 끄거나 켜는 것이 필요합니다.

0 → 1: **4회** (A, D, E, F를 끄거나 켬)

1 → 2: **5회** (A, C, D, E, G를 끄거나 켬)

2 → 3: **2회** (C, E를 끄거나 켬)

3 → 4: **3회** (A, D, F를 끄거나 켬)

4 → 5: **3회** (A, B, D를 끄거나 켬)

5 → 6: **1회** (E를 끄거나 켬)

6 → 7: **5회** (B, D, E, F, G를 끄거나 켬)

7 → 8: **4회** (D, E, F, G를 끄거나 켬)

8 → 9: **1회** (E를 끄거나 켬)

'0~9의 10개의 숫자의 재배열을 모든 순서에 대해 시도하면 된다.'라고 생각하면 10! (10의 계승)이므로 전체 탐색으로도 충분히 문제를 풀 수 있습니다.

확실히 전체 탐색을 하면 풀 수 있을 것 같은데, 문제는 전환 처리를 어떻게 구현할지로군요.

On과 Off에 없으니 문제와 같이 2진수로 표현하는 게 좋을 것 같은 생각이 들어요.

0과 1의 전환을 생각하는 경우, 비트 연산을 사용하면 고속으로 처리할 수 있습니다. 이번 문제는 배타적 논리합(XOR)을 사용하면 간단합니다. 배타적 논리합은 앞서 '21번 문제'에서 나왔었지요.

문제 그대로 파이썬으로 작성하면 다음과 같이 쓸 수 있습니다.

q36_01.py

```python
from itertools import permutations

# 0~9를 나타내는 비트를 정의
bit = [0b1111110, 0b0110000, 0b1101101, 0b1111001, 0b0110011,
       0b1011011, 0b1011111, 0b1110000, 0b1111111, 0b1111011]

# 매번 모든 비트를 반전시킨 값을 초깃값으로 한다
min_value = 63
# 0~9의 순열에 대해 보다 전환 횟수가 적은 것을 탐색
for seq in permutations(range(0, 10)):
  sum_value = 0
  for j in range(0, len(seq) - 1):
    # 배타적 논리합을 계산하고, 1이 있는 비트 수를 카운트
    sum_value += "{:b}".format(bit[seq[j]]^bit[seq[j+1]]).count("1")
    if min_value <= sum_value:
      break
  if min_value > sum_value:
    min_value = sum_value

print(min_value)
```

"표시하는 순서를 배열로 표현하고 이웃한 요소로 배타적 논리합을 계산한다."라는 것이군요. 이 방법이라면 이해하기도 쉬워서 다행이에요.

하지만 역시나 처리가 늦네요. 최신 컴퓨터로도 40초 정도 걸려요.

이번 처리에서 문제가 되는 부분은 비트 수의 카운트 부분입니다. 배타적 논리합은 고속으로 계산할 수 있습니다. 그러나 그 후에 2진수로 만들려고 매번 문자열로 바꾸는 부분은 어떻게든 개선해 봅시다.

여기서는 반복문 내에서 카운트하는 부분을 사전에 처리하여 저장해 두기로 합니다.

q36_02.py

```python
from itertools import permutations

# 0~9를 나타내는 비트를 정의
bit = [0b1111110, 0b0110000, 0b1101101, 0b1111001, 0b0110011,
       0b1011011, 0b1011111, 0b1110000, 0b1111111, 0b1111011]

# 배타적 논리합의 결과를 먼저 산출
flip = [None] * 10
for i in range(0, 10):
  flip[i] = [None] * 10
  for j in range(0, 10):
    flip[i][j] = "{:b}".format(bit[i]^bit[j]).count("1")

# 매번 전체 비트를 반전시킨 값을 초깃값으로 한다
min_value = 63
for seq in permutations(range(0, 10)):
  sum_value = 0
  for j in range(0, len(seq) - 1):
    # 저장해 둔 값을 취득
    sum_value += flip[seq[j]][seq[j+1]]
    if min_value <= sum_value:
      break
  if sum_value < min_value:
    min_value = sum_value
print(min_value)
```

이웃한 요소의 수는 0~9의 조합이니까, 최대로도 10 × 10으로 100가지예요. 이걸 미리 계산해 두는 거군요.

이렇게 하면 약 20초 만에 처리할 수 있게 됩니다. 역시 문자열 처리에는 시간이 오래 걸린다는 것을 실감할 수 있었을 거로 생각합니다.

더욱 고속화할 수 있는 포인트를 찾아보겠습니다. 파이썬의 permutations 는 빠르다고는 할 수 없으므로 다음과 같이 하면 더욱 단축할 수 있습니다.

q36_03.py

```python
# 0~9를 나타내는 비트를 정의
bit = [0b1111110, 0b0110000, 0b1101101, 0b1111001, 0b0110011,
       0b1011011, 0b1011111, 0b1110000, 0b1111111, 0b1111011]

# 배타적 논리합의 결과를 먼저 산출
flip = [None] * 10
for i in range(0, 10):
  flip[i] = [None] * 10
  for j in range(0, 10):
    flip[i][j] = "{:b}".format(bit[i]^bit[j]).count("1")

# 매번 모든 비트를 반전시킨 값을 초깃값으로 한다
min_value = 63

# 재귀적으로 탐색
# is_used : 각 숫자가 사용 완료되었는지 아닌지
# sum : 사용한 숫자에서의 반전 수
# prev : 앞에서 사용한 숫자
def search(is_used, sum_value, prev):
  global min_value
  if is_used.count(False) == 0:
    min_value = sum_value
  else:
    for i in range(0, 10):
      if not is_used[i]:
        is_used[i] = True
        next_sum = 0
        if prev >= 0:
          next_sum = sum_value + flip[prev][i]
        if min_value > next_sum:
          search(is_used, next_sum, i)
        is_used[i] = False

search([False] * 10, 0, -1)
print(min_value)
```

이렇게 하니 0.5초 이하로 구할 수 있었습니다. 어떤 방식으로 실행하더라도 정답인 '13'을 얻을 수 있습니다.

 같은 전체 탐색이라도 재귀적으로 탐색하는 쪽이 빠른 때도 있군요.

 다른 언어로 바꿔 쓰는 것도 어렵지 않을 듯해요.

자바스크립트에서는 앞의 처리를 다음과 같이 쓸 수 있습니다.

q36_04.js

```javascript
bit = [0b1111110, 0b0110000, 0b1101101, 0b1111001, 0b0110011,
       0b1011011, 0b1011111, 0b1110000, 0b1111111, 0b1111011];

/* 1이 있는 비트의 수를 센다. */
function bitcount(x) {
  x = (x & 0x55555555) + (x >> 1 & 0x55555555);
  x = (x & 0x33333333) + (x >> 2 & 0x33333333);
  x = (x & 0x0F0F0F0F) + (x >> 4 & 0x0F0F0F0F);
  x = (x & 0x00FF00FF) + (x >> 8 & 0x00FF00FF);
  x = (x & 0x0000FFFF) + (x >> 16 & 0x0000FFFF);
  return x;
}

var flip = new Array(10);
for (i = 0; i < 10; i++){
  flip[i] = new Array(10);
  for (j = 0; j < 10; j++){
    flip[i][j] = bitcount(bit[i]^bit[j]);
  }
}

var min = 63;
function search(is_used, sum, prev){
  if (is_used.indexOf(false) == -1){
    min = sum;
  } else {
    for (var i = 0; i < 10; i++){
      if (!is_used[i]){
        is_used[i] = true;
        var next_sum = 0;
        if (prev >= 0)
          next_sum = sum + flip[prev][i];
```

```
      if (min > next_sum)
        search(is_used, next_sum, i);
      is_used[i] = false;
    }
  }
 }
}
is_used = [false, false, false, false, false,
          false, false, false, false, false];
search(is_used, 0, -1)
console.log(min);
```

13회

(예: 0 → 8 → 6 → 5 → 9 → 4 → 1 → 7 → 3 → 2 순으로 표시)

QUIZ

37 '흰색'으로 채워라!

4×4의 네모 칸이 흰색과 검은색으로 나뉘어 칠해져 있습니다. 임의의 칸에 대해 그 칸을 선택했을 때 그 행과 열의 색을 모두 반전(흰색 → 검은색, 검은색 → 흰색)시키는 작업을 실행합니다(선택된 행과 열 이외에는 변경하지 않습니다).

이 작업을 반복함으로써 초기 상태와 무관하게 반드시 모두 '흰색'으로 변경할 수 있습니다([그림 8]). 여기서는 최소 횟수로 모든 칸을 흰색으로 변경할 수 있게 하는 칸을 순서대로 선택하기로 합니다(같은 위치를 반복 선택하는 것은 하지 않기로 합니다).

예)

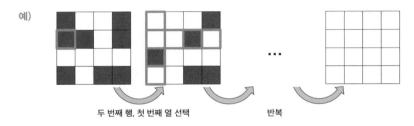

두 번째 행, 첫 번째 열 선택   반복

[그림 8] 네모 칸의 반전

문제

네모 칸을 선택하는 횟수(반전 작업 횟수)가 최대가 되는 초기 상태를 생각하여 그 횟수를 구해 보세요. 예를 들어 다음 예의 경우, 3번으로 모두 흰색으로 변경할 수 있습니다([그림 9]).

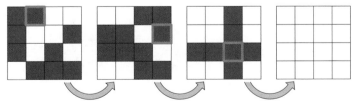

첫 번째 행, 두 번째 열 선택   두 번째 행, 네 번째 열 선택   세 번째 행, 세 번째 열 선택

[그림 9] 흰색으로 채우는 예(네모 칸의 선택 횟수는 3회)

무한 루프에 들어가는 것도 생각해야 하는 건가요? "같은 패턴이 나타나면 종료한다."라는 정도밖에 떠오르지 않아요.

같은 패턴이 나타난 시점에서 탐색을 그만두는 것도 하나의 방법입니다. 단, 문제와 같이 모든 초기 상태로부터 탐색하여 모두 흰색이 되는지를 확인하면 프로그램 실행에 시간이 오래 걸립니다.

Point

문제를 반대로 생각하면 "전부 흰색인 상태에서 반전을 반복하여 모든 초기 상태가 될 때까지 조사하고 그 단계의 수가 최대인 것을 찾는다."라고 바꿔 읽을 수 있습니다.

그러고 보니 "문제를 반대로 생각한다."라는 것은 이전 문제에서도 있었죠.

이렇게 생각하니 같은 패턴이 나타난 시점에서 그 외에 더 좋은 순서가 있다는 걸 알 수 있어요.

남은 것은 칸의 색을 어떻게 표현하여 구현할지가 되겠네요.

색은 흑과 백 2종류뿐이므로 검은색을 1, 흰색을 0으로 표현하여 4×4의 16칸을 16비트의 정수로 나타내기로 합니다. 그러면 문제에 있는 그림은 '1001110100001011'로 표현할 수 있습니다(4자리씩 1행을 표현).

반전을 비트 연산(배타적 논리합)으로 실행한다고 생각하면 반전에 사용되는 비트 마스크를 작성해놓고 간단히 사용할 수 있습니다.

비트 마스크의 원리는 IP 주소로 네트워크를 분할할 때 '서브넷 마스크'에도 사용하고 있습니다.

파이썬으로 구현하면 다음과 같이 작성할 수 있습니다.

▌q37_01.py

```
# 반전할 마스크를 설정
mask = [None] * 16
for row in range(0, 4):
  for col in range(0, 4):
    mask[row * 4 + col] = (0b1111 << (row * 4)) | (0b1000100010001 << col)

max_value = 0
# 단계 수를 저장하는 배열
steps = [-1] * (1 << 16)
# 모두 백에서 시작
steps[0] = 0
# 조사 대상의 배열
scanner = [0]
while len(scanner) > 0:
  check = scanner.pop(0)
  next_steps = steps[check] + 1
  for i in range(0, 16):
    n = check ^ mask[i]
    # 확인하지 않은 경우, 다시 조사
    if steps[n] == -1:
      steps[n] = next_steps
      scanner.append(n)
      if max_value < next_steps:
        max_value = next_steps

print(max_value) # 최대 단계 수
print("{:b}".format(steps.index(max_value))) # 초기 상태의 칸: 모두 흑
print([i for i in steps if i == -1]) # 백이 되지 않는 초기 상태는 없음
```

맨 처음의 8행이 비트 마스크 설정이라는 건가요? 여섯 번째 행이 무엇을 하고 있는지 전혀 모르겠어요.

순서대로 row(행)와 col(열)을 집어넣어 계산해 보세요. 2진수로 생각하면 반전 위치를 나타내고 있다는 것을 눈치챌 수 있겠지요. 예를 들어 row도, col도 모두 0인 경우 '0b1000100011111'이 되네요.

그러네, 이건 [그림 10]의 왼쪽과 같은 위치를 반전시킨다는 거네요. row와 col이 2일 때는 오른쪽에 있는 그림이 되는 건가요?

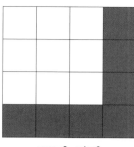 

row=0, col=0   row=2, col=2

[그림 10] row와 col이 0일 때와 2일 때

프로그램의 실행 결과를 보면 답인 '16'을 구할 수 있을 뿐만 아니라, 초기 상태는 모두 네모 칸이 '검은색'이라는 것을 알 수 있습니다. 그리고 이 모든 배열에 대해 횟수를 구할 수 있고 초기 상태와 무관하게 반드시 모두 '흰색'으로 변경할 수 있다는 것도 알 수 있습니다.

 어떤 초기 상태라도 모두 '흰색'으로 반전할 수 있다는 건 정말 놀라워요.

정답

16회

38 재배열 반복

1, 2, 3, ⋯, n이라는 라벨이 붙은 n장의 카드가 있습니다. 첫 번째 장의 카드의 라벨이 k일 때, 맨 처음의 k장의 카드를 역순으로 만드는 조작을 반복한다고 생각합시다. 예를 들어 $n = 6$에서 '362154'라는 배열에서 시작하였을 때 카드는 다음과 같이 변화합니다.

```
3 6 2 1 5 4
   ↓          … 첫 번째 장의 카드가 3이므로 맨 처음의 3장을 역순으로 만든다.
2 6 3 1 5 4
   ↓          … 첫 번째 장의 카드가 2이므로 맨 처음의 2장을 역순으로 만든다.
6 2 3 1 5 4
   ↓          … 첫 번째 장의 카드가 6이므로 맨 처음의 6장을 역순으로 만든다.
4 5 1 3 2 6
   ↓          … 첫 번째 장의 카드가 4이므로 맨 처음의 4장을 역순으로 만든다.
3 1 5 4 2 6
   ↓          … 첫 번째 장의 카드가 3이므로 맨 처음의 3장을 역순으로 만든다.
5 1 3 4 2 6
   ↓          … 첫 번째 장의 카드가 5이므로 맨 처음의 5장을 역순으로 만든다.
2 4 3 1 5 6
   ↓          … 첫 번째 장의 카드가 2이므로 맨 처음의 2장을 역순으로 만든다.
4 2 3 1 5 6
   ↓          … 첫 번째 장의 카드가 4이므로 맨 처음의 4장을 역순으로 만든다.
1 3 2 4 5 6   (맨 앞의 카드가 1이므로, 이 이상은 변화하지 않는다.)
```

이 경우 8회까지 변화합니다.

문제

$n = 9$일 때 카드가 더는 변화하지 않을 때까지의 횟수가 가장 많은 9장의 배열을 구해보세요.

탐색 범위를 걸러내려면, 문제 그대로 처리하는 것보다 반대로 생각해 보면 효율적입니다.

생각하는 방법

우선 문제 그대로 단순한 전체 탐색을 생각해 보겠습니다. 파이썬에서 재귀적으로 탐색하면 다음과 같이 작성할 수 있습니다.

q38_01.py

```python
from itertools import permutations

N = 9
max_value = 0
max_list = {}

def solve(cards, init, depth):
  global max_value
  if cards[0] == 1:
    if max_value < depth:
      max_value = depth
      max_list.clear()
    if max_value == depth:
      key = tuple(init)
      max_list[key] = cards
  else:
    solve(
      list(reversed(cards[0:cards[0]])) + cards[cards[0]:N+1],
        init, depth + 1)

for i in permutations(range(1, N + 1)):
  i = list(i)
  solve(i, i, 0)

print(max_value)
for key, value in max_list.items():
  print(key)
```

"맨 처음의 카드 상태를 배열로 표현하여 맨 앞이 1이 될 때까지 탐색한다."라는 방법이군요. 이 정도면 쉽게 알 수 있어요.

문제를 잘 보면, 맨 앞의 카드가 n이면 다음 단계에서 n번째 장으로 이동한다는 거죠? 그러면 n번째 장의 카드가 n이면 전 단계가 존재한다는 게 될 것 같아요.

그런 부분을 알아차리는 것도 중요하지요. 제외할 수 있는 패턴이 늘면 탐색 범위를 좁힐 수 있으므로 처리 시간을 조금이라도 짧게 할 수 있습니다.

permutations을 사용하지 않고 순열을 재귀적으로 생성하도록 변경하여 n번째 장의 카드가 n일 때를 제외해 보면 다음과 같이 쓸 수 있습니다.

q38_02.py

```
N = 9
max_value = 0
max_list = {}

def solve(cards, init, depth):
  global max_value
  if cards[0] == 1:
    if max_value < depth:
      max_value = depth
      max_list.clear()
    if max_value == depth:
      key = tuple(init)
      max_list[key] = cards
  else:
    solve(
      list(reversed(cards[0:cards[0]])) + cards[cards[0]:N+1],
        init, depth + 1)

def pattern(used, unused, index):
  if len(unused) == 0:
    solve(used, used, 0)
  else:
    for i in [i for i in unused if index + 1 != i]:
      temp = [j for j in unused if j != i]
      pattern(used + [i], temp, index + 1)

pattern([], list(range(1, N + 1)), 0)
print(max_value)
for key, value in max_list.items():
  print(key)
```

사실 이 문제도 지금까지와 같이 '반대로 생각' 해보면 맨 앞이 1인 숫자로 끝나는 것을 찾으면 된다는 것이 됩니다. 이렇게 하면 한층 탐색 범위가 작아져 더 빠르게 처리할 수 있는 것입니다.

q38_03.py

```python
from itertools import permutations

N = 9
max_value = 0
max_list = {}

def solve(cards, init, depth):
  global max_value
  for i in range(1, len(cards)):
    if i + 1 == cards[i]:
      solve(list(reversed(cards[0:i+1])) + cards[i+1:N+1], init, depth + 1)
  if max_value < depth:
    max_value = depth
    max_list.clear()
  if max_value == depth:
    key = tuple(cards)
    max_list[key] = init

for i in permutations(range(2, N + 1)):
  i = list(i)
  solve([1] + i, [1] + i, 0)

print(max_value)
for key, value in max_list.items():
  print(key, value)
```

앞 방법 중 어떤 것으로든 정답인 '615972834'를 구할 수 있습니다. 처리 횟수는 30회로, 처리가 멈추었을 때는 '123456789'라는 정렬된 값이 되었습니다.

※ 단, 다른 n의 값에서는 초깃값이 여러 개 있을 때도 있고 반드시 마지막 상태가 깔끔하게 정렬되는 것은 아닙니다.

여기서는 permutations을 사용하여 구현하였지만, 재귀를 사용하여 다시 쓰면 다른 언어에서 구현하는 것도 간단하지요.

6, 1, 5, 9, 7, 2, 8, 3, 4

QUIZ

39 아름다운 IP 주소

많은 분이 알고 있겠지만, IPv4에서 IP 주소는 2진수로 32비트의 수치입니다. 그러나 알아보기 어려우므로 8비트씩 구분하여 '192.168.12'와 같은 10진수로 표현하는 것이 일반적입니다([그림 11]).

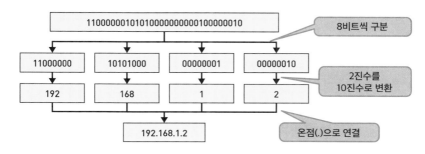

[그림 11] IP 주소(IPv4)

여기에서 10진수로 0 ~ 9의 10개의 숫자를 '한 번씩' 사용하여 표현되는 IP 주소를 생각해봅시다(일반적으로 이용되는 것처럼 맨 앞의 0은 생략하는 것으로 합니다. 즉, '192.168.001.002'와 같이 표현하는 것이 아니라 '192.168.1.2'와 같이 표현합니다).

┌─────
│ 문제
└─────

앞과 같은 IP 주소를 2진수로 표현했을 때 '좌우대칭'이 되는 것이 몇 개 있는지를 조사하고, 그 개수를 답해 보세요(2진수로 표현할 때는 맨 앞의 0은 제외하지 않기로 하고 32문자로 표현하는 것으로 합니다).

IPv4의 IP 주소라는 것은 10진수로 표현할 때의 각 온점 사이에 나타나는 수가 0~255라는 것이군요. 각 숫자를 사용할 수 있는 것이 '한 번씩'이라는 게 성가시지만…

Hint!

"각각이 구분되어 있다."라는 점에 착안하면 "8자리의 비트열로 좌우대칭인 것을 발견하여 이것을 온점으로 구분한 부분에 배치한다."라는 방식도 가능할 것 같습니다.

생각하는 방법

문제 그대로 10진수로 0 ~ 9의 10개의 숫자를 '한 번씩' 사용할 것을 생각하면 제일 높은 자리는 0 이외의 9가지, 나머지는 하나씩 사용하여 9!(9의 계승)이므로 9 × 9! = 3,265,920가지를 조사해야 합니다.

이 전체 탐색은 왠지 하기 싫어지네요. 처리에 시간도 많이 걸릴 것 같고 왠지 중노동을 하는 기분이에요.

IP 주소의 각 온점 사이의 수치는 255까지니까 10개의 숫자를 사용하려면 '3자리가 두 개, 2자리가 두 개', 합쳐서 네 개의 수(1XX.2XX.XX.XX)를 구하면 된다고 생각하면 어떨까요?

확실히 그것도 하나의 방법이지만, 반대로 생각해서 2진수부터 처리해 보는 것은 어떨까요?

2진수로 좌우대칭이 되는 수를 생각하면 16비트의 수를 반전한 값을 추가하여 32비트의 수를 생성하는 방법을 생각할 수 있습니다. 16비트이므로 65,536가지를 조사하면 전체 탐색이 가능합니다.

이를 10진수로 변환하여 0 ~ 9를 한 번씩 사용하면 됩니다.

이거라면 10개의 숫자를 재배열하는 것보다 현실적이네요. 다음에는 2진수를 10진수로 변환해서 온점으로 구분하기만 하면 되니, 여기까지의 지식으로 충분히 풀 수 있을 것 같아요.

파이썬으로 구현하면 다음과 같이 작성할 수 있습니다.

q39.01_py

```python
ip = []

for i in range(0, 1 << 16):
    # 16비트의 수를 반전
    j = "{:016b}".format(i)[::-1]
    j = int(j, 2)

    # 10진수의 온점(.) 구분 문자열을 생성
    s = "{}.{}.{}.{}".format(i >> 8, i & 0xff, j >> 8, j & 0xff)
    # 10개의 숫자와 온점뿐인 경우, 배열에 추가
    if len(set(s)) == 11:
        ip.append(s)

print(len(ip))
print(ip)
```

이를 실행하면 정답인 '8'을 구할 수 있고, 대상 IP 주소는 다음의 8개임을 알 수 있습니다([표 4]).

[표 4] 정답의 대상이 되는 IP 주소

34.179.205.68	34.205.179.68
68.179.205.34	68.205.179.34
179.34.68.205	179.68.34.205
205.34.68.179	205.68.34.179

이 결과를 보고 뭔가 떠오르는 게 있나요?

아 그렇구나! '좌우대칭'이라는 건 16비트로 대칭일 필요는 없는 거네요. 8비트로도 충분하군요.

10진수로 표현했을 때 온점으로 구분된 부분이 모두 좌우대칭이라면 전체적으로도 좌우대칭이므로 0~255에서 2진수로 대칭이 되는 것을 생각합니다. 즉 'A.B.C.D'라는 형태라면 "A와 D, B와 C는 대칭이다."라고 말할 수 있습니다.

그러므로 이러한 A~D에서 0~9의 숫자를 한 번씩 사용하는 것을 구해보겠습니다. 한 조인 (A, D), (B, C)라는 짝으로 생성되는 IP 주소는 8개의 패턴이 있으므로 구한 결과를 8배하면 구할 수 있습니다.

이를 파이썬으로 작성해 보면 다음과 같은 프로그램으로 표현할 수 있습니다.

q39_02.py

```python
from itertools import combinations

val = []

for i in range(0, 256):
  # 0~255에서 반전
  rev = "{:08b}".format(i)[::-1]
  rev = int(rev, 2)
  if i < rev:
    s = str(i) + str(rev)
    # 0~9가 중복되지 않는 숫자라면 대상으로 한다
    if len(set(s)) == len(s):
      val.append([i, rev])

ip = []
for a, b in combinations(val, 2):
  # 0~9를 한 번씩 사용하고 있으면 짝으로 한다
  if len(set("".join(map(str, a + b)))) == 10:
    ip.append([a, b])

# 짝의 조합 수를 출력
print(len(ip) * 8)
```

256개를 반복하기만 하면 되니까 순식간에 구할 수 있게 되었어요.

문제의 특징을 제대로 꿰뚫어보는 것은 아주 중요하지요.

정답

8개

QUIZ

40 하나의 숫자로 만드는 1234

하나의 숫자만으로 사칙연산에 따라 어느 수를 만든다고 생각합시다. 이를테면 '1000'을 만들 때 '1'만을 7개 사용하여 '1111 − 111'로 표현할 수 있습니다. '8'뿐이라면 8개 사용하여 '8 + 8 + 8 + 88 + 888', '9'뿐이라면 5개 사용하여 '9 ÷ 9 + 999'로 1000이 됩니다.

사용할 수 있는 것은 사칙연산의 가감승제(+, −, ×, ÷)뿐이라 하고 연산의 우선순위를 바꾸는 괄호는 사용할 수 없다고 합시다. 계산 순서는 수학과 같이 ×, ÷를 먼저 계산하고 +, −는 나중입니다. 그리고 ÷의 경우에는 몫을 구하는 것으로 하고 정수로 처리하겠습니다. (예: 111 ÷ 11 = 10)

가능하면 적은 개수로 표현할 것을 생각하면 1000인 경우에는 앞과 같이 '9'를 사용한 '5개'가 최소가 됩니다(이 경우 9 ÷ 9 + 999뿐만 아니라 999 + 9 ÷ 9도 정답이 됩니다).

> 문제

하나의 숫자를 가능하면 적게 사용하여 '1234'를 표현할 때 가장 적은 개수로 표현할 수 있는 숫자를 구하고 그 식을 모두 구해 보세요.

사칙연산은 앞서 '2번 문제'에서 공부했어요. 하지만, 하나의 숫자밖에 사용할 수 없다면 몇 개를 사용해도 목표 숫자를 만들지 못할 수도 있는 거 아닌가요? 무한 루프가 될 것 같은데요.

Hint!

'1'이라면 구하는 숫자의 수만큼 더하면 되지요. 다른 숫자라면 최대로도 '구하는 숫자의 2배의 수'를 사용하면 가능할 것입니다. 예를 들어 '9'라면 구하는 숫자의 수만큼 9 ÷ 9를 더하면 됩니다.

생각하는 방법

    프로그래밍 언어에 따라 식을 평가하는 함수가 있는 언어와 없는 언어가 있다는 것은 '2번 문제'에서 배웠습니다. eval( ) 함수가 있는 언어라면 식을 생성하여 eval( ) 함수를 실행하기만 하면 됩니다.

    단, 나눗셈은 프로그래밍 언어에 따라 정수로 처리되거나 소수로 처리된다는 차이가 있습니다. 소수로 처리하는 경우 이번 문제에는 사용할 수 없으므로 다른 방법을 검토해야 합니다.

    다음으로 '어떻게 식을 생성할지'가 이 문제의 포인트입니다. 파이썬의 기본적인 나눗셈 연산자 '/'는 소수점 연산을 하므로, '//'를 사용해야 합니다. 식을 생성하는 부분은 재귀로 구현했습니다.

q40_01.py

```python
found = False

# 정수 나눗셈을 할 수 있게
# 나눗셈을 //로 지정함
op = ['+', '-', '*', '//', '']

def check(n, expr, num):
  global found
  if n == 0:
    if eval(expr) == 1234:
      print(expr)
      found = True
  else:
    for i in op:
      check(n - 1, "{}{}{}".format(expr, i, num), num)

length = 1
while not found:
  for num in range(1, 9 + 1):
    check(length, num, num)
  length += 1
```

이 방법이라면 다른 언어에서도 간단하게 구현할 수 있을 것 같아요.

eval( )이 없는 언어라면 식의 계산도 구현해야 하고 나눗셈에 대해서도 확인이 필요하지만, 사칙연산밖에 없으니 시험 삼아 구현해보도록 하세요.

ⓒⓞⓛⓤⓜⓝ

편리해지면 외우지 않는다?

최근에는 스마트폰이나 휴대전화, PC의 사용에 따라 한자를 잊어버려 못 쓴다는 이야기를 자주 듣게 됩니다. 저 자신도 손으로 문자를 쓸 기회가 줄어감을 실감합니다.

이는 문자뿐만이 아닙니다. 차를 운전할 때에도 꽤 오래전에는 조수석의 사람이 지도를 한 손에 들고 설명해 주는 일이 많았습니다. 그러나 지금은 많은 차에 내비게이션이 설치되어 있습니다. 음성 안내도 되므로 길을 기억할 필요도 없게 되었습니다. 그뿐만 아니라 방향 감각도 둔해지고 있다는 느낌이 듭니다. 지도를 갖고 있을 때에는 외우고 있던 것을 외울 수 없게 되었고, 하물며 외울 필요가 없어졌습니다.

외울 필요가 없다는 점에서는 전화번호도 마찬가지겠지요. 휴대전화가 보급되기 전에는 부모님 댁의 전화번호쯤은 외우고 있었습니다. 공중전화에서 걸 때도 많아 숫자를 누르는 동작으로 외우고 있었는지도 모릅니다. 그러나 요즘에는 휴대전화나 스마트폰의 연락처에서 선택하기만 하면 됩니다. 부모님 댁 전화번호조차 못 외우는 사람도 있지 않을까요?

프로그래밍에서도 마찬가지입니다. 얼마 전에는 편집기로 모두 입력하던 것을 요즘에는 입력 지원 기능에 의해 입력 후보가 표시되면 그것을 선택하기만 하면 되는 상황이 늘었습니다. 이렇게 되면 사소한 메서드 이름 같은 것은 외울 필요가 없습니다. 언어에 갖춰져 있는 편리한 메서드를 사용하는 일도 그 한 가지 예입니다.

편리하긴 하지만, 환경이 조금이라도 변하면 프로그램을 만드는 일이 마음대로 되지 않을 때가 있습니다. 평상시 편리한 환경에 의존하기만 할 것이 아니라 만약을 대비하여 늘 신경 쓰는 것이 중요할 것 같습니다.

QUIZ

41 카드를 뒤섞어 역순 만들기

트럼프 등의 카드를 뒤섞는 방법은 여러 가지가 있습니다. 여기서는 $2n$장의 카드가 있을 때 그 중 n장의 카드를 한데 빼내고 그것을 나머지 카드 위에 겹치는 동작을 반복합니다(낱장을 빼내는 게 아니라 한 덩어리로 빼내는 것으로 합니다). 이를 그림으로 나타내면 [그림 12]와 같습니다.

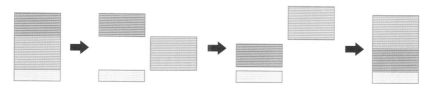

[그림 12] 카드 뒤섞기 모습

이것을 맨 처음 배열의 역순이 될 때까지 반복한다고 합시다. 예를 들어 $n = 2$일 때 4장의 카드를 역순으로 만들려면 다음과 같이 4번의 조작으로 실현 가능합니다(시작 시의 카드를 위로부터 순서대로 1, 2, 3, 4라고 하겠습니다).

1 2 3 4
↓ … 첫 번째(2와 3을 빼냄)
2 3 1 4
↓ … 두 번째(3과 1을 빼냄)
3 1 2 4
↓ … 세 번째(2와 4를 빼냄)
2 4 3 1
↓ … 네 번째(4와 3을 빼냄)
4 3 2 1

문제

$n = 5$일 때 10장의 카드를 역순으로 만드는 데 필요한 최소 횟수를 답해 보세요.

전체 탐색하면 가능할 것 같은데, 여기서도 역으로 탐색하면 효과적일까?

단순히 반대로 생각해도 탐색 범위는 바뀌지 않습니다. 조합해보면 어떨까요?

생각하는 방법

$2n$장의 카드를 배열로 표현한다고 생각합시다. 각각의 카드에 문제와 같은 번호를 설정해 두고 그 배열의 요소를 이동하면 뒤섞기를 표현할 수 있습니다.

뒤섞을 때에 어느 범위를 빼내든지 시작점을 순서대로 바꿈으로써 다음의 후보를 선택합니다. 빼내는 카드의 장 수는 n장으로 고정이지만, 배열의 인덱스가 상한을 넘지 않도록 주의해야 합니다.

초기 상태는 1, 2, 3, 4, 5, 6과 같이 정수를 순서대로 배열로 설정해 두고 그 배열을 뒤섞어서 6, 5, 4, 3, 2, 1과 같이 되면 종료라는 거군요.

맞습니다. 반복 횟수가 몇 번이 될지 모르므로 너비 우선 탐색으로 찾으면 효과적이지요.

파이썬으로 구현하면 다음과 같이 작성할 수 있습니다.

q41_01.py

```python
n = 5
# 초깃값을 설정
cards = [list(range(1, n * 2 + 1))]
answer = list(reversed(range(1, n * 2 + 1)))

flag = True
depth = 1
while flag:
  # 탐색
  result = []
  for c in cards:
    for i in range(1, n + 1):
      temp = c[i:i+n] + c[0:i] + c[i+n:]
      # 상태 확인 후 탈출
      if temp == answer:
        flag = False
```

```
      result.append(temp)
  # 다음 탐색 대비
  cards = result
  depth += 1

print(depth)
```

이를 실행하면 n이 4인 경우 순식간에 구할 수 있지만, 이번과 같이 n이 5가 되면 Memory Error가 발생하면서 중간에 프로그램이 중지됩니다. 파이썬은 메모리를 많이 사용할 경우, 이처럼 오류가 발생하는 문제가 있습니다. 따라서 다른 방법을 사용해야 합니다.

이번에는 역방향도 함께 생각하면 탐색 범위를 좁힐 수 있습니다. 즉, 순방향뿐만 아니라 최종 상태에서 역방향으로도 조사하여 같은 배열이 나타날 때까지 반복하면 최소 횟수로 구할 수 있습니다.

예를 들어 다음과 같이 구현하면 0.5초 미만으로 구할 수 있습니다. 처리는 같은 너비 우선 탐색이지만, 역방향의 뒤섞기로 조금 더 심화한 것이 특징입니다.

q41_02.py

```
n = 5
# 순방향으로 탐색하는 초깃값
fw = [list(range(1, n*2 + 1))]
# 역방향으로 탐색하는 초깃값
bw = [list(reversed(range(1, n*2 + 1)))]

depth = 1
while True:
  # 순방향으로 탐색
  temp = []
  for c in fw:
    for i in range(1, n + 1):
      temp.append(c[i:i+n] + c[0:i] + c[i+n:])
  fw = temp
  if len(set(map(tuple, fw)) & set(map(tuple, bw))) > 0:
    break
  depth += 1
```

```
# 역방향으로 탐색
temp = []
for c in bw:
  for i in range(1, n + 1):
    temp.append(c[n:i+n] + c[0:n] + c[i+n:])
  bw = temp
  if len(set(map(tuple, fw)) & set(map(tuple, bw))) > 0:
    break
  depth += 1

print(depth)
```

과연 그렇군요. 비슷한 처리를 쌍방향으로 하면 탐색 범위가 넓어지기 전에 수렴하므로 빨라지는군요.

하지만, n의 값이 커지면 이 방법으로도 처리에 시간이 오래 걸려요. 뭔가 규칙성이 있다면 좋겠는데요.

같은 패턴이 나타나지 않도록 사용한 것을 메모해 두는 방법도 있지요.

정답

12회

쌍방향 탐색의 효과와 주의점

이 문제에서는 쌍방향으로 탐색하였습니다. 초기 상태에서 전방으로 탐색함과 동시에, 목표로 하는 상태부터 후방으로 탐색하는 방법입니다. 실제로는 동시는 아니고 서로 교대로 탐색하는 방법이 사용됩니다. 그리고 중간 부근에서 같은 상태에 도달한 경우 그것이 최소 횟수가 됩니다.

트리 구조로 탐색하는 경우 지수적으로 탐색 범위가 넓어지기 때문에 깊이가 한 층 깊어지기만 할 뿐, 탐색 범위가 큰 폭으로 넓어집니다. 그러므로 쌍방향으로 탐색함으로써 깊이를 억제할 수 있습니다. 이진 트리의 경우 한 방향으로 깊이 10까지 탐색하면 탐색 범위는 2^{10}이므로 1,024가지가 됩니다. 이를 쌍방향으로 탐색하면 깊이 5씩 탐색하므로 $2^5 + 2^5$이 되므로 64가지로 끝나게 됩니다. 깊고 넓게 하면 그 결과는 더 커집니다.

단, 쌍방향 탐색을 사용할 수 있는 것은 목표로 하는 상태에서 특정 값이라는 것을 아는 경우입니다. 그리고 "후방 탐색을 구현할 수 있는지?"라는 문제도 있습니다. 이 조건들이 해결된다면 고속화를 실현할 수 있을 가능성이 커지므로 이렇게 시도해 보시길 바랍니다.

QUIZ

42 유리컵 속 물을 반으로

크기가 모두 다른 A, B, C의 세 개의 유리컵이 있습니다. A에 물이 채워져 있고 B와 C가 비어 있는 상태에서 시작하여 하나의 유리컵에서 다른 두 개의 유리컵으로 물을 옮기는 작업을 반복합니다.

이때 다른 측정기구는 사용할 수 없으며, 물을 옮길 때에는 한쪽이 비거나 다 채워지거나 둘 중 하나입니다. 이를 반복함으로써 A에 남는 양을 '처음의 반'이 되게 한다고 생각합시다. 예를 들어 A, B, C의 용량이 8, 5, 3인 경우 다음과 같은 순서로 실현할 수 있습니다([그림 13]).

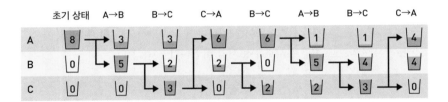

[그림 13] 용량이 A = 8, B = 5, C = 3일 때

여기서 B와 C의 용량은 '서로소'인 두 개의 수로 B + C = A, B > C라는 조건을 만족하는 것으로 합니다.

문제

A의 용량을 10 이상 100 이하의 짝수라 할 때 이동에 따라 A에 남는 양을 처음의 반으로 만들 수 있는 (A, B, C)의 조합의 개수를 구해 보세요.

A, B, C 중에서 두 개가 정해지면 나머지 하나가 결정되는 거군요.

단순히 전체 탐색하면 시간이 걸리니 잘 생각해 보세요.

이번 문제에서 포인트가 되는 것이 '서로소'라는 조건입니다. 지금까지의 문제에서도 등장하였지만 "1 또는 −1 이외의 공통의 약수를 가지지 않는 다."라는 의미입니다. B와 C의 유리컵의 양이 서로소이므로 '최대공약수가 1'이 되는 것을 사용합니다.

전체 탐색이 되지 않도록 일단 탐색 결과가 나온 경우는 탐색을 중단하는 것으로 하여 고속화합니다. A, B, C의 유리컵에 남아 있는 양을 배열로 표현하여 파이썬으로 구현하면 다음과 같이 작성할 수 있습니다.

q42_01.py

```python
from itertools import permutations
from math import gcd

def search(abc, depth, max_abc, log):
  if tuple(abc) in log:
    return False    # 탐색 완료
  if abc[0] == (max_abc[0] // 2):
    return True    # 종료 조건
  log[tuple(abc)] = depth
  for i, j in permutations([0, 1, 2], 2):
    # A, B, C 중 이동하는 두 개를 선택
    if (abc[i] > 0) or (abc[j] < max_abc[j]):
      next_abc = abc.copy()
      move = min(abc[i], max_abc[j] - abc[j])
      next_abc[i] -= move
      next_abc[j] += move
      if search(next_abc, depth + 1, max_abc, log):
        return True
  return False

cnt = 0
for a in range(10, 100 + 1, 2):
  for c in range(1, a // 2):
    b = a - c
    if gcd(b, c) == 1: # 서로소인 경우는 최대공약수 = 1
      if search([a, 0, 0], 0, [a, b, c], {}):
        cnt += 1

print(cnt)
```

현재 양을 인수로 보내어 재귀적으로 처리한다는 거로군요. 여덟 번째 행에서 clone을 사용하고 있는데, 이게 뭐죠?

여기서 사용한 clone은 배열을 복사하는 처리입니다. 배열은 값에 의한 호출이 아니라 참조에 의한 호출이므로 단순히 대입해 버리게 되면 재귀 처리 중 값이 바뀌어 버립니다. 호출한 후에 되돌리는 방법도 있으나 이렇게 쓰면 어렵게 생각하지 않고 끝낼 수 있습니다.

수학적으로 생각하면 더 간단히 풀 수 있습니다. 바로 '확장된 유클리드 알고리즘'을 사용하는 것입니다.

확장된 유클리드 알고리즘

x, y를 0이 아닌 자연수라고 하면 $ax + by = \gcd(x, y)$가 되는 정수 a, b가 존재한다. 특히 x와 y가 서로소일 때 임의의 정수 c에 대해 $ax + by = c$가 되는 정수 a, b가 존재한다.

Point

이번 문제는 B와 C의 용량이 '서로소'이므로 A의 용량을 처음의 반으로 줄일 수 있는 이동 횟수가 존재한다는 것이 됩니다(더 자세히 말하면 이번에는 A의 용량을 맨 처음의 반으로 만드는 문제였지만, A의 용량으로 임의의 정수가 되도록 할 수 있습니다).

그러므로 서로소인 B와 C로 B + C = A, B > C를 만족하는 (A, B, C)의 조합을 구하면 된다는 것이 됩니다. 즉, 재귀적으로 구해나갈 필요는 없으며 조건만 만족하면 반드시 만들 수 있습니다.

파이썬으로는 다음과 같이 간단히 만들 수 있습니다.

q42_02.py

```python
from math import gcd

cnt = 0
for a in range(10, 100 + 1, 2):
  for c in range(1, a // 2):
    b = a - c
    if gcd(b, c) == 1:
      cnt += 1
```

```
print(cnt)
```

 이번에는 프로그램도 간단하고 처리도 빠르네요. 찾는 수가 커지더라도 처리 시간의 증가가 적어요.

 이런 것은 모르면 쓸 수가 없겠네요.

 이 문제의 설명은 이것으로 끝이지만, 물의 이동 횟수를 최소화하는 것도 생각해 보세요. 문제의 예와 같이 A의 용량이 8이라면 문제에 적힌 방식 이외에 방법이 한 가지 더 있습니다(모두 최소 이동 횟수는 7회).

Point

그 외에 A, B, C의 용량에 대해 이동 횟수를 최소화할 수 있는 것을 찾아 보면 다음과 같은 결과를 얻을 수 있습니다.

예) 10, 9, 1 → 9회

10, 7, 3 → 9회

12, 11, 1 → 11회

12, 7, 5 → 11회

14, 13, 1 → 13회

14, 11, 3 → 13회

14, 9, 5 → 13회

16, 15, 1 → 15회

16, 13, 3 → 15회

⋮

100, 51, 49 → 99회

즉, A의 용량을 반으로 만들 수 있는 최소 이동 횟수는 A의 용량보다도 1 적은 값이 됩니다(B와 C의 용량은 서로소인 값으로 B + C = A라는 조건을 만족하면 이동 횟수와는 관계가 없다는 것이 됩니다).

정답

514개

QUIZ

43 | 소수 매트릭스

n행, n열의 칸에 n자리의 소수를 1자리씩 채운다고 생각합시다. 이때 가로 방향(좌 → 우)뿐만 아니라 세로 방향(상 → 하)으로 본 경우에도 소수가 되도록 합니다. 단, 같은 소수를 여러 번 사용할 수 없는 것으로 합니다 (n 자리의 소수만 사용 가능한 것으로 하며 맨 앞이 0인 경우는 생각하지 않습니다).

예를 들어 n = 2일 때 [그림 14]의 ①, ②와 같은 패턴을 생각할 수 있습니다. ①에서는 11, 13, 17, 37, ②에서는 23, 29, 37, 97의 각각 네 자리 소수를 사용하고 있습니다. ③인 경우에는 17이나 73이 2번씩 사용되므로 문제 의도에 맞지 않게 됩니다.

①	
1	3
1	7

②	
2	3
9	7

③ (NG)	
1	7
7	3

④		
1	2	7
3	1	3
1	1	3

[그림 14] n = 2, n = 3의 예

문제

n = 3일 때 이러한 패턴이 몇 가지 있는지 구해 보세요. 예를 들어 113, 127, 131, 211, 313, 733의 여섯 가지 요소를 사용하면 앞과 같은 패턴을 만들 수 있습니다(또한, 대각선으로 반전하여 같아지는 경우라 하더라도 각각 다른 것으로 카운트합니다).

모든 칸에 0부터 9를 넣어보는 건 비현실적일 듯하군요.

소수를 선택하는 것뿐만 아니라 칸에 넣는 숫자를 걸러내는 조건을 생각해봐야 할 것 같네요.

행과 열을 번갈아 결정하면 고속화할 수 있습니다.

생각하는 방법

이러한 문제에서는 탐색 범위를 어떻게 줄일 지가 포인트입니다. 단순히 9개의 위치에 숫자를 할당하고 세로와 가로가 모두 소수인지를 확인하려고 하면, 10^9개의 탐색이 되어 버립니다.

10^9개라면… 10억 개이군요. 절대 안 끝날 것 같아요.

사전에 소수 리스트를 준비해두면 어떨까요? 3자리 소수는 그렇게 많지 않으니까 그걸 순서대로 설정해 가면 탐색 범위를 좁힐 수 있을 것 같아요.

"세 개의 행에 소수를 순서대로 설정하고 열 방향으로 보았을 때에도 소수인지를 확인한다."라는 방법이 있지요. 그러나 이 방법으로도 탐색량이 많아 처리에 수십 초나 소요됩니다.

음, 확실히 소수 이외의 숫자가 많이 들어가네요. 소수만 탐색할 수 있게 하고 싶은데…

Point

조금 더 연구하여, 맨 처음에 첫 번째 행을 결정한 후에 그 행의 값이 맨 앞에 오는 소수를 각 열에 설정, 그것이 두 번째 행, 세 번째 행에서 소수가 되는지를 조사해 보겠습니다.

예를 들어 파이썬으로는 다음과 같이 작성할 수 있습니다.

```python
# 범위 내의 소수를 추출하는 함수
def prime_range(a, b):
  primes = []
  for i in range(a, b):
    flag = True
    j= 2
    while j * j <= i:
      if i % j == 0:
        flag = False
        break
      j += 1
    if flag:
      primes.append(i)
  return primes

# 3자리의 소수 추출하기
primes = prime_range(100, 1000)

# 맨 앞의 자리를 사용해서 해시 만들기
prime_h = { 0: [] }
for prime in primes:
  try:
    # 있는지 확인
    prime_h[prime // 100]
  except:
    # 없으면
    prime_h[prime // 100] = []
  finally:
    # 최종적으로
    prime_h[prime // 100].append(prime)

cnt = 0
for r1 in primes:                         # 첫 번째 행
  for c1 in prime_h[r1 // 100]:           # 첫 번째 열
    for c2 in prime_h[r1 % 100 // 10]:    # 두 번째 열
      for c3 in prime_h[r1 % 10]:         # 세 번째 열
        r2 = (c1 % 100 // 10) * 100 + (c2 % 100 // 10) * 10 \
          + (c3 % 100 // 10)
        r3 = (c1 % 10) * 100 + (c2 % 10) * 10 + (c3 % 10)
        try:
          if r2 in primes and r3 in primes:
            if len(set([r1, r2, r3, c1, c2, c3])) == 6:
              cnt += 1
        except:
          pass
print(cnt)
```

이렇게 하면 약 5초 만에 풀 수 있게 됩니다.

 첫 자리가 결정되기만 해도 한 번에 범위를 걸러낼 수 있군요.

 두 번째 행의 맨 앞자리가 결정되면 범위를 더 걸러낼 수 있을 것 같아요.

 그러면, 행과 열을 번갈아 결정해 봅시다.

q43_02.py

```python
# 범위 내의 소수를 추출하는 함수
def prime_range(a, b):
  primes = []
  for i in range(a, b):
    flag = True
    j= 2
    while j * j <= i:
      if i % j == 0:
        flag = False
        break
      j += 1
    if flag:
      primes.append(i)
  return primes

# 3자리의 소수 추출하기
primes = prime_range(100, 1000)

# 맨 앞의 자리를 사용해서 해시 만들기
prime_h = { 0: [] }
for prime in primes:
  try:
    # 있는지 확인
    prime_h[prime // 100]
  except:
    # 없으면
    prime_h[prime // 100] = []
  finally:
    # 최종적으로
    prime_h[prime // 100].append(prime)

cnt = 0
```

```
for r1 in primes:                              # 첫 번째 행
  for c1 in prime_h[r1 // 100]:                # 첫 번째 열
    for r2 in prime_h[(c1 % 100) // 10]:       # 두 번째 행
      for c2 in prime_h[(r1 % 100) // 10]:     # 두 번째 열
        if (r2 % 100) // 10 == (c2 % 100) // 10:  # 중앙의 점
          for r3 in prime_h[c1 % 10]:          # 세 번째 행
            if c2 % 10 == (r3 % 100) // 10:
              c3 = (r1 % 10) * 100 + (r2 % 10) * 10 + (r3 % 10)
              if c3 in primes:                 # 세 번째 열이 소수인가?
                if len(set([r1, r2, r3, c1, c2, c3])) == 6:
                  cnt += 1
print(cnt)
```

 순식간에 처리 시간이 짧아졌어요. 1초 정도 걸리네요.

 처리는 복잡하지만 이런 방식으로 만들어보는 것도 재미있네요.

 "가장 낮은 자리는 짝수가 되지 않는다."라는 조건으로도 탐색 범위를 걸러낼 수 있답니다.

정답

29,490가지

QUIZ

44 정렬의 교환 횟수 최소화하기

알고리즘의 기초라고도 할 수 있는 정렬에는 다양한 방법이 있지만, 이번에는 처리 시간의 고속화가 아닌, 교환 횟수를 최소화하는 방법을 중심으로 생각해 보겠습니다.

예를 들어 1, 2, 3의 세 가지 숫자에 대해 두 가지 숫자의 교환을 반복하고 작은 쪽부터 순서대로 나열한다고 생각합시다. 처음의 배열 순서에 따라 재배열에 필요한 최소 교환 횟수는 달라집니다.

예) 1, 2, 3 → 교환 불가
1, 3, 2 → (2와 3을 교환) → 1, 2, 3 (1회)
2, 1, 3 → (1과 2를 교환) → 1, 2, 3 (1회)
2, 3, 1 → (1과 2를 교환) → 1, 3, 2 → (2와 3을 교환) → 1, 2, 3 (2회)
3, 1, 2 → (1과 3을 교환) → 1, 3, 2 → (2와 3을 교환) → 1, 2, 3 (2회)
3, 2, 1 → (1과 3을 교환) → 1, 2, 3 (1회)

즉, 1, 2, 3의 세 가지 숫자라면 최소 교환 횟수의 합계는 7회입니다.

[문제]

1 ~ 7의 7개의 숫자로 만들 수 있는 모든 순열에 대해 작은 쪽부터 순서대로 나열하기 위한 최소 교환 횟수의 합계를 구해 보세요.

Hint!

실제로 교환을 반복하여 정렬해 보는 방법도 가능할까요?

틀린 건 아니지만, 시간이 많이 소요됩니다. 정렬 전후의 값이 달라진 위치 등에 주목하여 연구해 봅시다.

확실히 정렬 전후로 같은 값인 부분은 교환할 필요가 없네요.

실제로 정렬해 보는 것은 최소 횟수를 구하는 것만으로도 번거롭습니다. 그러므로 교환 횟수를 구하는 방법으로 재배열을 완료한 상태에서 역방향으로 거스르는 방법을 사용합니다. 너비 우선 탐색으로 처리하면 파이썬으로 다음과 같이 작성할 수 있습니다.

q44_01.py

```python
from itertools import combinations

N = 7
checked = {
  tuple(range(1, N + 1)): 0        # 확인 완료의 딕셔너리
}
check = [list(range(1, N + 1))]  # 확인 대상
depth = 0                        # 교환 횟수
while len(check) > 0:            # 확인 대상이 존재하는 사이, 반복
  next_check = []
  for i, j in combinations(range(0, N), 2): # 2군데 선택하여 교환
    for c in check:
      d = c.copy()
      d[i], d[j] = d[j], d[i]
      key = tuple(d)
      if key not in checked:
        checked[key] = depth + 1
        next_check.append(d)
  check = next_check
  depth += 1

print(sum(checked.values()))
```

거꾸로 가면 목표까지의 최소 교환 횟수를 취득할 수 있군요.

최소 교환 횟수는 구할 수 있지만, 확인 대상이 모든 패턴이라 처리에 시간이 걸려요.

더 간단하게, 문제 그대로 구현해 봅시다.

초기 상태와 정렬된 상태를 비교했을 때 같은 위치에 있는 숫자는 이동

할 필요가 없습니다. 그러므로 다른 위치에 있는 것을 찾아 교환을 반복해 보겠습니다.

q44_02.py

```python
from itertools import permutations

count = 0
for ary in permutations(range(1, 7 + 1)):
  ary = list(ary)
  for i in range(0, len(ary)):
    j = ary.index(i + 1)
    if i != j:
      ary[i], ary[j] = ary[j], ary[i]
      count += 1

print(count)
```

 모든 배치를 순열로 표현하여 다른 위치를 교환하는 것이군요. 정말 읽기가 편해졌어요.

 이번 문제처럼 1~7이라면 순식간에 구할 수 있군요. 하지만, 취급하는 숫자가 커지게 되면 처리 시간도 단번에 늘어나게 돼요. 10까지만 늘어나도 엄청나요.

 이럴 때는 수학적으로 생각하는 것도 좋답니다.

Point

수학적으로 대칭군으로 생각하면 순환 치환의 곱으로 구할 수 있으므로 다음의 점화식으로 나타낼 수 있습니다.

1~n까지의 최소 교환 횟수의 합계를 a_n으로 나타내면

$a_1 = 0$

$n > 1$일 때 $a_n = (n-1) \times (n-1)! + n \times a_{n-1}$

이라고 표현할 수 있습니다. 이를 구현하면 다음과 같습니다.

q44_03.py

```python
def count_swap(n):
    if n == 1:
        return 0
    multi = 1
    for i in range(1, n):
        multi *= i
    return (n - 1) * multi + n * count_swap(n - 1)

print(count_swap(7))
```

 소스 코드가 짧아요! 이번에는 초깃값 1에 대해 차례로 곱하는 방식을 사용했군요.

 이 방법이라면 1~100이더라도 순식간에 구할 수 있습니다.

역시 수학적인 지식도 필요한 거군요.

정답

22,212회

수학 퍼즐에 도움이 되는 군 이론

이 문제의 설명에서 '대칭군'이나 '순환 치환'이라는 용어가 등장했습니다. 이 용어들은 수학적으로는 '군 이론(Group Theory)'으로 분류됩니다. '사다리 타기'나 '15 퍼즐' 등 퍼즐 중에서는 군 이론을 사용함으로써 쉽게 이해할 수 있는 것들이 있습니다.

'군 이론'이라는 용어는 어렵게 들리지만, 인터넷 등을 이용하여 관련 자료를 찾아 꼭 읽어보도록 하세요(입문서라 하더라도 수학적인 지식은 필요합니다. 고등학교에서 학습한 수학 내용은 복습해 두는 것이 좋겠지요).

오직 하나뿐인 ○×

n행 n열의 행렬에 ○와 ×를 나열하고 그 행과 열에 대해 ○의 개수를 세어봅시다. 예를 들어 $n=3$일 때 [그림 15]의 ①과 같이 셀 수 있습니다.

```
①
○ × ○ → 2          ②
× ○ ○ → 2          × ○ ○ ← 2
○ × × → 1          ○ × ○ ← 2
                    ○ × × ← 1
↓ ↓ ↓               ↑ ↑ ↑
2 1 2               2 1 2
```

[그림 15] ○의 개수를 세어 다시 배치한 예 1

반대로, 카운트한 숫자를 가지고 행렬에 ○와 ×를 다시 배치해보겠습니다. 그러면 ②에서와 같이 ①과 같은 수라도 배치가 달라집니다.

그러나 [그림 16]의 ③의 경우 카운트한 값으로 ○과 ×의 배치를 생각하여도 같은 위치밖에 될 수 없습니다(④).

```
③                  ④
× × × → 0          × × × ← 0
× ○ × → 1          × ○ × ← 1
× ○ × → 1          × ○ × ← 1
↓ ↓ ↓               ↑ ↑ ↑
0 2 0               0 2 0
```

[그림 16] ○의 개수를 세어 다시 배치한 예 2

문제

$n=4$일 때 앞과 같이 카운트한 값으로 배치를 생각해보고 한 가지 방식으로만 배치할 수 있는 패턴이 몇 가지인지를 구해 보세요.

역으로 배치했을 때 여러 개의 배치가 가능한 것은 어떤 패턴인지를 생각해 봅시다.

생각하는 방법

단순한 방법으로는 ○과 ×의 모든 배치를 구하고, 카운트한 결과가 하나가 되는 것을 구하면 됩니다. 각 행을 비트로 변환하고 ○를 1, ×를 0으로 하면 문제의 예는 다음과 같이 표현할 수 있습니다.

> ○ × ○ → 101
> × ○ ○ → 011
> ○ × × → 100

앞의 비트를 2진수로 생각하면 파이썬으로는 다음과 같이 작성할 수 있습니다. 해시에 행과 열의 카운트를 키로 하여 배치할 수 있는 수를 구하고 그 수가 하나로 연결되는 것을 출력합니다.

q45_01.py

```python
from itertools import product

N = 4
count = {}

def search():
  # 각 행을 수치로 설정
  for rows in product(range(0, 2 ** N), repeat=N):
    # 각 열의 ○의 수를 카운트
    col_count = [0] * N
    for c in range(0, N):
      for r in rows:
        if r & (1 << c) > 0:
          col_count[c] += 1
    #각 행의 ○의 수를 카운트
    row_count = list(map(lambda r: "{:b}".format(r).count("1") , rows))
    # 해시에 행과 열의 카운트로 집계
    key = tuple(row_count + col_count)
    if key not in count:
      count[key] = 0
    count[key] += 1
```

```
search()
# 한 가지로 배치할 수 있는 것을 출력
result = [k for k, v in count.items() if v == 1]
print(len(result))
```

 2진수로 표현하는 것은 알았는데, 11번째 행의 비트 연산을 잘 모르겠어요.

 c라는 변수는 column의 약자이므로 열, r은 row의 약자이므로 행입니다. 즉, 어느 열이 ○인지를 찾고자 1을 왼쪽으로 시프트한 후 그 행과 AND 연산을 실행하여 ○가 있는지를 조사합니다.

 각 행에 있는 ○의 수는 2진수의 1의 수이니 간단하네요.

이 방법을 사용하면, 이번 문제인 $n = 4$에서 몇 초 만에 구할 수 있습니다. 단, n의 수가 늘면 단번에 처리 시간이 길어집니다($n = 5$에서도 10분 이상).

Point

좀 더 단순하게 생각해 봅시다. 카운트 수에서 역으로 배치했을 때 여러 개의 배치를 생각할 수 있는 것은 임의의 직사각형에서 네 모서리가 [그림 17]의 형태가 되는 경우입니다.

 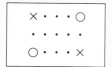

[그림 17] 여러 개의 배치를 생각할 수 있는 형

그러므로 앞과 같은 형이 되는 경우를 탐색에서 제외해 나갑니다. 이 경우 첫 번째 행과 두 번째 행에서 위의 네 모서리 형태를 만족합니다. 이를 비트 연산으로 생각하면 첫 번째 행과 두 번째 행에 대해

· **'첫 번째 행'과 '두 번째 행의 비트 반전'의 비트 AND**

· **'첫 번째 행의 비트 반전'과 '두 번째 행'의 비트 AND**

의 두 가지 모두가 0이 아닌 경우로 구할 수 있습니다.

이러한 확인을 각 행에 대해 구현하면 다음과 같이 표현할 수 있습니다.

q45_02.py

```
N = 4

def search(rows):
  # 모든 행을 탐색하면 종료
  if len(rows) == N:
    return 1

  count = 0
  for row in range(0, 2 ** N):
    #네 모서리에 O와X가 교대로 되어 있는지 확인
    cross = filter(lambda r: (row & ~r) > 0 and (~row & r) > 0, rows)
    cross = list(cross)
    if len(cross) == 0:
      count += search(rows + [row])
  return count

print(search([]))
```

이렇게 하면 $n = 4$인 경우에는 순식간에, $n = 5$인 경우라도 몇 초, $n = 6$에서도 몇 분 만에 구할 수 있습니다.

 '~'라는 연산자는 처음 보네요.

 이것은 비트를 반전하는 연산자입니다. 모든 비트 위치의 0과 1이 거꾸로 됩니다.

 "네 곳의 모서리에 주목하라."라는 게 재미있어요.

정답

6,902

QUIZ

46 그레이 코드의 반복

수치 부호화법의 하나로 '그레이 코드'가 있습니다. 이것은 연속하는 값의 경우 바뀌는 비트가 하나뿐이라는 특징이 있습니다. 예를 들어 일반적인 2진수에서는 1에서 2가 될 때는 001에서 010으로 2비트, 3에서 4가 될 때는 011에서 100으로 3비트가 바뀝니다. 그러나 그레이 코드에서는 어떤 경우라도 1비트씩만 바뀌게 됩니다([표 5]).

[표 5] 그레이 코드의 예

10진수	2진수	그레이 코드
0	000	000
1	001	001
2	010	011
3	011	010
4	100	110
5	101	111
6	110	101
7	111	100

제 3 장

중급편 ★ ★ ★

여기서는 "n진수를 그레이 코드로 변환하여 그 변환한 것을 n진수로 보고 다시 그레이 코드로 변환한다."라는 과정을 원래의 값이 될 때까지 반복합니다.

예를 들어 $n=2$에서 값이 100일 때 $100 \rightarrow 110 \rightarrow 101 \rightarrow 111 \rightarrow 100$으로 반복되어 4회 만에 원래로 돌아갑니다. 마찬가지로 $n=3$일 때 값 100에서 시작해 보면 $100 \rightarrow 120 \rightarrow 111 \rightarrow$ 100과 같이 3회 만에 원래로 돌아갑니다.

문제

$n=16$일 때 808080에서 시작하여 808080으로 되돌아오기까지의 횟수와 abcdef에서 시작하여 abcdef로 되돌아오기까지의 횟수를 구해 보세요.

n진수의 그레이 코드는 어떻게 구하는 건가요?

비트를 바꾼다는 것은 '배타적 논리합'의 조작으로 가능했지요.
n진수에서도 마찬가지로 배타적 논리합을 생각해 봅시다.

생각하는 방법

원래의 수로 되돌아오기까지 반복하는 작업은 어렵지 않으므로 "어떻게 그레이 코드로 변환할까?"가 포인트입니다. 2진수에서의 그레이 코드는 매우 유명하여 많은 자료가 인터넷에 있습니다. 그러나 n진수가 되면 자료가 순식간에 줄어듭니다.

우선 2진수에서의 그레이 코드에 대해 기본적인 패턴을 생각해 봅시다. 관련 사이트를 참고하면 '변환하고자 하는 2진수'와 '변환하고자 하는 2진수를 1비트 오른쪽으로 시프트하여 맨 앞에 0을 붙인 것'과의 배타적 논리합으로 그레이 코드를 구할 수 있음을 알 수 있습니다.

[표 6] 두 개의 수의 배타적 논리합

	0	1
0	0	1
1	1	0

[표 7] 두 개의 수의 배타적 논리합(3진수의 경우)

	0	1	2
0	0	1	2
1	1	0	1
2	2	1	0

두 개의 수의 배타적 논리합은 다른 문제에서도 등장했던 것과 같이 [표 6]과 같습니다. 이것은 두 개의 수 a, b의 차를 2로 나눈 나머지로 생각할 수 있습니다. 3진수의 경우에도 두 개의 수 a, b의 배타적 논리합은 $(a - b) \bmod 3$(a와 b의 차를 3으로 나눈 나머지)로 구할 수 있습니다([표 7]).

16진수의 배타적 논리합은 $(a - b) \bmod 16$(a와 b의 차를 16으로 나눈 나머지)로 구할 수 있다는 것이군요. 1비트의 시프트는 어떻게 하면 되나요?

'10진수의 값을 16진수로 표현한 것'과 '이 16진수를 한 자리 오른쪽으로 시프트하여 맨 앞에 0을 붙인 것'으로 배타적 논리합을 계산합니다. 즉, 10진수 1234라면 16진수는 '4D2'이므로 한 자리 오른쪽으로 시프트하여 '04D'이며, 이 둘의 배타적 논리합을 계산하면 '49B'가 됩니다.

이것을 각 자리에 대해 처리하면 파이썬으로는 다음과 같이 작성할 수 있습니다. 16진수는 맨 앞에 0x를 붙여 표현하므로 입력으로 0x808080과 0xabcdef를 보내고 있습니다.

q46_01.py

```python
N = 16
def graycode(value):
  # N 진수를 각 자리의 배열로 분해
  digits = []
  while value > 0:
    digits.append(value % N)
    value //= N

  # 각 자리를 그레이 코드로 변환
  for i in range(0, len(digits) - 1):
    digits[i] = (digits[i] - digits[i + 1]) % N
  # 배열을 수치로 변환
  result = 0
  for i, d in enumerate(digits):
    result += d * (N**i)
  return result

# 맨 처음으로 되돌아올 때까지 탐색
def search(value):
  check = graycode(value)
  cnt = 1
  while check != value:
    check = graycode(check)
    cnt += 1
  return cnt

print(search(0x808080))
print(search(0xabcdef))
```

파이썬이라면 format() 함수 등으로 16진수의 문자열을 만들 수 있을 것 같은데, 그것을 사용하지 않는 건 뭔가 이유가 있나요?

 각 자리는 문자로 나타낼 수 있지만, 가능하면 정수로 처리하는 쪽이 코드 처리다워서 좋고, 고속화도 가능하니까요.

정답

808080일 때는 8회
abcdef일 때는 64회

영어 페이지를 읽자!

한글로 된 n진수의 그레이 코드는 매우 적지만, 영어판 Wikipedia (https://en.wikipedia.org/wiki/Gray_Code)에는 소스 코드도 게재되어 있습니다. 영어 페이지를 보는 습관을 가진 사람이 많지 않을지도 모르겠지만, 소스 코드는 만국 공통이므로 곤란한 상황에서는 영어로 찾아보면 해결이 될 때가 있습니다.

IT 업계에는 외국에서 발매된 제품이 많고, 제품 설명서도 영어를 번역한 것이 많습니다. 당연히 개발 관련 일에 종사하는 사람의 수도 외국이 더 많으므로 생산되는 정보량에도 큰 차이가 있습니다. 국내에서 새로운 기술이 탄생하고 수많은 사람이 정보를 만들고 있지만, 그 차이는 더 벌어지고 있습니다.

영어로 소설 등을 읽는 것과 기술 기사를 읽는 것에는 필요한 단어의 양에 큰 차이가 있습니다. 저도 해리포터를 영어로 읽었지만, 모르는 단어가 많아 힘들었던 기억이 있습니다. 소설은 생략이나 독특한 말투가 많아 중학교나 고등학교에서 배운 문법으로는 의미를 이해할 수 없는 부분도 있습니다만, 기술 기사는 다릅니다. 기술 기사에서 사용하는 전문 용어는 우리가 평소에 외래어로 사용하는 것도 많고, 문법도 쉬워 이해가 용이합니다.

우선 주변에 있는 제품 설명서를 읽어보기를 권장합니다. 예를 들어 Windows나 Microsoft Office, Mac OS나 브라우저 등의 설명서는 평상시 사용하는 것이기 때문에 순조롭게 읽을 수 있습니다.

프로그래밍에 관한 페이지로는 질문과 답변이 모인 사이트인 Stack Overflow(http://stackoverflow.com)가 유명합니다. 페이지를 열었다가 영어라서 다시 닫는 일이 없도록, 조금씩이라도 읽어보는 노력을 기울이도록 합시다.

제 3 장

중급편 ★ ★ ★ ★

QUIZ

47 | 반전으로 만드는 엇갈리게 놓기

원형으로 나열된 $2n$장의 카드가 있습니다. 맨 처음에는 하얀 n장의 카드와 검은 n장의 카드가 각각 연속으로 나열되어 있습니다. 여기서 연속하는 3장의 카드를 다른 색으로 바꿔 넣기(하얀 카드는 검은 카드로, 검은 카드는 하얀 카드로 변경)를 반복하여 백과 흑이 교대로 나열되도록 만듭니다(바꿔 넣는 카드의 장수는 3장으로 고정합니다).

예를 들어 $n=3$일 때 [그림 18]과 같이 2회 교환으로 실현할 수 있습니다.

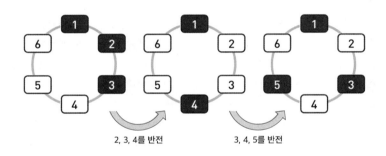

[그림 18] $n=3$일 때

문제

$n=8$일 때 백과 흑을 교대로 나열할 수 있는 최소 횟수를 구해 보세요.

같은 위치의 카드는 두 번 반전하면 원래대로 돌아가네요.

반전하는 순서는 관계없는 것(1, 2, 3 → 2, 3, 4 순으로 반전하는 것과 2, 3, 4 → 1, 2, 3 순으로 반전하는 것은 같음)도 포인트입니다.

힌트에서 있었던 것처럼 "같은 위치를 2회 반전하면 원래대로 되돌아간다.", "반전하는 순서는 관계없다."라는 점에서 '반전하는 위치로 어디를 선택할지'를 구하는 문제라고 바꿔 말할 수 있습니다.

최소로 엇갈린 배열을 만들 수 있도록 반전하는 위치를 선택하는 것이지만, 어떻게 원형을 표현할 지가 포인트입니다. 각각의 카드를 배열로 표현하는 것도 가능하지만, 필요한 것은 백이냐 흑이냐일 뿐이므로 2진수로 표현하면 간단합니다.

2진수로 표현하면 반전을 배타적 논리합으로 처리할 수 있군요. 하지만, 원형은 어떻게 표현하나요?

반전할 위치를 정하면 되니까 연속한 3비트에 1을 설정하면 될까요?

맞습니다. 시작 위치를 정해서 연속하는 3비트에 1을 설정하고, 그것을 하나씩 왼쪽으로 시프트해 나갑니다. 카드의 매수를 넘으면 왼쪽 끝 비트를 오른쪽 끝으로 붙이면 되지요.

Point

예를 들어 $n = 3$일 때, 반전할 위치는 다음과 같이 표현할 수 있습니다.

000111 → 001110 → 011100 → 111000 → 110001 → 100011

오버플로하는 부분에 대해서는 오른쪽에 $2n$ 비트 시프트한 것과의 OR 연산을 실행하면 되겠지요. 111000 → 110001의 부분은 [표 8]과 같이 할 수 있습니다.

[표 8] $n = 3$일 때

	111000
왼쪽으로 1 비트 시프트	1110000
오른쪽으로 6비트 시프트	1
위의 두 개를 OR 연산	1110001
오른쪽의 6비트를 취득	110001

앞 내용에 근거하여 너비 우선 탐색으로 작성한 파이썬 프로그램을 다음에 나타내었습니다.

▌q47_01.py

```python
N = 8                    # 각 색의 수
start = (1 << N) - 1     # 시작 상태(0이 N개,1이 N개)
mask = (1 << N * 2) - 1  # 비트 마스크

# 목표 상태(0과 1을 번갈아 설정)
goal1 = 0
for i in range(0, N):
  goal1 = (goal1 << 2) + 1
goal2 = mask - goal1

# 교환 횟수
count = N * 2
for i in range(0, 1 << N * 2): # 교환하는 시작 위치의 비트열
  turn = i ^ (i << 1) ^ (i << 2)
  turn = (turn ^ (turn >> (N * 2))) & mask

  # 목표와 일치하면 교환하는 위치에 있는 수의 최소치를 판정
  if (start ^ turn == goal1) or (start ^ turn == goal2):
    count = min(count, "{:b}".format(i).count('1'))

print(count)
```

goal1과 goal2를 사용하는 게 재미있네요. 교대가 되는 것은 백과 흑의 위치에 따라 다른 거죠.

비트 연산을 자유자재로 사용할 수 있으면 멋지겠네요.

비트 마스크를 사용하는 방법은 '37번 문제'에서도 소개한 것과 같이 IP 주소 등 여러 가지 부분에서 사용되고 있으니 외워두면 편리하답니다.

비트 연산은 다른 언어에서도 마찬가지로 구현할 수 있습니다. 예를 들어 같은 처리를 하는 프로그램을 자바스크립트로도 구현해 보겠습니다.

q47_02.js

```javascript
const N = 8; /* 각 색의 수 */
var start = (1 << N) - 1; /* 시작 상태(0이 N개, 1이 N개) */
var mask = (1 << N * 2) - 1; /* 비트 마스크 */

/* 목표 상태(0과1을 번갈아 설정) */
var goal1 = 0;
for (var i = 0; i < N; i++){ goal1 = (goal1 << 2) + 1; }
var goal2 = mask - goal1;

/* 1이 있는 비트의 수를 센다. */
function bitcount(x) {
  x = (x & 0x55555555) + (x >> 1 & 0x55555555);
  x = (x & 0x33333333) + (x >> 2 & 0x33333333);
  x = (x & 0x0F0F0F0F) + (x >> 4 & 0x0F0F0F0F);
  x = (x & 0x00FF00FF) + (x >> 8 & 0x00FF00FF);
  x = (x & 0x0000FFFF) + (x >> 16 & 0x0000FFFF);
  return x;
}

/* 교환 횟수 */
var count = N * 2;
for (var i = 0; i < (1 << N * 2); i++){
  var turn = i ^ (i << 1) ^ (i << 2);
  turn = (turn ^ (turn >> (N * 2))) & mask;

  /* 골과 일치하면 교환하는 위치에 있는 수의 최소치를 판정 */
  if (((start ^ turn) == goal1) || ((start ^ turn) == goal2)){
    if (count > bitcount(i)){
      count = bitcount(i);
    }
  }
}
console.log(count);
```

C 언어나 자바스크립트 등의 언어에서 '1이 있는 비트의 수를 세는'
방법은 유명하므로 꼭 외워둡시다.

정답

8회

48 | 급할수록 돌아가라

　[그림 19]와 같은 직사각형이 있고 한 변의 길이가 1cm인 정사각형이 네모 칸으로 구분되어 있습니다. A부터 B까지 이동할 때 같은 직선 위는 2번만 이동할 수 있는 것으로 합니다(같은 경로를 왕복할 수도 있지만, 그 경우에도 2번으로 카운트합니다). 그리고 반드시 칸의 눈금을 이동하는 것으로 하고 같은 점을 가로질러 진행해도 무방합니다. 이때 A에서 B까지의 최장 경로를 구한다고 생각해 봅시다.

　세로가 3cm, 가로가 4cm의 직사각형일 때 'OK의 예1'의 이동 거리는 7cm, 'OK의 예2'의 이동 거리는 13cm가 됩니다. 'NG의 예'와 같이 같은 직선 위를 3번 이상 지나가는 것은 불가능합니다.

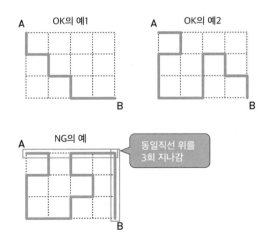

[그림 19] 이동 경로의 예

문제

세로가 5cm, 가로가 6cm인 직사각형이라면 최장 이동 거리는 얼마일까요?

같은 직선 위를 이동한 횟수를 어떻게 판정할지가 어렵겠네요.

수평 방향과 수직 방향의 선을 사용한 횟수를 배열로 저장하면 좋겠지요.

> 생각하는 방법

"같은 직선 위를 두 번만 이동할 수 있다."라는 조건이 있으므로 이를 어떻게 확인할지가 포인트입니다. 수평 방향과 수직 방향의 선을 사용한 횟수를 저장하는 배열을 준비하고 이동할 때마다 1을 더하여 2회를 넘으면 탐색을 끝내도록 합니다.

한 변이 1cm이니까 눈금 수를 통해 직선의 수는 구할 수 있겠네요. 그다음은 상하좌우 이동을 어떻게 처리할지……

진행할 수 있는 만큼 진행하는 쪽이 좋을 듯하니 깊이 우선 탐색을 사용하면 좋을 것 같아요.

그렇죠. 왼쪽 위에서 시작하여 순서대로 이동하고 오른쪽 다음으로 도달했는지를 종료 판정으로 하면 간단한 재귀 처리가 될 것 같습니다.

파이썬으로 구현하면 다음과 같이 작성할 수 있습니다.

q48_01.py
```python
W, H = 6, 5          # 가로와 세로의 칸 수
USABLE = 2           # 사용 가능한 횟수
max_value = 0        # 최장 길이
h = [0] * (H + 1)    # 수평 방향의 선을 사용한 횟수를 저장
v = [0] * (W + 1)    # 수직 방향의 선을 사용한 횟수를 저장

def search(x, y):
  global max_value
  if x == W and y == H: # B에 도착하면 최대치를 확인하고 종료
    max_value = max(sum(h) + sum(v), max_value)
    return
  if h[y] < USABLE:        # 수평 방향으로 이동 가능할 때
```

```
    if x > 0:            # 왼쪽으로 이동
      h[y] += 1
      search(x - 1, y)
      h[y] -= 1
    if x < W:            # 오른쪽으로 이동
      h[y] += 1
      search(x + 1, y)
      h[y] -= 1

  if v[x] < USABLE:      # 수직 방향으로 이동 가능할 때
    if y > 0:            # 위로 이동
      v[x] += 1
      search(x, y - 1)
      v[x] -= 1
    if y < H:            # 아래로 이동
      v[x] += 1
      search(x, y + 1)
      v[x] -= 1

search(0, 0)             # A의 위치에서 스타트
print(max_value)
```

이러한 프로그램은 자바스크립트로도 거의 같은 코드로 구현할 수 있습니다.

▌q48_02.js

```
const W = 6; /* 가로의 칸 수 */
const H = 5; /* 세로의 칸 수 */
const USABLE = 2; /* 사용 가능한 횟수 */
var max = 0; /* 최장 길이 */
var h = new Array(H + 1); /* 수평 방향의 선을 사용한 횟수를 저장 */
var v = new Array(W + 1); /* 수직 방향의 선을 사용한 횟수를 저장 */

for (var i = 0; i < H + 1; i++){ h[i] = 0; }
for (var i = 0; i < W + 1; i++){ v[i] = 0; }

function sum(a) {
  return a.reduce(function(x, y) { return x + y; });
}

function search(x, y){
  if ((x == W) && (y == H)){
    /* B에 도착하면 최대치를 확인하고 종료 */
    max = Math.max(sum(h) + sum(v), max);
    return;
```

```
    }
    if (h[y] < USABLE){ /* 수평 방향으로 이동 가능할 때 */
      if (x > 0) { /* 왼쪽으로 이동 */
        h[y] += 1;
        search(x - 1, y);
        h[y] -= 1;
      }
      if (x < W) { /* 오른쪽으로 이동 */
        h[y] += 1;
        search(x + 1, y);
        h[y] -= 1;
      }
    }
    if (v[x] < USABLE){ /* 수직 방향으로 이동 가능할 때 */
      if (y > 0){ /* 위로 이동 */
        v[x] += 1;
        search(x, y - 1);
        v[x] -= 1;
      }
      if (y < H){ /* 다음으로 이동 */
        v[x] += 1;
        search(x, y + 1);
        v[x] -= 1;
      }
    }
}

search(0, 0); /* A의 위치에서 스타트 */
console.log(max);
```

자바스크립트로 배열의 합계를 구하려면 반복문을 돌리기만 하면 되는 줄 알았는데, 이렇게 작성하는 방법도 있었군요.

익명 함수를 사용하면 최신 자바스크립트 같아서 좋군요.

정답

25cm

QUIZ

49 퍼펙트 셔플

$2n$장의 카드가 있고 각각 유일한 것으로 구별할 수 있는 문자가 쓰여 있습니다. 이 카드를 겹쳐 쌓고 한가운데에서 n장씩 나누고 나서 각각의 위에서 순서대로 1장씩 빼내어 겹쳐가는 작업을 '셔플'이라고 부르기로 합니다.

셔플을 몇 번 반복하면 원래 순서와 같아집니다. 예를 들어 $n=3$일 때 1~6의 숫자가 쓰인 6장의 카드가 있을 때 다음과 같은 순서로 셔플하면 원래대로 되돌아갑니다.

```
1 2 3 4 5 6
   ↓        … 123과 456으로 나누어 순서대로 빼냄
1 4 2 5 3 6
   ↓        … 142와 536으로 나누어 순서대로 빼냄
1 5 4 3 2 6
   ↓        … 154와 326으로 나누어 순서대로 빼냄
1 3 5 2 4 6
   ↓        … 135와 246으로 나누어 순서대로 빼냄
1 2 3 4 5 6
```

이렇게 6장의 카드라면 4번 만에 원래대로 되돌아갑니다.

문제

$2n$장의 카드를 셔플하여 $2(n-1)$번으로 원래대로 되돌아갈 수 있는 n이 $1 \leq n \leq 100$의 사이에 몇 개 있는지 구해 보세요.

① $2(n-1)$번으로 '처음으로' 원래대로 되돌아감
② 몇 번이나 원래대로 되돌아가지만, $2(n-1)$번일 때도 원래대로 되돌아감

이 두 가지에 대해 생각해 보세요.

생각하는 방법

이번 문제처럼 트럼프를 섞는 방법을 '퍼펙트 셔플'이라 부릅니다. 우선 카드를 배열로 표현하고 문제에 있는 대로 $2(n-1)$번 셔플하여 원래대로 되돌아간 것을 구하는 방법을 구현해 보겠습니다.

$1 \leq n \leq 100$의 n에 대하여 $2(n-1)$번의 셔플을 반복하여 원래대로 되돌아간 것을 카운트해 나갑니다.

q49_01.py

```python
def shuffle(card):
  left = card[:len(card)//2]
  right = card[len(card)//2:]
  result = []
  for i in range(0, len(left)):
    result.append(left[i])
    result.append(right[i])
  return result

count = 0

for n in range(1, 100 + 1):
  init = list(range(1, 2 * n + 1))
  card = init.copy()
  for i in range(0, 2 * (n - 1)):
    card = shuffle(card)
  if card == init:
    count += 1

print(count)
```

이를 실행하면 '46'이라는 출력을 얻을 수 있습니다.

217

이 방법은 알기 쉽군요. 셔플 처리에 슬라이싱을 사용하는 것이 파이썬스러워요.

구하는 방법이 한 가지 더 있습니다. 셔플을 반복하여 원래대로 되돌아 갔을 때의 횟수가 $2(n-1)$인 것을 구하는 방법입니다.

q49_02.py

```python
def shuffle(card):
  left = card[:len(card)//2]
  right = card[len(card)//2:]
  result = []
  for i in range(0, len(left)):
    result.append(left[i])
    result.append(right[i])
  return result

count = 0

for n in range(1, 100 + 1):
  init = list(range(1, 2 * n + 1))
  card = init.copy()
  i = 0
  while True:
    card = shuffle(card)
    i += 1
    if card == init:
      break
  if i == 2 * (n - 1):
    count += 1

print(count)
```

이를 실행하면 결과가 '22'가 됩니다.

어라? 결과가 다른데요.

이것은 $2(n-1)$번으로 '처음으로' 원래대로 되돌아갔는지 아닌지의 차이입니다.

앞 두 가지 방법으로도 문제없지만, 수학적으로 생각하는 것도 가능합니다. 이번 카드가 어떻게 이동하는지를 보면 예제의 2번 카드는 위치를 0에서 시작(첫 번째 장의 위치를 0, 두 번째 장의 위치를 1로 한다)으로 생각했을 때 $1 \rightarrow 2 \rightarrow 4 \rightarrow 3 \rightarrow 1$의 순으로 이동하고 있습니다.

이것의 나눗셈 나머지를 생각하면,

$(1 \times 2) \bmod 5 = 2$

$(2 \times 2) \bmod 5 = 4$

$(4 \times 2) \bmod 5 = 3$

$(3 \times 2) \bmod 5 = 1$

이렇게 앞의 위치를 2배하여 $(2n-1)$로 나눈 나머지의 위치가 됩니다. 즉, i번째의 위치에 있었던 카드는 셔플하면 $(i \times 2) \bmod (2n-1)$번째의 위치에 오는 것을 알 수 있습니다. 이를 $2(n-1)$번 실행하면 원래대로 되돌아가므로 다음 식이 성립합니다.

$(i \times 2)^{2(n-1)} \bmod (2 \times n - 1) = i$

$i = 1$, 즉 두 번째의 수에 주목하면

$2^{2(n-1)} \bmod (2 \times n - 1) = 1$

여기서 $2 \times n - 1$을 N이라 하면

$2^{(N-1)} \bmod N = 1$

이 되어 페르마의 소정리 형태가 된다는 것을 알 수 있습니다.

정답

① $2(n-1)$번으로 '처음으로' 원래대로 되돌아갔을 때 22개
② 몇 번이나 원래대로 되돌아가지만, $2(n-1)$번일 때에도 원래대로 되돌아갔을 때 46개

QUIZ

50 | 동시에 끝나는 모래시계

N개의 모래시계가 있고 각각은 1분에서 N분을 계측할 수 있습니다. 이들을 원형으로 나열하고 1분마다 거꾸로 뒤집어 나갑니다. 이때 거꾸로 뒤집을 모래시계의 시작 위치는 '시계방향으로 하나씩 이동'하고 뒤집는 개수는 시작 위치에 해당하는 모래시계의 계측 분 수에 따라 달라집니다(1분 모래시계인 경우는 1개, 2분 모래시계인 경우는 2개, N분의 모래시계라면 N개를 시계방향으로 계속해서 거꾸로 뒤집어 나갑니다).

맨 처음 모든 모래시계의 윗부분에 모래가 있는 상태에서 시작하였을 때, 도중에 모든 모래시계에서 동시에 모래가 아래쪽으로 떨어지는 경우가 있습니다. 예를 들어 $N = 4$일 때 1분, 2분, 3분, 4분 순으로 나열하고 1분의 모래시계에서 시작하면 [그림 20]과 같이 6분 후에 모든 모래가 동시에 아래쪽으로 떨어집니다(그림은 0~5분 후(반전 후)의 모래시계의 위쪽에 있는 모래량을 나타내고 있고 파란색 부분이 반전한 위치가 됩니다. 마지막 그림의 1분 후 모든 모래가 밑으로 떨어집니다).

그러나 2분, 4분, 3분, 1분의 순으로 나열하여 2분 모래시계에서 시작하면 아무리 시간이 흘러도 모든 모래가 동시에 아래로 떨어지지 않습니다.

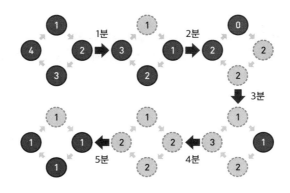

[그림 20] $N = 4$일 때

문제

$N = 8$일 때 모든 모래가 동시에 아래쪽으로 떨어지는 8개의 모래시계의 배치를 구하고 나열 방법의 총 가짓수를 구해 보세요(같은 나열 순서라도 거꾸로 뒤집는 모래시계의 시작 위치가 다른 경우에는 따로따로 세기로 합니다).

　※ 보충 설명이 있으므로 참고하세요.

보충 설명

'같은 나열 순서라도 거꾸로 뒤집는 모래시계의 시작 위치가 다른 경우'란 다음 같은 경우입니다.

'1분, 2분, 3분, 4분으로 나열하고 1분 모래시계에서 거꾸로 뒤집기 시작하는 경우'와 '2분 모래시계에서 시작하는 경우'는 별개로 취급합니다(나열 방법은 두 개로 카운트). 또한, 모래시계의 배치는 '원형'이므로 '1분, 2분, 3분, 4분으로 나열하고 1분 모래시계부터 거꾸로 뒤집기 시작하는 경우'와 '4분, 1분, 2분, 3분으로 나열하고 1분 모래시계부터 뒤집기 시작하는 경우'는 같은 것으로 합니다(하나로 카운트).

생각하는 방법

이번 문제에서는 아무리 시간이 흘러도 동시에 모래가 아래쪽으로 떨어지지 않는 경우를 어떻게 다룰 지가 포인트입니다. 적당히 반복 횟수의 상한을 설정하는 방법도 있지만, 여기서는 모든 모래시계가 과거와 같은 상태가 되면 반복인 것으로 판정합니다. 동시에 아래쪽으로 떨어지는지의 판정은 모든 모래시계에 대해 위쪽에 남는 모래량이 1분만큼 될 때 실행하는 것으로 합니다.

q50_01.py

```
from itertools import permutations

N = 8 # 모래시계의 수
GOAL = [1] * N # 모두 1이 되면 다음에 동시에 아래로 떨어진다

count = 0
for init in permutations(range(1, N + 1)): # 초기 상태를 순열로 설정
```

```
hourglass = init

pos = 0
log = {}  # 같은 상태가 되는지를 확인하는 로그
while True:
  key = tuple(hourglass)
  if key in log and log[key] == pos:  # 과거에 같은 상태가 있다면 종료
    break
  if key == GOAL:        # 목표 형태에 달하면 종료
    count += 1
    break
  log[key] = pos

  # 모래시계를 줄인다(남아 있지 않은 경우는 그대로)
  hourglass = list(map(lambda h: h - 1 if h > 0 else 0, hourglass))
  for i in range(0, init[pos]):  # 모래시계를 반전
    rev = (pos + i) % N
    hourglass[rev] = init[rev] - hourglass[rev]
  pos = (pos + 1) % N            # 다음 위치로 이동

print(count)
```

이를 실행하면 정답인 '6055'를 구할 수 있습니다.

배열의 각 요소의 값은 모래시계의 남는 시간을 나타내는 거죠?

그렇죠. 1분 지날 때마다 모래시계를 줄여나가는 처리를 실행하고 있어요.

과거에 같은 상태가 있는지 확인함으로써 무한 루프를 막고 있지요.

Point

이 문제의 포인트는 반전하는 모래시계의 수가 '모래시계의 크기'에 따라 달라진다는 것입니다. 반전하는 모래시계의 시작 위치를 순서대로 하나씩 밀어 나가는 처리에서는 나눗셈의 나머지를 사용함으로써 원형을 표현하고 있습니다.

나머지를 사용하는 방법은 원형을 표현할 뿐만 아니라 '달력에서 요일 구하기', '상하좌우로 움직이기' 등 다양한 상황에서 이용할 수 있습니다. 나머지를 사용하면 여러 개의 수를 간단히 '분류'할 수 있습니다. 예를 들어 정수

를 3으로 나눈 나머지를 계산함으로써 0, 1, 2의 세 개로 분류할 수 있습니다. 이는 가감승제에는 없는 특징입니다.

기본적인 연산에서도 연구를 통해 여러 가지 사용 방법을 만들 수 있으니 응용해 보도록 하세요.

6,055가지

Ⓒⓞⓛⓤⓜⓝ

프로그래밍에 능숙해지는 데 필요한 '목적'

학교에서의 프로그래밍 교육을 추진하기도 해서인지 프로그래밍을 배우는 아이들이 늘고 있습니다. 여름방학이 되면 스크래치 등의 학습 환경을 사용한 프로그래밍 강좌가 여러 곳에서 개최됩니다.

교육 관련 회사는 아이용 교재를 잇달아 개발하고, 간단하고 재미있게 프로그래밍을 배울 수 있는 환경도 점점 마련되고 있습니다. 캐릭터 등을 사용하여 시각적으로도 몰입하기 쉬운 환경이기는 하나, 좀처럼 그 '다음'으로 나아가지 못하는 것이 문제입니다.

즉, 스크래치를 사용하여 프로그래밍이 재미있다고는 생각했으나, 다음으로 나아가지 않는 아이들이 적지 않습니다. 어차피 컴퓨터를 사용한다면 게임을 하면서 노는 게 더 재미있기 때문이기도 합니다. '목적'이 없는 것이 가장 큰 이유입니다. 애초에 풀고 싶은 문제가 없고 만들고 싶은 서비스가 없어서 프로그래밍할 필요가 없다는 것입니다. 이는 프로그래밍 초보자가 겪는 부분이기도 합니다.

"자, 프로그래밍 한번 해보세요."라고 누군가가 시킨다 해도 만들고 싶은 게 아무것도 없다면 전혀 손이 움직이질 않습니다. 목적이 없다면 새로운 기술을 배울 필요가 없습니다. 애초에 '뭘 배워야 할지도 모르겠다.'라는 생각을 하는 것이 현실이 아닌지요. 우선은 작은 서비스를 개발해 본다는 것도 하나의 방법이지만, 이 책에 있는 것처럼 간단한 문제를 자기 스스로 생각해 보는 것도 재미있을 것입니다. 그러니 꼭 시도해 보도록 하세요.

QUIZ

51 | 과자로 장난하기

핼러윈(Halloween) 하면 "Trick or Treat? (과자 안 주면 장난칠 거예요.)"라는 말이 유명합니다. 또 아이들이 분장하고 여러 집을 방문하는 모습이 떠오릅니다.

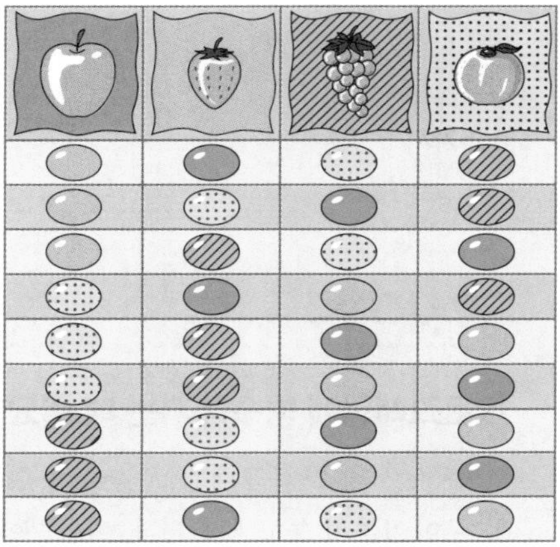

이번에는 반대 관점이 되어 봅시다. 과자를 줄 때에 장난을 치는 거죠! 그 장난이란 '과자의 포장지'와 '안에 든 과자'를

[그림 21] 4종류의 과자가 하나씩 있는 경우

바꿔 넣는 것입니다. 딸기 맛 과자의 포장지를 열면 안에 포도 맛 과자가 있다니! 무척이나 단순한 장난이네요. 예를 들어 네 가지 맛 과자가 하나씩 있다면 모든 과자의 포장지와 내용물이 일치하지 않게 되는 것은 [그림 21]과 같은 9가지입니다.

┌ 문제 ┐

다섯 가지 맛 과자가 6개씩 있다면 모든 과자의 포장지와 내용물이 일치하지 않는 경우는 몇 가지인지 구해 보세요(단, 같은 맛이라도 포장지는 각각 판별할 수 있지만, 내용물인 과자는 같은 맛인 것을 판별할 수 없는 것으로 하겠습니다).

예) '사과 맛의 포장지①에 딸기 맛 과자①'와 '사과 맛의 포장지②에 딸기 맛 과자②'는 따로따로 카운트하지만, '사과 맛의 포장지①에 딸기 맛 과자①'와 '사과 맛의 포장지①에 딸기 맛 과자②'는 하나로 카운트합니다.

Hint!

전체 탐색할 수 있는 양은 아니므로 빠르게 처리하려면 메모화나 동적 계획법이 효과적입니다.

생각하는 방법

과자가 1개씩 있는 경우는 '몽모르트 순열'로 불리는 문제입니다. 이는 "n명이 서로 선물을 교환할 때 전원이 자신의 선물을 받지 않는 조합은 전부 몇 가지 있는가?"라는 문제입니다.

이 경우, 전원이 자신의 선물을 받지 않게 되는 경우의 수를 a_n이라고 하면, $a_2=1$, $a_3=2$가 되는 것은 간단합니다. 그러므로 $n \geq 4$일 때에 대해 생각합니다. 전원에게 $1 \sim n$의 번호를 붙여 1번 사람이 2번 사람에게 선물을 받았다고 합시다. 이때 생각할 수 있는 것은 다음의 두 가지입니다.

- (1) 2번 사람이 1번 사람에게 선물을 받았을 때
  …남은 $n-2$인의 조합이므로 a_{n-2}가지
- (2) 2번 사람이 1번 이외의 사람에게 선물을 받았을 때
  …남은 $n-1$인의 조합이므로 a_{n-1}가지

이를 2번부터 n번까지의 사람에게 받은 선물에 대해 생각해야 하므로 정리하면 $a_n=(n-1) \times (a_{n-2}+a_{n-1})$이 됩니다. 즉, 몽모르트 순열이라면 점화식으로 표현할 수 있으므로 간단히 풀 수 있습니다.

몽모르트 수열은 처음 들어봐요.

이번 문제에서는 과자가 하나씩이 아닌 것이 포인트네요.

단순히 점화식으로는 할 수 없을 것 같으니 조금 더 연구가 필요합니다. 그리고 단순히 프로그램을 구현하면 패턴 수가 너무 많아 처리에 시간이 오래 걸리므로 그 부분도 좀 더 연구를 해야 합니다.

　이럴 때는 동적 계획법이나 메모화를 하면 매우 빠르게 처리할 수 있습니다. 즉, 한 번 계산한 결과를 메모해 두고 다시 사용함으로써 탐색 범위를 좁히기로 합니다.

예를 들어 파이썬으로는 다음과 같이 구현할 수 있습니다.

q51_01.py

```python
M, N = 6, 5    # '과자의 포장지'와 '안에 든 과자'의 수를 설정
memo = {}      # 메모화하기 위한 해시

def search(candy, color):
  # 과자를 모두 포장했다
  if candy == [0] * N:
    return 1
  # 메모했던 것이 있다면 그것을 사용
  key = tuple(candy + [color])
  if key in memo:
    return memo[key]

  # 포장지와 내용물이 일치하지 않는 것을 카운트
  cnt = 0
  for i in range(0, len(candy)):
    if i != (color % len(candy)):       # 일치하지 않는 경우
      if candy[i] > 0:                   # 과자가 남아 있는 경우
        candy[i] -= 1
        cnt += search(candy, color + 1)  # 다음을 탐색
        candy[i] += 1

  memo[str(candy + [color])] = cnt       # 과자의 수와 색을 메모에 저장
  return cnt

print(search([M] * N, 0))
```

'[0] * N'이나 '[M] * N'이라는 표현은 재미있네요. 파이썬다운 배열 표현이에요.

숫자는 크지만, 처리는 순식간에 끝났어요. 이런 숫자를 간단히 다룰 수 있는 것도 파이썬의 특징인가요?

고속으로 처리할 수 있는 것은 메모화의 효과지만, 간단히 큰 수를 다룰 수 있는 것은 파이썬의 특징이지요. C 언어 등을 사용하는 경우에는 조금 더 주의해야만 합니다.

정답

1,926,172,117,389,136가지

Column

큰 정수를 다루는 업무

이 문제와 같이 답이 큰 값이 되는 문제를 보면 '파이썬은 편리하다.'라고 느끼는 경우가 많습니다. 한편, 평상시 업무에 사용하는 소프트웨어의 경우 개발 언어를 회사에서 지정하는 경우가 많은데, 실제로 많은 개발자가 현업에서 큰 정수를 다룰 일이 별로 없기도 합니다. 일반적인 정수형이라면 C 언어 등에서 사용되는 int형으로 32비트의 정수를 표현할 수 있으며, 부호를 생각하여도 20억 이상의 숫자를 취급할 수 있기 때문에 사용 언어가 무엇인지 그다지 신경 쓸 일이 없을지도 모르겠습니다.

이러한 숫자를 사용하는 업무로 바로 떠오르는 것은 회사의 경리 업무입니다. 개별 청구서로 200억 원을 다루는 회사는 많지 않겠지만, 연간 매출을 집계하는 업무를 생각하면 큰 숫자를 다루는 기업의 수가 늘어납니다. 금액 이외의 부분에서는 ID 번호를 부여할 때가 그러합니다. 회원제 웹 사이트를 개발하는 경우 회원들에게 ID를 하나씩 부여합니다. 전 세계 인구가 70억 명에 가까워지려는 추세이니 혹시 모든 사람이 사용하는 서비스라면 32비트로는 부족해집니다.

모든 사람이 다 사용하지는 않더라도 Twitter와 같이 이미 32비트를 소진한 서비스도 있습니다. 이러한 서비스와 연계하는 애플리케이션을 개발할 때에는 주의가 필요합니다.

QUIZ

52 같은 숫자로 협공하기

1부터 n까지의 숫자가 쓰인 카드가 2장씩, 합계 $2n$ 장 있습니다. 이를 일렬로 나열하고 2장의 1 사이에는 카드가 1장, 2장의 2 사이에는 카드가 2장, …, 이런 식으로 2장의 n 사이에는 카드가 n장 끼어 있도록 배열한다고 생각해 봅시다. 예를 들어 $n=3$일 때는 [그림 22]와 같이 2가지의 나열 방법이 있습니다.

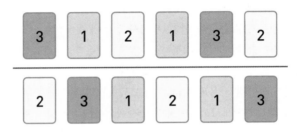

[그림 22] $n=3$일 때

문제

$n=11$일 때 몇 가지 배열 방법이 있는지 구해 보세요.

Hint!
장 수가 적으면 순서대로 놓아봐도 별문제 없을 것 같은데, 장 수가 늘어나면 어려울 것 같아요.

Hint!
직감으로는 작은 숫자를 놓는 것보다 큰 숫자를 놓는 게 간단할 것 같아요.

놓는 순서도 중요하지만, 쓸데없는 탐색을 하지 않도록 하는 것도 중요합니다.

生각하는 방법

맨 처음에는 모두 0의 카드로 생각하고 1의 카드부터 순서대로 놓을 수 있는 부분을 채워 나갑니다. 그리고 카드를 배열로 표현하여 모두 놓았을 때 처리를 종료합니다. 놓을 수 있는 한은 계속해서 놓아 나가기 때문에 깊이 우선 탐색으로 구현해 보겠습니다.

q52_01.py

```python
N = 11
cards = [0] * N * 2 # 카드의 초깃값
count = 0

def search(cards, num):
  global count
  if num == N + 1:   # 맨 마지막까지 놓을 수 있으면 성공
    count += 1
  else:
    # 놓을 수 있는지를 확인하면서 순서대로 배치
    for i in range(0, 2 * N - 1 - num):
      if cards[i] == 0 and cards[i + num + 1] == 0:
        # 놓을 수 있는 경우는 카드를 배치하고 재귀적으로 탐색
        cards[i], cards[i + num + 1] = num, num
        search(cards, num + 1)
        cards[i], cards[i + num + 1] = 0, 0

search(cards, 1)   # 맨 처음은 '1'의 카드를 배치
print(count)
```

정말 알기 쉬운 재귀 처리의 전형적인 예네요. 하지만, 처리에 시간이 오래 걸려요.

힌트에서 이야기했던 직감에 따라 큰 숫자부터 사용해 보면 어떨까요?

카드의 숫자가 큰 쪽부터 놓아봤어요. 주석은 바꾼 부분만 추가했고요.

q52_02.py

```python
N = 11
cards = [0] * N * 2
count = 0
```

```
def search(cards, num):
  global count
  if num == 0:    #맨 마지막의 판정을 0으로 변경
    count += 1
  else:
    for i in range(0, 2 * N - 1 - num):
      if cards[i] == 0 and cards[i + num + 1] == 0:
        cards[i], cards[i + num + 1] = num, num
        search(cards, num - 1)   # 큰 쪽부터이므로 줄임
        cards[i], cards[i + num + 1] = 0, 0

search(cards, N)   # 맨 처음은 최대의 카드를 배치
print(count)
```

이렇게만 해도 2~3배는 빨라졌어요. 직감과 맞아떨어졌네요.

그 다음은 쓸데없는 탐색을 줄여보고 싶네요. 한 번 탐색한 것은 저장해 두고자 하니 메모화를 사용하면 효과적입니다.

Point

배치한 카드에 쓰인 숫자를 알 필요는 없다는 점에서 배치가 끝난 것을 1, 아직 배치하지 않은 것을 0으로 비트열로 나타낼 수도 있습니다. 이렇게 하면 메모화도 간단해집니다. 사이에 들어가는 숫자를 놓는 위치를 설정하기 위해 비트 마스크를 사용합니다.

파이썬으로는 다음과 같이 작성할 수 있습니다.

q52_03.py

```
N = 11
memo = {}

def search(cards, num):
  global count
  if num == 0:
```

```
    return 1
  if cards in memo:
    return memo[cards]

  # 비트 연산에서 사이에 두는 위치를 설정
  mask = (1 << (num + 1)) + 1
  count = 0
  while mask < (1 << (N * 2)):
    # 배치 가능하다면 재귀적으로 탐색
    if cards & mask == 0:
      count += search(cards | mask, num - 1)
    # 사이에 두는 위치를 한 자리 이동
    mask <<= 1
  memo[cards] = count
  return count

print(search(0, N))
```

몇 배 더 빨라졌어요. 역시 비트 연산은 정말 빨라요!

알고리즘뿐만 아니라, 이렇게 데이터 구조를 생각하는 것도 중요합니다.

정답

35,584가지

QUIZ

53 | 게으른 주판

외국에도 널리 퍼져 있다는 '주판'. 이번에는 주판을 사용한 덧셈을 해보겠습니다. 구하는 것은 '1부터 10까지의 합'입니다. 단순히 생각하면 1＋2＋3＋4＋5＋6＋7＋8＋9＋10과 같이 순서대로 더하여 답을 구할 수 있습니다.

이 계산을 할 때 알을 이동하는 양에 착안합니다. 예를 들어 8＋9를 계산하려면 맨 처음에 '일의 자리를 네 개' 옮기고 다음에 '십의 자리 하나'와 '일의 자리 하나'를 옮깁니다. 즉 8＋9의 계산에서는 전부 여섯 개의 알을 옮기게 됩니다([그림 23]).

9＋8의 경우에는 맨 처음에 '일의 자리를 다섯 개' 옮기고 다음으로 '십의 자리 하나'와 '일의 자리 두 개'를 옮깁니다. 이 계산으로는 전부 8개의 알을 옮기게 됩니다([그림 24]).

이렇게 계산하는 순서에 따라 알을 옮기는 양이 달라지는 것을 알 수 있습니다.

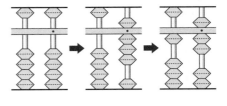

[그림 23] 8＋9일 때

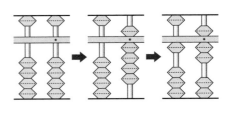

[그림 24] 9＋8일 때

문제

1부터 10까지의 합을 구할 때 주판의 알을 옮기는 양이 최소가 되게 하는 덧셈의 순서를 구하고, 그 계산 중에 이동하게 되는 알의 수가 몇 개 있는지 구해 보세요.

이번에는 합계가 55이므로 '일의 자리'와 '십의 자리'만 생각하면 되겠군요.

생각하는 방법

주판의 알이 이동하는 양의 문제이지만, 최대로 55이므로 '십의 자리의 5의 알이 이동하는 양', '십의 자리의 1의 알이 이동하는 양', '일의 자리의 5의 알이 이동하는 양', '일의 자리의 1의 알이 이동하는 양'의 네 가지를 구하게 됩니다.

이 이동하는 양을 합계하기만 하면 되므로 우선 문제 그대로 아무것도 생각하지 않고 구현해 보겠습니다. 파이썬으로는 다음과 같이 구현할 수 있습니다.

q53_01.py

```python
from itertools import permutations

# 원래의 수에 가산한 경우에 이동하는 양을 되돌려준다
def move(base, add):
  # 10의 자리의 5의 알 위치를 확인
  a0, a1 = divmod(base + add, 50)
  b0, b1 = divmod(base, 50)

  # 10의 자리의 1의 알 위치를 확인
  a2, a3 = divmod(a1, 10)
  b2, b3 = divmod(b1, 10)

  # 1의 자리의 알 위치를 확인
  a4, a5 = divmod(a3, 5)
  b4, b5 = divmod(b3, 5)

  # 모든 위치의 차이로 옮기는 양을 가산
  return abs(a0 - b0) + abs(a2 - b2) + abs(a4 - b4) + abs(a5 - b5)

# 이동하는 리스트에 대해 이동량을 합계
def count(ary):
  cnt = total = 0
  for i in ary:
    cnt += move(total, i)
    total += i
```

```
    return cnt

# 1~10의 순열에 대해 최소 이동량을 구한다
min_value = 100
for s in permutations(range(1, 10 + 1), 10):
  min_value = min(min_value, count(s))
print(min_value)
```

 divmod는 몫과 나머지를 구하는 처리군요.

 알기 쉬운 처리이지만 시간이 조금 걸리네요. 제 작업 환경에서 40초 정도 걸렸어요.

 그러면 조금 연구해 보도록 하지요. 여기서도 메모화가 효과적입니다.

Point

'1＋2＋XXX'를 구한 뒤에 '2＋1＋XXX'를 구할 때 XXX의 부분은 같은 이동량이 되므로 이 부분을 메모화하면 고속화할 수 있습니다.

이번에는 각각의 숫자가 한 번씩 출현하기 때문에 사용한 숫자를 비트열에서의 1의 위치로 표현하기로 합시다. 예를 들어 1과 3과 5를 사용한 경우에는 '0b0000010101'과 같이 표현합니다.

이를 파이썬으로 구현하면 다음과 같이 풀 수 있습니다.

| q53_02.py

```
N = 10

# 원래의 수에 가산한 경우에 이동하는 양을 되돌려준다
def move(bit, add):
  base = 0
  for i in range(0, N):
    if (bit & (1 << i)) > 0:
      base += i + 1

  # 10의 자리의 5의 알 위치를 확인
  a0, a1 = divmod(base + add, 50)
  b0, b1 = divmod(base, 50)
```

```
# 10의 자리의 1의 알 위치를 확인
a2, a3 = divmod(a1, 10)
b2, b3 = divmod(b1, 10)

# 1의 자리의 알 위치를 확인
a4, a5 = divmod(a3, 5)
b4, b5 = divmod(b3, 5)

# 모든 위치의 차이로 옮기는 양을 가산
return abs(a0 - b0) + abs(a2 - b2) + abs(a4 - b4) + abs(a5 - b5)

memo = {}
memo[(1 << N) - 1] = 0

# 10까지 더했을 때의 이동량이 최소가 될 때를 구한다
def search(bit):
  if bit in memo:
    return memo[bit]
  min_value = 100
  for i in range(0, N):
    if bit & (1 << i) == 0:
      min_value = min(min_value, move(bit, i + 1) + search(bit | (1 << i)))
  memo[bitsss] = min_value
  return min_value

print(search(0))
```

단번에 빨라졌어요. 0.1초도 안 걸리네요.

역시 메모화의 효과는 대단하군요.

정답

26개

QUIZ

54 공평하게 나눈 케이크

케이크를 공평하게 나누려고 합니다. 하지만, 단순히 반씩 나누는 것은 재미가 없으니 다음과 같이 자르려고 합니다.

케이크의 크기는 $m \times n$의 직사각형이며 [그림 25]의 '초기 상태'와 같이 1×1의 격자형에서 직선을 따라 자를 수 있습니다. 일직선으로 자르므로 한 번 자를 때마다 반드시 두 개로 나누어집니다.

2명이 번갈아 케이크를 잘라 나가고 자른 사람은 작은 쪽의 케이크를 먹습니다. 남은 케이크를 나머지 사람이 자르고, 또 작은 쪽을 먹는 과정을 반복합니다. 같은 크기가 되었을 때는 어떤 쪽을 먹어도 무방합니다. 맨 마지막 하나는 자르지 않고 다음 순번의 사람이 먹습니다.

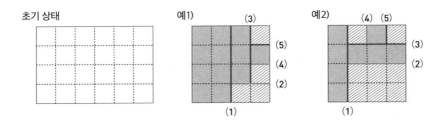

[그림 25] 케이크를 자른 예

예를 들어 4×4의 정사각형일 때는 그림의 예1), 예2)와 같이 자를 수 있습니다. 이때 두 사람이 먹는 양이 같도록 자르는 방법을 생각해 봅시다. 예1)은 회색 영역의 사람이 더 많이 먹었지만, 예2)는 두 사람이 먹은 양이 같습니다.

16 × 12 직사각형의 경우, 두 사람이 같은 양을 먹도록 자르는 방법을 생각하고, 자른 부분의 길이를 답해 보세요. (앞 예2에서는 (1)에서 4칸, (2)에서 3칸, (3)에서 3칸, (4)에서 1칸, (5)에서 1칸이므로 전부 합하면 12덩이로 자른 것이 됩니다.)

같은 양을 먹도록 자르는 방법은 여러 개 있지만, 자른 부분의 길이가 가장 짧은 것을 구하기로 합니다.

　이 문제는 크게 두 가지로 생각할 수 있습니다. 하나는 문제 그대로 세로와 가로로 순서대로 잘라 나가는 방법, 그리고 또 하나는 1 × 1의 정사각형에서 연결해 나가는 방법입니다.

　여기서는 세로와 가로로 순서대로 잘라 나가는 방법을 생각해 보겠습니다. 자르고 먹는 양을 비교해 나가면서 맨 마지막 하나가 남은 시점에서 두 사람의 차이가 1이라면 답이 됩니다. 파이썬으로 메모화하며 재귀적으로 탐색하면 다음과 같이 구현할 수 있습니다.

q54_01.py

```python
memo = {}
def cut_cake(w, h, diff):
  # 세로 쪽이 긴 경우는 가로 길이로 치환
  if w < h:
    w, h = h, w
  # 메모에 존재하는 경우는 메모를 사용
  key = (w, h, diff)
  if key in memo:
    return memo[key]
  # 맨 마지막까지 탐색한 경우, 차이가 1인 경우 이외에는 무한대로 한다
  if w == 1 and h == 1:
    temp = 0 if diff == 1 else float("inf")
    memo[key] = temp
    return temp

  # 세로와 가로로 잘라본다
  sero = list(map(lambda i:
    h + cut_cake(w - i, h, i * h - diff)
  , list(range(1, (w // 2) + 1))))
```

```
    garo = list(map(lambda i:
      w + cut_cake(w, h - i, w * i - diff)
    , list(range(1, (h // 2) + 1)))))

    # 세로와 가로로 자르는 방법 중, 최소인 것을 되돌려준다
    temp = min(sero + garo)
    memo[key] = temp
    return temp

print(cut_cake(16, 12, 0))
```

 "차이가 1인 경우 이외에는 무한대로 한다."라는 것을 잘 모르겠어요.

 다음에서 네 번째 행에서 최소인 것을 되돌려주고 있으니 여기서는 가능하면 큰 값을 되돌려 놓는다는 것인가요?

 정답입니다. 메모화하여 처리 시간도 0.5초 정도로 실행할 수 있습니다.

Point

조금 더 연구하여 불필요한 탐색을 하지 않도록 가지치기를 해보겠습니다. 차이가 케이크의 반을 넘을 때는 같은 양을 먹는 상태가 될 수 없으므로 탐색을 중단할 수 있습니다.

앞의 내용을 반영한 것이 다음 프로그램입니다.

q54_02.py

```
memo = {}
def cut_cake(w, h, diff):
  # 세로 쪽이 긴 경우는 가로 길이로 치환
  if w < h:
    w, h = h, w
  # 메모에 존재하는 경우는 메모를 사용
  key = (w, h, diff)
  if key in memo:
    return memo[key]
  # 맨 마지막까지 탐색한 경우, 차이가 1인 경우 이외에는 무한대로 한다
  if w == 1 and h == 1:
    temp = 0 if diff == 1 else float("inf")
```

```
    memo[key] = temp
    return temp

  # 가지치기(차이가 케이크의 반을 넘으면 무한대로 한다)
  if w * h // 2 < diff:
    return float("inf")

  # 세로와 가로로 잘라본다
  sero = list(map(lambda i:
    h + cut_cake(w - i, h, i * h - diff)
  , list(range(1, (w // 2) + 1))))
  garo = list(map(lambda i:
    w + cut_cake(w, h - i, w * i - diff)
  , list(range(1, (h // 2) + 1))))

  # 세로와 가로로 자르는 방법 중, 최소인 것을 되돌려준다
  temp = min(sero + garo)
  memo[key] = temp
  return temp

print(cut_cake(16, 12, 0))
```

 이 크기에서는 가지치기의 효과를 잘 모르겠지만, 더 커지면 처리 속도를 대폭 향상시킬 수 있겠네요.

 30 × 30의 크기에서도 5초도 안 걸리고 풀 수 있게 되었어요.

 깊이 우선 탐색을 하는 경우 가지치기할 수 있다면 가능하면 이른 시점에 실시하면 효과적이지요.

자바스크립트로는 다음과 같이 작성할 수 있습니다.

q54_03.js

```
var memo = {};
function cut_cake(w, h, diff){
  if (w < h){
    var temp = w; w = h; h = temp;
  }
  if ([w, h, diff] in memo){
    return memo[[w, h, diff]];
  }
  if ((w == 1) && (h == 1)){
```

```
      return memo[[w, h, diff]] = (diff == 1)?0:Infinity;
    }
    if (w * h < diff * 2){
      return Infinity;
    }

    /* 세로와 가로로 잘라본다. */
    var result = new Array();
    for (var i = 1; i <= parseInt(w / 2); i++){
      result.push(h + cut_cake(w - i, h, i * h - diff));
    }
    for (var i = 1; i <= parseInt(h / 2); i++){
      result.push(w + cut_cake(w, h - i, w * i - diff));
    }
    /* 세로와 가로로 자르는 방법 중, 최소인 것을 되돌려준다. */
    return memo[[w, h, diff]] = Math.min.apply(null, result);
}
console.log(cut_cake(16, 12, 0));
```

제 **4** 장

고급편

★★★★

관점을 바꾸어
고속화를 노려보자!

소스 코드의 개성

CodeIQ (https://codeiq.jp)에서 '금주의 알고리즘'으로 출제한 문제에 대해 1년이 조금 넘는 시간 동안 총 5,000건 이상의 도전을 받았습니다. 같은 사람이 같은 문제에 여러 번 도전한 것도 있으니, 읽은 소스 코드는 5,700건을 넘습니다.

많은 분의 정답을 보고 있으면 소스 코드를 기술하는 방법에 큰 차이가 있음을 알게 됩니다. 프로그래밍 언어의 차이는 아닙니다. 같은 언어로 문제를 풀더라도 소스 코드의 기술 방법이 전혀 다르다는 것입니다. 무엇보다 놀라운 것은, 많은 문제를 출제하다 보면 같은 사람이 쓴 소스 코드는 '이름을 보지 않아도' 알 수 있게 된다는 것입니다. 즉, 소스 코드에는 '개성'이 있습니다. 들여쓰기나 변수명을 붙이는 방법뿐만 아니라, 스페이스 위치나 주석을 다는 방법 등에서 여실히 드러납니다. 어느 것이 좋거나 나쁘다가 아닌 진짜 개성이라고 생각합니다.

보통 자신이 쓴 소스 코드는 좀처럼 객관적으로 보기 어렵습니다. 하지만, 세상에는 많은 소스 코드가 공개되어 있습니다. 오픈 소스의 소프트웨어로 소스 코드를 읽어도 무방할 것이며 많은 서적을 읽는 것도 하나의 기회이겠지요. 회사에서도 다른 사람과 소스 코드를 비교해 볼 수 있습니다.

반드시 자신의 소스 코드가 다른 사람의 것과 어떻게 다른지, 그리고 왜 그런 방법으로 기술했는지를 생각해보시길 바랍니다. 실제로 단 10행가량의 소스 코드라도 그것이 쌓이고 쌓여 그 사람의 실력이 점점 발전할 수가 있지요.

당신의 소스 코드에는 어떤 개성이 있나요?

55 | 사다리 타기의 가로 선

사다리 타기에서 위와 아래의 숫자가 같도록 연결하는 가로 선을 긋는다고 생각합시다. 단, 위와 아래의 숫자가 정해지고 나면 최소한의 가로 선으로만 사다리를 만드는 것으로 합니다.

가로 선은 반드시 이웃한 세로 선만 연결하는 것으로 하고 여러 개의 세로 선에 걸치지 않습니다.

예) **위의 숫자 1, 2, 3, 4**
　　다음 숫자 3, 4, 2, 1

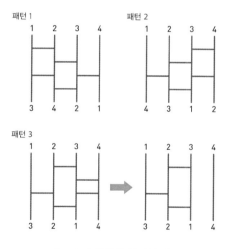

[그림 1] 사다리 타기의 예

위의 예는 [그림 1]의 패턴 1과 같으며 최소 가로 선의 개수는 5개가 됩니다. 마찬가지로 최소 가로 선의 개수 5개로 만들 수 있는 숫자의 나열에는 패턴 2의 4, 3, 1, 2이 있습니다. 패턴 3도 같은 5개이지만, 오른쪽과 같이 선 3개로 만드는 방법이 있으므로 다음의 숫자가 3, 2, 1, 4로 나열되는 경우 최소 가로 선 개수 5개는 부적절합니다.

문제

7개의 숫자가 있을 때(세로 선이 7개일 때) 최소 가로 선 수가 10개가 되는 아래쪽 숫자의 배치가 몇 가지인지 구해 보세요(가로 선을 그은 위치가 달라도 다음 숫자의 배치가 같은 경우에는 하나로 세기로 합니다).

위의 숫자: 1, 2, 3, 4, 5, 6, 7

사다리 타기를 계산하는 방법은 여러 가지로 생각할 수 있겠네요.

처리 속도나 구현 난이도 등을 고려하여 방법을 선택하는 것도 중요합니다.

생각하는 방법

최소 가로 선으로 사다리를 만드는 알고리즘으로는 간단한 방법과 고속화한 방법이 알려져 있습니다. 여기서는 간단하게 푸는 두 가지 방법과 고속화한 방법, 총 세 가지 방법에 대해 해설하겠습니다.

해법 1)

자주 사용되는 방법으로 '위 수'와 '아래 수'에 같은 수를 직선으로 연결하고, 그 교차점을 구하는 것이 있습니다([그림 2]).

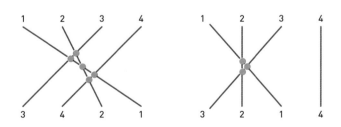

[그림 2] 교차점을 구함

교차점이 사다리의 가로 선에 대응하고 있으므로, 버블 정렬과 마찬가지로 숫자를 교환하는 횟수를 조사함으로써 구할 수 있습니다. 이번 문제에서는 모든 '아래 수'의 순열에 대해 위의 처리를 시도하고 가로 선의 수가 10개가 되는 것을 구하면 풀 수 있습니다. 예를 들어 파이썬으로 구현하면 다음과 같이 작성할 수 있습니다.

▌ q55_01.py

```python
from itertools import permutations

# 세로 선과 가로 선
v, h = 7, 10
total = 0

# '아래 수'의 위치에 대해, 교환할 필요가 있는 수를 카운트
for final in permutations(range(0, v)):
  cnt = 0
  for i in range(0, v):
    temp = []
    for j in final:
      temp.append(j)
      if j == i:
        break
    cnt += len([k for k in temp if k > i])
  if cnt == h:
    total += 1

print(total)
```

위아래의 수를 비교하여 교환이 필요한 것을 카운트해 나가는 방법이군요. 이건 이미지를 떠올리기도 쉽고 프로그램도 간단하네요.

알기 쉽지만, 수가 늘어나면 처리에 시간이 오래 걸리는 단점이 있지요.

해법 2)

'아래 수'를 왼쪽부터 순서대로 '위 수' 중에 있는 대상의 값에 도달하도록 가로 선을 긋는 방법입니다([그림 3]). 이때 대상이 되는 '아래 수'의 세로 선에서 오른쪽으로만 선을 그을 수 있습니다.

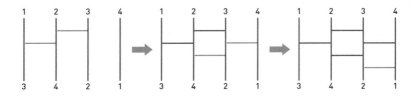

[그림 3] 아래 수에서 위 수에 도달하도록 선을 긋는다.

여기서 이미 선이 그어져 있는 위치보다도 다음에 긋는 것이 포인트입니다. 이것도 위의 예와 마찬가지로 모든 '아래 수'의 순열에 대해 시도해 보겠습니다.

▌ q55_02.py

```python
from itertools import permutations

# 세로 선과 가로 선
v, h = 7, 10
total = 0

# '아래 수'의 순열에 대해 가로 선의 수를 조사
for final in permutations(range(1, v + 1)):
    start = list(range(1, v + 1))
    cnt = 0
    for i in range(0, v):
        # '위 수'의 어느 위치에 있는지를 조사
        move = start.index(final[i])
        try:
            # '위 수'를 바꿔 넣음
            start[i], start[move] = start[move], start[i]
            cnt += move - i
        except:
            pass
    if cnt == h:
        total += 1

print(total)
```

이런 방법으로도 풀 수 있구나!

246

하지만, 이것도 순열을 구하는 부분은 같아서 선의 수가 많아지면 처리에 시간이 오래 걸려요.

해법 3)

처리를 고속화하는 방법을 생각해 봅시다. 두 번째의 예를 좀 더 심화하여 재귀적으로 풀어서 구현할 수 있습니다. 즉, $n-1$개의 세로 선에 대해, 최소 선의 수로 사다리를 완성하였다고 합시다. 거기에 한 개의 세로 선을 오른쪽 끝에 추가하고 최소 선 개수로 사다리를 만든다고 생각합시다.

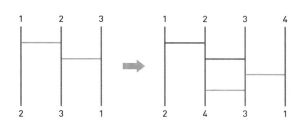

[그림 4] 세로 선이 $n-1$개인 사다리에 선 하나를 추가

Point

중요한 것은 아래 수를 어디에 추가하는가입니다. [그림 4]의 왼쪽 그림에서 오른쪽 끝에 추가한 경우는 가로 선의 수는 바뀌지 않습니다. 오른쪽에서 첫 번째와 두 번째 선 사이에 추가할 때는 가로 선 하나를 오른쪽 끝 두 세로 선 사이 가장 아래에 추가합니다. 마찬가지로 오른쪽에서 두 번째와 세 번째 선 사이에 추가할 때는 두 개, 세 번째와 네 번째 선 사이에 추가할 때는 세 개, 이렇게 가로 선을 가장 아래에 추가합니다(그림에서 파란색 선 부분).

이를 모든 패턴에 대해 생각하면, 예를 들어 두 개의 세로 선에다 세 번째 세로 선을 추가할 때 가로 선 개수를 인덱스, 패턴 수를 요소로 하는 배열로 생각하면 다음과 같이 모두 더하는 것으로 표현할 수 있습니다.

제 **4** 장

고급편

★
★
★
★

| [1, 1] | 처리 전(가로 선 0개가 한 가지, 가로 선 1개가 한 가지) |

↓

[1, 1]	오른쪽 끝에 추가(가로 선 개수에 변화없음)
[1, 1]	오른쪽에서 첫 번째에 추가(가로 선 1개가 한 가지, 가로 선 2개가 한 가지)
[1, 1]	오른쪽에서 두 번째에 추가(가로 선 2개가 한 가지, 가로 선 3개가 한 가지)
[1, 2, 2, 1]	합계(가로 선 0개가 한 가지, 가로 선 1개가 두 가지, …, 합계 6가지)

파이썬으로 구현해보면 다음과 같이 작성할 수 있습니다.

q55_03.py

```python
# 세로 선과 가로 선
V, H = 7, 10
# 재귀적으로 가로 선을 작성
def make_bars(v, h):
  new_h = [0] * (len(h) + v - 1)

  # 각 가로 선의 패턴 수를 카운트
  for i in range(0, v):
    for j, cnt in enumerate(h):
      new_h[i+j] += cnt
  if v == V + 1:
    print(h[H])
  else:
    make_bars(v + 1, new_h)

make_bars(1, [1])
```

우와! 엄청나게 빨라졌어요.

세로 선이나 가로 선의 수를 늘려도 고속으로 처리할 수 있군요.

하나의 문제를 풀 때에도 다양한 시점으로 바라보면 처리 방법을 고안해낼 수 있는 경우가 있어요.

맨 마지막 방법을 자바스크립트에서는 다음과 같이 작성할 수 있습니다. 이 방법이라면 많은 언어에서 같은 작성 방법을 사용할 수 있음을 알 수 있습니다.

q55_04.js

```javascript
/* 세로 선과 가로 선 */
const V = 7, H = 10;

/* 재귀적으로 가로 선을 작성 */
function make_bars(v, h){
  var new_h = new Array(h.length + v - 1);
  for (var i = 0; i < h.length + v - 1; i++){
    new_h[i] = 0;
  }
  /* 각 가로 선의 패턴 수를 카운트 */
  for (var i = 0; i < v; i++){
    for (var j = 0; j < h.length; j++){
      new_h[i + j] += h[j];
    }
  }
  if (v == V + 1){
    console.log(h[H]);
  } else {
    make_bars(v + 1, new_h);
  }
}

make_bars(1, [1]);
```

정답

573가지

QUIZ

56 | 가장 빠른 비상연락망

　학교 등에서 사용되는 비상연락망. 요즘에는 메일로도 연락할 수 있지만, 가장 확실한 연락 방법은 전화입니다. 여기서는 비상연락망을 정비한다고 생각해 봅시다.

　비상연락망을 사용하여 화살표 방향에 따라 앞의 사람으로부터 뒤의 사람에게 차례로 전화합니다. 바르게 전달되었는지 확인하고자 맨 마지막 사람은 맨 앞 사람에게 연락하기로 합니다. 또한, 한 사람이 동시에 여러 사람과 이야기할 수는 없습니다.

　선생님이 1명, 학생이 14명인 반이 있고 전화를 하려면 각 1분이 소요된다고 합시다. [그림 5]의 ①과 같은 비상연락망을 만들면 모든 사람에게 전달되었다는 것을 선생님이 파악하기까지 9분 필요합니다(화살표 아래에 쓰인 숫자가 전화하는 시간입니다). ②와 같은 비상연락망을 만들면 맨 마지막 사람에게 전달되기까지의 시간은 짧아지지만, 맨 마지막 사람이 선생님에게 전화할 때에 선생님이 다른 학생과 통화 중인 경우가 많아, 결국 10분 소요됩니다(②의 맨 아래 학생과 같이 맨 마지막 사람이 선생님과 직접 연락하는 경우에는 확인 연락은 필요 없습니다).

　①에서는 선생님은 발신 2회와 수신 2회, 합계 4회였지만 ②에서는 발신 4회와 수신 6회, 합계 10회입니다. 선생님의 부담을 줄이고자 선생님이 전화하는 횟수를 될 수 있으면 줄이고자 합니다.

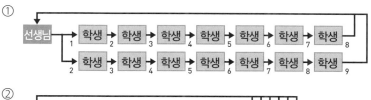

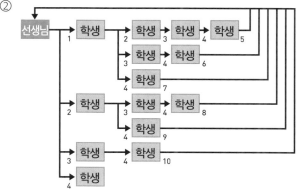

[그림 5] 비상연락망의 예

문제

전원에게 전달되었다는 것을 선생님이 파악할 때까지 걸리는 최단 시간을 구해 보세요. 그리고 최단 시간의 비상연락망 중에서 선생님이 전화하는 최소 횟수를 구해 보세요.

Hint!

경로를 생각하면 힘드니까 학생의 상태에 착안해 봅시다.

생각하는 방법

문제 그대로 각 학생으로부터의 연락을 일일이 매칭하여 탐색하는 것도 가능하지만, 연락할 수 있어도 굳이 연락하지 않는 경우도 포함하면 학생 수가 늘었을 때의 처리 시간이 방대해져 버립니다(연락하지 않음으로써 고속 화하는 패턴도 생각할 수 있기 때문에 일일이 매칭하는 것은 어렵습니다). 각 학생을 개별로 구별할 필요가 없다는 점에 착안하면 학생의 각 상태에 대해 '사람 수가 어떻게 변화할지'로 구할 수 있습니다.

학생의 상태는 다음의 세 가지라고 생각할 수 있습니다.

- **(a) 연락 대기** (아무에게서도 연락을 받지 않았다)
- **(b) 연락 불필요** (선생님으로부터 연락을 받았거나 선생님에게 연락했다)
- **(c) 연락 필요** (학생으로부터 연락을 받고 아무에게도 연락하지 않았다)

그렇구나. 연락을 주고받는 것에 주목하는 게 아니라 학생의 상태에 주목하면 간단하게 생각할 수 있군요.

특히 '사람 수'에 주목하는 것이 고속화의 포인트군요. 어느 학생이 전화할지를 개별로 생각하면 힘들지만, 사람 수에만 주목하면 쉽게 구현할 수 있을 것 같아요.

Point

이번 문제에서는 각 학생의 순서에는 영향을 받지 않으므로 이 '상태'별 사람 수를 생각하여 이 사람 수의 변화로 모든 학생이 (b)의 상태가 되면 종료라고 생각할 수 있습니다. 맨 처음에는 모든 학생이 (a)의 상태입니다.

상태의 변화는 다음과 같습니다.

(a) → (b): 선생님으로부터 연락이 있었다.

(a) → (c): 학생으로부터 연락이 있었다.

(b) → (c): 학생으로부터 연락이 있었다.

(c) → (b): 다른 사람에게 연락한다.

이 각 상태를 갖는 사람 수의 변화를 너비 우선 탐색으로 실행하고 (b)가 14명이 될 때까지 탐색하는 처리를 파이썬으로 구현하면 다음과 같습니다.

q56_01.py

```
n = 14
# 초기 상태의 사람 수를 설정(a, b, c의 사람 수 + 선생님이 전화한 횟수)
status = [[n, 0, 0, 0]]
step = 0 # 경과 시간

while len([s for s in status if s[1] == n]) == 0:
```

```
# 연락이 불필요한 학생(b)이 전원이 될 때까지 다음을 반복
next_status = []
for s in status:
  for b in range(s[1] + 1):
    # 연락이 불필요한 학생이 다른 학생에게 연락하는 사람 수
    for c in range(s[2] + 1):
      # 연락이 필요한 학생이 연락하는 사람 수
      if s[2] > 0: # 발신할 수 있는 학생이 있을 때
        # 학생으로부터 선생님 있음
        if s[0]-b-c+1 >= 0:
          next_status.append([s[0]-b-c+1, s[1]+c, s[2]+b-1, s[3]+1])
      # 선생님 없음
      if s[0]-b-c >= 0:
        next_status.append([s[0]-b-c, s[1]+c, s[2]+b, s[3]])
      # 선생님으로부터 학생 있음
      if s[0]-b-c-1 >= 0:
        next_status.append([s[0]-b-c-1, s[1]+c+1, s[2]+b, s[3]+1])

  temp_minus = [s for s in next_status if s not in status]
  temp_uniq = []
  [temp_uniq.append(x) for x in temp_minus if x not in temp_uniq]
  status = temp_uniq
  step += 1

# 경과 시간을 표시
print(step)
# 최단인 것 중에서 선생님이 전화하는 횟수가 최소인 것을 표시
print(min([s for s in status if s[1] == n], key=lambda s: s[3]))
```

문제를 보았을 때는 힘들 것 같았는데, 소스 코드를 보니 '이렇게 간단하게 구현할 수 있는 거였나?'하고 놀랐어요.

이번과 같이 14명 정도라면 순식간이고 학생이 30명 정도라도 몇 초 만에 구할 수 있습니다.

단, 사람 수가 40명을 넘으면 처리에 시간이 걸리는군요.

여러 가지로 연구해볼 여지는 있지만, 소스 코드가 길어지니까 여기서는 생략하겠습니다.

이 문제에서는 "선생님에게 연락할 때 학생이 한꺼번에 연락한다."라는 방법도 생각할 수 있습니다. 이 방법에서는 선생님의 전화 횟수를 6회로 만들 수 있습니다. 학생 간의 확인을 인정할지가 중요해지기 때문에 요구되는 내용에 따라 변경해보시기 바랍니다.

정답

7분, 7회

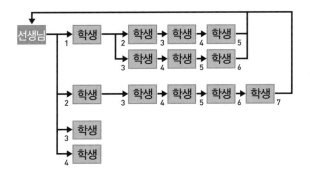

[그림 6] 정답인 비상연락망

QUIZ

57 수건 돌리기의 총 달린 거리

어릴 때를 떠올리면서 '수건 돌리기'를 해봅시다. 수건 돌리기에서는 술래 이외의 사람이 원이 되어 둘러앉고 술래가 원 밖을 달립니다. 술래가 누군가의 뒤에 수건을 놓으면 그 사람은 술래가 다시 한 바퀴를 돌아서 올 때까지 알아채어 술래를 뒤쫓아야 합니다(술래는 한 바퀴 달린 후 자신이 수건을 놓았던 사람이 앉았던 자리에 앉습니다).

이번에는 전원이 같은 속도로 달리기 때문에 술래가 잡히는 일은 없다고 하고 수건이 놓인 사람은 술래가 한 바퀴 돌아오기 전에 반드시 알아채는 것으로 합시다. 이 게임을 하여 원으로 둘러앉은 사람의 나열 순서를 '맨 처음 배열 순의 반대로' 한다고 생각합시다. 단, 원이 되기 위한 위치는 묻지 않기로 하고 나열 순서만을 생각합니다. 그리고 전원의 총 달린 거리를 구하는 것으로 합니다. 달린 거리를 계산할 때 원으로 둘러앉은 사람이 이웃한 사람과의 거리를 '1'로 합니다.

예) **6명일 때**

1~6의 번호가 붙은 6명의 사람이 앉아 있습니다. 여기에 0의 번호가 붙은 술래가 1의 뒤에 수건을 놓은 시점부터 시작하여 시계 방향으로 이동합니다. 맨 처음 나열 순서와 반대가 되도록 게임을 할 때 0은 1의 뒤에 수건을 놓고 한 바퀴 돌기 때문에 6, 1은 5의 뒤에 놓고 한 바퀴 돌기 때문에 10, 5는 0의 뒤에 놓고 한 바퀴 돌기 때문에 8, 0은 4의 뒤에 수건을 놓고 한 바퀴 돌기 때문에 9, 4는 2의 뒤에 수건을 놓고 한 바퀴 돌기 때문에 10, 2는 0의 뒤에 수건을 놓고 한 바퀴 돌기 때문에 8, 이렇게 합계 51(= 6 + 10 + 8 + 9 + 10 + 8)의 거리를 달린 것이 됩니다[그림 7].

예

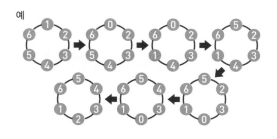

[그림 7] 6명이 수건 돌리기를 할 때

문제

1 ~ 8의 번호가 붙은 8명의 사람이 앉아 있는 곳에 0의 술래가 들어와서 나열 순이 반대로 될 때까지 게임을 한다고 할 때 달린 거리가 가장 짧을 때의 거리를 구해 보세요.

생각하는 방법

　우선 간단하게 술래를 이동시키면서 전체 탐색을 해봅니다. 배치가 원형이므로 각각의 숫자 위치를 하나씩 옮긴 배열을 최종 목표로 미리 준비하고 그중 하나에 일치한 경우 역순으로 만들어졌다고 판정합니다. 단, 답을 만족하는 탐색 결과가 구해지면 그 이하의 이동 거리의 경우만 탐색함으로써 처리 시간을 단축합니다. 파이썬을 이용하여 재귀적으로 구현한 예는 다음과 같습니다.

q57_01.py

```python
# 사람 수
n = 8
# 최단 이동 거리
min_step = 98
# 목표
goal = []
for i in range(1, n + 1):
  temp = list(range(1, n + 1))[::-1]
  goal.append(temp[i:] + temp[:i])

def search(child, oni, oni_pos, step, log):
  global min_step
  if oni == 0:                # 맨 처음의 술래가 원에서 벗어났을 때
    if child in goal:
      print("{} {}".format(step, log))  # 이동 거리와 술래가 앉았던 위치를 표시
      min_step = min(step, min_step)
```

256

```
        return
    for i in range(1, n): # 현재의 술래 위치에서 순서대로 탐색
        if step + n + i <= min_step:
            next_child = child.copy()
            pos = (oni_pos + i) % n   # 다음 술래의 위치
            next_child[pos] = oni     # 술래가 앉는다
            next_oni = child[pos]     # 다음 술래가 밖으로 나간다
            search(next_child, next_oni, pos,
                    step + n + i, log + str(pos))

# 맨 처음은 첫 번째 위치에 술래가 들어간다
search([0] + list(range(2,n + 1)), 1, 0, n, "0")
```

최단 이동 거리로 설정된 '98'은 뭐죠?

프로그램으로 풀기 전에 대략 이동 거리를 예상해두면 확인을 간단하게 할 수 있습니다. "역순이 된다."라는 것은 두 명을 고정하고 나머지를 선 대칭인 위치로 옮기는 것으로 실현할 수 있지요.

8명이라면 1~8명의 사람을 순서대로 나열하고, 있던 상태에서 시작하면 2와 6을 고정하고 1과 3, 4와 8, 5와 7을 교대하면 역순이 된다는 것이군요. 이때의 이동 거리가 98이 된다는 거가요?

맞습니다. 생각하는 방법이 이제 몸에 배었군요.

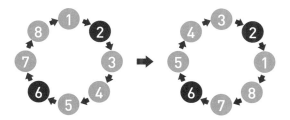

[그림 8] 2와 6을 고정하여 역순으로 만든다.

정답

96

이 이동 거리 '96'을 만족하도록 수건을 놓는 방법은 36가지 있습니다. 그 중 한 예는 다음과 같습니다. 시계 방향으로 1~8이 앉아 있을 때 0, 1, 2, 4, 2, 5, 1, 6, 0의 위치에 수건을 놓습니다. 나열 순서는 다음과 같이 변화합니다.

12345678

↓ … 0번째 위치에 놓고 한 바퀴 돈다. → 이동 거리 8

02345678

↓ … 첫 번째 위치에 놓고 한 바퀴 돈다. → 이동 거리 9

01345678

↓ … 두 번째 위치에 놓고 한 바퀴 돈다. → 이동 거리 9

01245678

↓ … 네 번째 위치에 놓고 한 바퀴 돈다. → 이동 거리 10

01243678

↓ … 두 번째 위치에 놓고 한 바퀴 돈다. → 이동 거리 14

01543678

↓ … 다섯 번째 위치에 놓고 한 바퀴 돈다. → 이동 거리 11

01543278

↓ … 첫 번째 위치에 놓고 한 바퀴 돈다. → 이동 거리 12

06543278

↓ … 여섯 번째 위치에 놓고 한 바퀴 돈다. → 이동 거리 13

06543218

↓ … 0번째 위치에 놓고 한 바퀴 돈다. → 이동 거리 10

76543218

이 이동 거리를 모두 더하면 96입니다.

QUIZ

58 셀의 병합 패턴

이번에는 엑셀과 같은 표 계산 소프트웨어 등에서 사용되는 '셀 병합'에 대한 문제입니다. 2행 2열의 셀이 있을 때 이를 병합하여 만들 수 있는 패턴은 [그림 9]와 같이 8가지 있습니다. 오른쪽 NG로 표시한 것과 같은 형태로는 병합할 수 없으므로 이러한 형태는 대상에서 제외합니다.

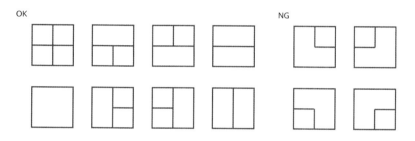

[그림 9] 2행 2열의 병합 패턴

문제

4행 4열의 셀이 있을 때 이를 병합하여 만들 수 있는 패턴은 몇 가지인지 구해 보세요. 그리고 1×1의 셀이 없도록 병합하는 패턴이 몇 가지인지 구해 보세요(즉, 병합되지 않은 셀이 없는 상태가 되도록 하는 패턴이 몇 가지인지 답해보세요).

> 셀의 형태를 어떻게 표현할지가 문제로군요.

> 셀을 구분하는 테두리에 주목하는 것도 하나의 방법입니다.

생각하는 방법

이 문제에서는 크게 두 가지 방법을 생각할 수 있습니다. 첫 번째는 셀의 형태에 주목하는 방법, 그리고 또 하나는 셀의 테두리인 격자에 주목하는 방법입니다.

우선은 셀의 형태에 주목해 봅시다. 셀의 형으로는 직사각형밖에 놓을 수 없으므로 왼쪽 위의 셀부터 순서대로 오른쪽 다음을 향해 배치 가능한 직사각형을 놓도록 탐색해 나갑니다. 놓을 수 없게 되면 탐색을 종료합니다. 예를 들어 파이썬이라면 다음과 같이 구현할 수 있습니다.

q58_01.py

```python
# 탐색할 크기 설정
W, H = 4, 4

# 탐색할 함수
# pos : 탐색할 위치
# cells : 셀이 사용 완료되었는지 아닌지를 전체 셀에 대해 true/false로 저장
# is1x1 : 1×1의 셀이 있는지 없는지
# 반환 값 : 병합으로 만들 수 있는 패턴 수와 1×1의 셀이 없는 패턴 수
def search(pos, cells, is1x1):
  if pos == W * H: # 탐색 종료
    if is1x1:
      return [1, 0]
    else:
      return [1, 1]

  # 탐색할 위치가 탐색 완료된 경우, 다음 위치로 이동
  if cells[pos]:
    return search(pos + 1, cells, is1x1)

  # 직사각형을 차례대로 탐색
  x, y = pos % W, pos // W
  result = [0, 0]
  for dy in range(1, H - y + 1): # 수직 방향의 크기
    for dx in range(1, W - x + 1): # 수평 방향의 크기
      next_cells = cells.copy()
      settable = True    # 직사각형을 설정할 수 있는가?
      for h in range(0, dy):
        for w in range(0, dx):
          if next_cells[(x + w) + (y + h) * W]:
            # 이미 설정 완료된 경우
            settable = False
          else:
            next_cells[(x + w) + (y + h) * W] = True
      if settable:
        # 직사각형을 설정 가능한 경우, 설정하여 다음을 탐색
        res = search(pos + 1, next_cells,
```

```
                    is1x1 or (dx == 1 and dy == 1))
        result[0] += res[0]
        result[1] += res[1]
  return result

# 셀 초기화
cells = [False] * (W * H)
print(search(0, cells, False))
```

 셀 전체를 1차원 배열로 표현하는 것이 특징이군요.

 2차원의 배열로도 가능할 것 같은데 왜 1차원 배열을 사용하고 있나요?

 1차원 배열을 사용하면 배열의 복사가 간단하기 때문입니다. 예를 들어 다음과 같은 소스 코드를 생각해 봅시다.

q58_02.py

```
a = [1, 2, 3, 4]
b = a.copy()
b[0] = 5
print(a)
print(b)

c = [[1, 2], [3, 4]]
d = c.copy()
d[0][0] = 5
print(c)
print(d)
```

실행해보면, 다음과 같은 결과가 나옵니다.

  [1, 2, 3, 4]
  [5, 2, 3, 4]
  [[5, 2], [3, 4]]
  [[5, 2], [3, 4]]

Point

> 1차원 배열에서는 복사한 배열만 변경되지만, 2차원 배열에서는 d의 값을 변경함으로써 변경하지 않은 c의 값이 바뀌어 버립니다. 이렇듯 배열을 복사하는 경우에는 주의가 필요합니다.

> 이것을 '얕은 복사(Shallow Copy)'와 '깊은 복사(Deep Copy)'라고 하기도 하지요.

이번 문제인 4행 4열이라면 1초도 걸리지 않고 구할 수 있지만, 크기가 커지면 처리에 시간이 오래 걸립니다. 메모화를 사용하여 한 번 탐색한 것을 저장해 두고 다시 이용함으로써 조금은 고속화할 수 있지만, 이번에는 또 하나의 방법인 '테두리의 격자에 주목하는' 방법을 생각해 보겠습니다.

이 방법에서는 내측만 탐색하면 되기 때문에 탐색 범위를 적게 할 수 있습니다. 예를 들어 4×4의 셀이라면 3×3의 9군데를 탐색하면 구할 수 있습니다. 격자점의 패턴은 문제에 있는 2×2일 때와 마찬가지로 다음의 8가지가 있습니다.

' │ ', ' ─ ', ' ┤ ', ' ├ ', ' ┴ ', ' ┬ ', ' ┼ ', ' ' (공백)

즉, ┘나 ┌ 같은 형은 병합으로는 만들 수 없기 때문에 제외할 수 있습니다. 그러므로 위의 격자점의 패턴으로 병합하여 만들 수 있는 수를 구해 보겠습니다. 안쪽에 있는 격자점에 위의 8가지를 차례대로 집어넣고, 왼쪽 위로부터 오른쪽 아래까지 탐색합니다. 파이썬으로는 다음과 같이 구현할 수 있습니다.

q58_03.py

```
# 크기 설정
W, H = 4, 4
# 격자점으로부터 상하좌우로 선이 나와 있는지 없는지
# U: 상, D: 하, L: 좌, R: 우를 비트열로 설정
U, D, L, R = 0b1000, 0b0100, 0b0010, 0b0001
```

```python
# 격자점의 수는 내측이므로, 행과 열이 1 적다
width, height = W - 1, H - 1
# 격자점으로서 가능한 형을 설정(위의 설명 순서)
direction = [U|D, L|R, U|D|L, U|D|R, U|L|R, D|L|R, U|D|L|R, 0b0]
cnt, cnt1x1 = 0, 0
cross = {}

def search(pos):
  global cnt, cnt1x1
  if pos == width * height: # 탐색 종료
    cnt += 1
    # 1x1의 셀을 구한다
    cell = [True] * (W * H)
    for i, c in cross.items():
      x, y = i % width, i // width
      if (c & U == 0) or (c & L == 0):
        cell[x + y * W] = False
      if (c & U == 0) or (c & R == 0):
        cell[(x+1) + y * W] = False
      if (c & D == 0) or (c & L == 0):
        cell[x + (y+1) * W] = False
      if (c & D == 0) or (c & R == 0):
        cell[(x+1) + (y+1) * W] = False
    if True not in cell:
      cnt1x1 += 1
    return
  for d in direction:
    cross[pos] = d
    # 왼쪽 끝인 경우 혹은 왼쪽 옆으로부터의 선이 오른쪽으로부터의 선과 일치한다
    # 또는 위쪽 끝인 경우 혹은 위쪽 옆으로부터의 선이 아래쪽으로부터의 선과 일치한다
    if ((pos % width == 0) or
        ((cross[pos] & L > 0) == (cross[pos - 1] & R > 0))) and \
       ((pos // height == 0) or
        ((cross[pos] & U > 0) == (cross[pos - height] & D > 0))):
      search(pos + 1)

search(0)
print(cnt)
print(cnt1x1)
```

상하좌우를 나타내는 비트 열로부터 격자점을 만드는 연산은 뭔가요?

이것은 2진수의 OR 연산이지요. 상하좌우의 각각 비트가 있는 위치가 다르므로, OR 연산을 사용함으로써 선이 나와 있는 것을 표현할 수 있습니다.

그렇지요. 그다음은 위나 왼쪽에 배치한 격자로부터 선의 위치로 정합성이 맞는지를 조사하고 문제없다면 다음을 탐색합니다.

이 방법으로도 문제는 없지만, 탐색 범위가 넓어지면 단번에 처리 시간이 늘어납니다. 이번 문제인 4행 4열이라면 바로 구할 수 있지만, 5행 5열이 되면 최신 PC에서도 몇 분이나 걸립니다.

Point

처리 시간을 단축하는 방법을 생각해 봅니다. 격자로 탐색하면 자연히 깨닫게 되는 것이 "행 단위로 생각한다."라는 방법입니다. 상하로 선이 나와 있는 위치에 대해 행 단위로 몇 패턴이 있는지 카운트해 두고 다음 행 이후에 연결함으로써 집계해 나가면 구할 수 있습니다.

예를 들어 4×4일 때라면 맨 처음 행의 격자점 세 개 모두에 대해 다음으로 선이 나와 있는 위치의 패턴과 개수를 구합니다. 이것과 두 번째 행의 격자점 세 개 모두에 대해 위로 선이 나와 있는 것을 연결함으로써 카운트해 나가는 방법입니다.

q58_04.py

```python
# 크기의 설정
W, H = 4, 4
# 격자점으로부터 상하좌우로 선이 나와 있는지 없는지
# U: 상, D: 하, L: 좌, R: 우
U, D, L, R = 0b1000, 0b0100, 0b0010, 0b0001

# 격자점의 수는 안쪽이므로 행과 열이 1 적다
width, height = W - 1, H - 1
# 격자점으로서 가능한 형을 설정
direction = [U|D, L|R, U|D|L, U|D|R, U|L|R, D|L|R, U|D|L|R, 0b0]
row = {}
# 1행에서의 상하의 연결 방법을 작성
def make_row(cell):
  if len(cell) == width:        # 1행분을 작성할 수 있었을 때
    u = tuple(map(lambda l: l & U > 0, cell)) # 위 방향으로 선이 나와 있는 위치(T/F)
    d = tuple(map(lambda l: l & D > 0, cell)) # 아래 방향으로 선이 나와 있는 위치(T/F)
    if tuple(u) in row:
      if d in row[u]:
        row[u][d] = row[u][d] + 1
```

```
        else:
            row[u][d] = 1
    else:

        row[u] = {d: 1}
    return
  for d in direction:
      # 왼쪽 끝 또는 왼쪽 옆으로부터의 선이 오른쪽으로부터의 선과 일치한다
      if (len(cell) == 0) or \
        ((d & L > 0) == (cell[-1] & R > 0)):
        make_row(cell + [d])

make_row([])
# 맨 처음의 행에서 아래로 선이 나와 있는 건수를 합계
count = {}
for up, down in row.items():
  for k, v in down.items():
    if k in count:
      count[k] += v
    else:
      count[k] = v

# 두 번째 행 이후에 대해, 앞의 행과 연결되는 수를 합계
h = 1
while h < height:
  new_count = {}
  for bar, cnt in count.items():
    for k, v in row[bar].items():
      if k in new_count:
        new_count[k] += cnt * v
      else:
        new_count[k] = cnt * v
  h += 1
  count = new_count

output = 0
for k, v in count.items():
  output += v
print(output)
```

1×1의 셀에 대해서는 구하지 않았지만, 이 방법을 사용하면 8행 8열 정도라도 몇 초 이내로 구할 수 있습니다.

행 단위로 처리하면 조건을 만족하지 않는 배치를 간단히 제외할 수 있어 편리하네요.

이중 해시를 사용하여 메모하는 것이 고속화의 포인트군요.

정답

70,878가지

(1×1의 셀이 없도록 병합하는 패턴은 1,208가지)

ⓒⓞⓛⓤⓜⓝ

어울리는 소프트웨어를 사용하자

이 문제는 표 계산 소프트웨어에서 사용되는 '셀 병합'에 관한 것이었습니다. 많은 회사에서 표 계산 소프트웨어가 사용되고 있지만 '계산'에 사용한다기보다도 문장을 다듬는 일에만 사용하는 것으로 생각할 때가 있습니다. 확실히 표 계산 소프트웨어를 모눈종이와 같이 사용함으로써 글머리를 간단히 정돈할 수 있고 테두리 선도 자유로이 붙일 수 있습니다. 단, 이것들은 워드프로세서 소프트웨어로도 가능합니다. 문장을 만든다면 워드프로세서가 더 적합한 상황이 많지 않을까요?

하지만 표 계산 소프트웨어를 사용하는 이유는 워드프로세서를 사용할 줄 모르기 때문이 많습니다. 많은 사람이 사용하는 소프트웨어라도 그 기능을 '자유자재로 사용하는' 사람은 그다지 없지 않을까요? 사용하는 소프트웨어의 메뉴에 있는 기능을 보았을 때 사용한 적이 없는 기능이 많다면 더 주의해야 합니다.

모르는 것을 아는 척하는 일이 없도록 이따금 매뉴얼에도 눈길을 줍시다. 사실은 더 적절한 소프트웨어가 있었다는 걸 알게 될지도 모르니까요.

QUIZ

59 같은 크기로 분할하기

가로 m칸, 세로 n칸의 직사각형이 있습니다. 이를 같은 크기의 두 개의 영역으로 분할한다고 생각합시다. 단, 각각의 영역(같은 색 영역)은 모두 세로/가로로 연결된(이웃하는) 것으로 합니다. 즉, 같은 색의 영역이 여러 개로 나뉘어서는 안 되며, 대각선으로 놓였을 때도 이웃한다고 볼 수 없습니다.

두 개 영역의 모양은 같지 않아도 되며 크기만 같은 것으로 합니다. 분할하는 위치는 칸 구분으로 하고 사선으로 분할하거나 하나의 칸을 여러 개로 나누는 것은 불가능합니다.

$m = 4$, $n = 3$일 때 인정되는 분할 방법 및 인정되지 않는 분할 방법에는 [그림 10]과 같은 예가 있습니다.

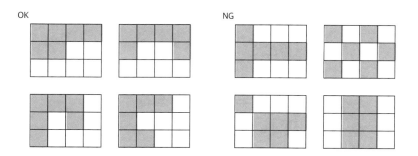

[그림 10] 인정되는 분할 방법과 인정되지 않는 분할 방법의 예

문제

$m = 5$, $n = 4$일 때 몇 가지 분할 방법이 있는지 구해 보세요(분할하는 선의 위치를 정하는 것으로 하고 색이 반대인 패턴은 하나로 취급합니다).

Hint!

색의 배치를 정하고 나서 연결을 확인하는 방법이 간단하려나?

이 문제에서는 크게 세 가지 방법을 생각할 수 있습니다.

① 맨 처음에 절반 크기로 분할하고 각각이 연결되어 있는지 확인한다.

② 왼쪽 위로부터 절반 크기가 될 때까지 넓혀 나간다.

③ 크기가 절반이 되도록 경계선을 긋는다.

구현이 간단한 것은 ① → ② → ③의 순일 것입니다. 그러므로 우선 ①에 대해 파이썬으로 구현해 보겠습니다. 판 위에 0~19까지의 번호를 붙이고 그것을 10개씩 나누기로 합니다. 그리고 그것이 연결되어 있는지를 재귀적으로 탐색해 나갑니다.

q59_01.py

```python
from itertools import combinations

# 판 크기
W, H = 5, 4

def check(color, delete):
  color.remove(delete)
  # 이동할 곳을 설정
  left, right, up, down = delete - 1, delete + 1, delete - W, delete + W
  # 이동할 곳에 같은 색이 있다면 그 방향을 탐색
  if (delete % W > 0) and (left in color):
    check(color, left)
  if (delete % W != W - 1) and (right in color):
    check(color, right)
  if (delete / W > 0) and (up in color):
    check(color, up)
  if (delete / W != H - 1) and (down in color):
    check(color, down)

# 판 초기화
map_list = list(range(0, W * H))
count = 0
for blue in combinations(map_list, W * H // 2):    # 절반을 파란색으로 한다
  blue = list(blue)
  if 0 in blue:                                    # 왼쪽 위는 파란색으로 고정
    # 나머지가 흰색
    white = [m for m in map_list if m not in set(blue)]
    # 파란색이 연결되어 있는가?
    check(blue, blue[0])
```

```
    if len(blue) == 0:
      # 흰색이 연결되어 있는가?
      check(white, white[0])
    # 둘 다 연결되어 있다면 카운트
    if len(white) == 0:
      count += 1

print(count)
```

 또 1차원 배열이군요. 사용한 칸을 지워나간다는 게 재미있어요.

 탐색하는 배열의 크기가 서서히 작아지니까 조사량이 많이 줄어드는군요.

 이 방법이라면 2초 미만으로 구할 수 있습니다.

다음으로, ②의 방법으로 구현해 보겠습니다. 처리가 간단해지도록 색칠하는 범위의 외측에 테두리를 만들어 둡니다. 그리고 나서 왼쪽 위의 위치부터 파란색으로 칠하기 시작하여 연결된 것을 골고루 칠해나갑니다. 10개의 칸을 칠하였을 때 그 10개의 칸에 대해서는 연결된 것이 명백하므로 남은 10개의 칸이 연결되어 있는지를 조사해 나갑니다.

칸의 상태를 표현하기 위해 칠해져 있지 않은 것을 0, 파란색을 1, 테두리를 9라 합니다. 그리고 10개의 칸을 칠한 다음 흰색의 확인을 할 때에 2를 설정해 나갑니다(2가 10개가 되면 분할에 성공한 것이 됩니다).

q59_02.py

```
# 판 크기
W, H = 5, 4
width, height = W + 2, H + 2
NONE, BLUE, WHITE, WALL = 0, 1, 2, 9
map_list = [0] * (width * height)

# 외곽을 작성
for i in range(0, width):
  map_list[i] = WALL
  map_list[i + width * (height - 1)] = WALL
for i in range(0, height):
  map_list[i * width] = WALL
```

```
    map_list[(i + 1) * width - 1] = WALL

# 맨 처음은 (1, 1)에서 시작
map_list[width + 1] = BLUE
maps_list = { tuple(map_list): False}

# 선택한 색으로 채우는 것을 너비 우선 탐색으로 재귀적으로 실행
def fill(depth, color):
  global maps_list
  if depth == 0:
    return
  new_map_lists = {}
  for w in range(0, W):
    for h in range(0, H):
      pos = w + 1 + (h + 1) * width
      for k, v in maps_list.items():
        check = False
        if k[pos] == 0:
          for d in [1, -1, width, -width]:
            if k[pos + d] == color:
              check = True
        if check:
          m = list(k)
          m[pos] = color
          m = tuple(m)
          new_map_lists[m] = False
  maps_list = new_map_lists
  fill(depth - 1, color)
# 파란색을 절반까지 채운다
fill(W * H / 2 - 1, BLUE)
# 하얀색을 비어 있는 맨 처음 위치에 넣는다
new_map_lists = {}
for k, v in maps_list.items():
  pos = k.index(NONE)
  m = list(k)
  m[pos] = WHITE
  m = tuple(m)
  new_map_lists[m] = False
maps_list = new_map_lists

# 하얀색을 채운다
fill(W * H // 2 - 1, WHITE)

# 모두 채워져 있는 것을 카운트
count = 0
for m in maps_list:
  if NONE not in m:
    count += 1
print(count)
```

이 방법에서도 3초 정도로 정답인 '245'를 구할 수 있습니다. 이번에는 너비 우선 탐색으로 배열을 구현하였는데, 깊이 우선 탐색이나 정수의 비트열로 생각하면 한층 고속화할 수 있습니다.

> 너비 우선 탐색을 재귀적으로 구현하는 것도 가능하죠?

> 반복문으로 처리하기도 하지만 재귀로 기술하는 방법도 외워두면 좋아요.

> 선생님, ③번 방법은요?

> 그건 반드시 여러분이 직접 생각해 보세요(꽤 번거롭겠지만…).

Point

여기서는 너비 우선 탐색을 재귀로 구현하였는데, 일반적으로는 '큐'나 '반복'이 사용됩니다. 큐는 '대기 행렬'이나 '선입선출(FIFO: First In First Out)'이라는 방법입니다. 즉, "열의 맨 앞에서 추출하고 열의 맨 뒤에 추가한다."라는 방법입니다.

너비 우선 탐색을 실행하는 경우, 열에 데이터가 있는 동안 반복에 의해 처리를 반복합니다. 예를 들어 [그림 11]과 같은 트리 구조를 탐색할 때 맨 처음에 '1'만 열에 들어갑니다. 그것을 추출한 다음 '2'와 '3'을 열에 추가합니다. 다음은 '2'를 추출하고 '4'와 '5'를 추가합니다. 그리고 '3'을 추출하여 '6'과 '7'을 추가합니다. 열의 변화는 [그림 12]와 같습니다.

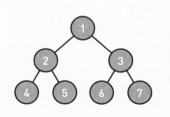
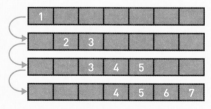

[그림 11] 트리 구조를 탐색하는 예   [그림 12] 열의 변화

Column
- -

반드시 세 권의 책을 읽기

뭔가 새로운 것을 공부할 때 가볍게 시작할 수 있는 것이 독서입니다. 그 외에도 학교 수업이나 세미나 등을 수강하는 방법도 있고, 요즘에는 인터넷으로 자료를 찾을 수도 있지요.

그러나 수업이나 세미나에 타이밍을 맞춰 참가하기는 좀처럼 쉽지 않습니다. 그리고 인터넷에서의 검색은 핀포인트로 정보를 얻을 수 있지만, 체계적으로 배우기에는 어려움이 있는 것 또한 사실입니다. 물론 정보의 새로움을 추구하는 경우에는 인터넷이 유리하지만, 신뢰성을 생각하면 서점에 진열된 책이 정확합니다.

서점을 가보면, 장르별/저자별로 정리된 많은 책을 볼 수 있습니다. 이때 어떻게 책을 선택하는가는 어려운 문제입니다. 인터넷 서점 같은 곳의 서평을 보는 것도 하나의 방법이긴 하지만, 많은 책 중에서 하나를 선택하는 것은 정말 어려운 일입니다.

필자의 경우 하나의 기술을 공부할 때는 반드시 세 권의 책을 읽고 있습니다. 심지어 맨 처음에는 입문서가 아닌 중급자용 책을 고릅니다. 간단히 말하면 '넓고 얕게' 쓰인 책입니다. 목차를 보면서 필요한 내용만 찾아보다 보면 전체 모습을 상상할 수 있으므로 이상적인 책입니다.

맨 처음에는 어려울지도 모르지만 일단 한 번 눈으로 훑어봅니다. 이렇게 해서 이해되지 않는 부분이 많은 경우에는 입문서를 읽습니다. 한 번 전체 이미지는 잡았으므로 설명이 적절한지는 몇 페이지 읽다 보면 알 수 있을 것입니다. 반대로, 맨 처음 산 책으로 충분히 내용 이해를 하였을 때 역참조 도서를 고릅니다. 소위 말하는 '레퍼런스 북', '○○하려면~'이라는 책입니다.

그다음에 맨 마지막에 상세히 알고 싶은 것이 쓰여 있는 책을 고릅니다. 세 권을 읽어 보면 반드시 중복되는 부분이 있습니다. 이것은 시간 낭비가 아니며, 각각 비교해서 읽는 것이 중요합니다. 저자에 따라 생각의 차이가 저술 방식에도 드러나 있기 마련입니다. 앞으로 책을 살 때에 참고해 보도록 하세요.

QUIZ

60 교차하지 않고 한붓그리기

가로로 m개, 세로로 n개의 점이 나열되어 있습니다. 이 모든 점을 한붓그리기로 연결한다고 생각합시다. 단, 세로와 가로의 이웃한 점을 직선으로만 연결하기로 하고 교차해서는 안 되는 것으로 합니다. 사선으로 연결하는 것도 불가능하며 직선 이외의 방법으로 연결하는 것도 불가능합니다(시작점과 끝점이 겹치는 것도 교차로 간주합니다).

$m = 4$, $n = 3$일 때 [그림 13]의 OK와 같은 형태를 생각할 수 있습니다. 그리고 오른쪽 NG로 표시한 형태는 교차하고 있기 때문에 대상이 아닙니다.

제**4**장

고급편 ★★★★

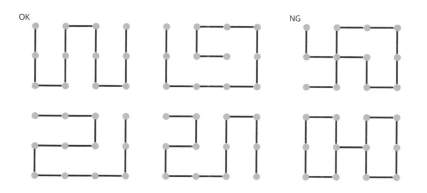

[그림 13] OK의 예와 NG의 예

문제

$m = 5$, $n = 4$일 때 전부 몇 가지의 방법이 있는지 구해 보세요.(시작점과 끝점만 반대이며 같은 위치/같은 형태일 때는 하나로 세지만, 상하/좌우 등의 반전으로 형태만 같은(위치가 다른) 때에는 별개로 카운트합니다.)

탐색 범위를 좁히는 방법은 이전에도 있었습니다. 여기서는 방향을 생각하면 좋겠지요.

　시작점으로서 모든 격자점을 순서대로 지정하고, 한 붓 그리기를 할 수 있는 경로가 발견될 때까지 상하좌우로 탐색해 나갑니다. 사용할 수 있는 격자점이 없어진 시점에 탐색은 종료됩니다. 남아 있는 격자점이 없다면 한 붓그리기가 성립한 것이 되므로, 연결할 수 있는 한 계속 조사함으로써 구할 수 있습니다. 그러므로 깊이 우선 탐색으로 구현해 보겠습니다.

　또한, 같은 형태를 역으로 조사한 경우에는 같은 도형이 추출되는 셈이므로 결과를 반으로 해둡니다. 파이썬으로는 다음과 같이 구현할 수 있습니다.

q60_01.py

```python
# 격자점의 수를 설정
W, H = 5, 4

# 이동하는 방향
move = [[0, 1], [0, -1], [1, 0], [-1, 0]]
map_list = [False] * (W * H)

# 재귀적으로 탐색
def search(x, y, depth):
  if x < 0 or W <= x or y < 0 or H <= y or map_list[x + y * W]:
    return 0
  if depth == W * H:
    return 1
  cnt = 0
  map_list[x + y * W] = True
  for m in move: # 상하좌우로 이동
    cnt += search(x + m[0], y + m[1], depth + 1)
  map_list[x + y * W] = False
  return cnt

count = 0
for i in range(0, W * H):
  count += search(i % W, i // W, 1)

# 시작점과 끝점이 반대인 패턴은 같다고 간주하므로 절반으로 한다
print(count // 2)
```

이번에는 알기 쉽네요. 순서대로 탐색해 나가는 양상을 잘 알겠어요.

매우 간단한 재귀 처리이므로 어려운 부분은 없을 거예요. 이번 문제 정도 크기라면 1초 미만으로 처리할 수 있답니다.

그러나 격자점의 수를 늘리면 순식간에 처리 시간이 증가하여 6×5인 경우에도 오랜 시간이 소요됩니다. 그러므로 좀 더 연구해 봅시다.

Point

하나의 방법은 이전 문제에서 생각했던 '연결'을 사용한다는 것입니다. 중간까지 한붓그리기해 나갔을 때 남은 격자점이 연결되지 않을 때에는 거기서부터 아무리 앞으로 연장한다 해도 한붓그리기를 할 수 없습니다. 그러므로 절반 정도 탐색한 시점에서 남은 격자점이 연결되어 있는지를 조사해 보기로 합시다.

q60_02.py

```python
# 격자점의 수를 설정
W, H = 5, 4

# 이동하는 방향
move = [[0, 1], [0, -1], [1, 0], [-1, 0]]
log = {}

# 재귀적으로 탐색
def search(x, y, depth):
  if x < 0 or W <= x or y < 0 or H <= y:
    return 0
  if (x + y * W) in log:
    return 0
  if depth == W * H:
    return 1
  # 절반 정도까지 탐색하면, 나머지가 연결되어 있는지 확인
  if depth == W * H // 2:
    keys = log.keys()
    remain = [i for i in range(0, W * H) if i not in keys]
    check(remain, remain[0])
    if len(remain) > 0:
      return 0
  cnt = 0
  log[x + y * W] = depth
  for m in move: # 상하좌우로 이동
```

```
      cnt += search(x + m[0], y + m[1], depth + 1)
    del log[x + y * W]
    return cnt

# 연결되어 있는지를 확인
def check(remain, delete):
  remain.remove(delete)
  left, right, up, down = delete - 1, delete + 1, delete - W, delete + W
# 이동 위치에 같은 색이 있다면 그 방향을 탐색
  if (delete % W > 0) and (left in remain):
    check(remain, left)
  if (delete % W != W - 1) and (right in remain):
    check(remain, right)
  if (delete / W > 0) and (up in remain):
    check(remain, up)
  if (delete / W != H - 1) and (down in remain):
    check(remain, down)

count = 0
for i in range(0, W * H):
  count += search(i % W, i // W, 1)

# 시작점과 끝점이 반대인 패턴은 같다고 간주하므로 절반으로 한다
print(count // 2)
```

이 정도 크기라면 그다지 변화가 없지만, 크기가 커지면 처리 시간이 단축된 것을 알 수 있습니다(6×5의 크기라면 절반 정도입니다).

어떻게 해서 처리 시간이 단축되는 거지?

나머지를 줄여나감으로써 탐색하는 범위가 작아지기 때문이죠.

이외에도 비트 연산으로 생각해보는 방법이 있습니다. 파이썬은 비트 연산이 별로 빠르지 않으므로 C 언어로 구현하면 처리 시간을 대폭 단축할 수 있습니다. 맨 처음의 예를 C 언어로 구현하면 다음과 같습니다.

q60_03.c

```
#include <stdio.h>

#define W 5
#define H 4
```

```
int map = 0;

int search(int x, int y, int depth){
  int cnt = 0;
  if ((x < 0) || (W <= x) || (y < 0) || (H <= y)) return 0;
  if ((map & (1 << (x + y * W))) > 0) return 0;
  if (depth == W * H) return 1;
  map += 1 << (x + y * W);
  cnt += search(x + 1, y, depth + 1);
  cnt += search(x - 1, y, depth + 1);
  cnt += search(x, y + 1, depth + 1);
  cnt += search(x, y - 1, depth + 1);
  map -= 1 << (x + y * W);
  return cnt;
}

int main(void) {
  int count = 0;
  int i;
  for (i = 0; i < W * H; i++){
    count += search(i % W, i / W, 1);
  }
  printf("%d", count / 2);
  return 0;
}
```

확실히 단순한 방법이라도 5 × 4의 크기에서 0.01초, 6 × 5의 크기에서도 1.5초 정도로 풀 수 있었어요.

비트 연산을 사용한 효과도 있었지만, C 언어와 같이 빠른 속도로 처리할 수 있는 언어를 사용하는 것도 선택지의 하나이지요.

두 번째 방법도 마찬가지이므로 꼭 시도해 보세요.

정답

1,006가지

처리 속도의 차이가 '왜' 발생하는지를 알아두자!

이 문제에서는 C 언어의 비트 연산이 파이썬보다도 압도적으로 빠르다는 점에서 C 언어로 만든 정답을 기재하였습니다. 이처럼 언어에 따라 처리 속도에 큰 차이가 나는 일은 드물지 않습니다. 이럴 때는 "왜 이런 차이가 나는가?"에 대해 알아두는 것은 매우 중요합니다.

우선 가장 먼저 떠오르는 것은 '컴파일러형'과 '인터프리터형'에서 오는 차이입니다. 컴파일러형에서는 미리 컴파일하여 컴퓨터가 이해할 수 있는 명령으로 변환해 두기 때문에 실행 시 속도를 향상할 수 있습니다. 물론 컴파일을 위한 시간은 당연히 필요합니다. 같은 컴파일러형이라도 파스칼과 같이 원 패스 컴파일이 가능한 언어라면 C 언어보다도 압도적으로 짧은 시간으로 컴파일할 수 있습니다.

그리고 데이터형 취급에 대해 생각해보자면, C 언어나 파스칼과 같이 '정적인 형'을 가지는 언어가 속도 면에서 유리합니다. 파이썬과 같이 '동적인 형'을 가지는 언어는 데이터형이 실행 시에 결정되기 때문에 유연하게 사용할 수 있는 한편, 속도 면에서는 불리합니다. 큰 수도 신경 쓰지 않고 취급할 수 있지만, 반면에 이러한 단점이 있는 것입니다.

직감으로 이해하는 것도 중요하지만, 그 배경이나 이유를 알아두는 것은 아주 중요합니다. 대부분 언어의 소스 코드는 공개되어 있으므로 소스 코드 수준에서 한 번 읽어보는 것도 효과적입니다.

QUIZ

61

달력의 최대 직사각형

1개월 단위의 달력에 대해 각각의 월 안쪽에 '평일만' 들어가는 최대 직사각형을 찾아봅니다. 평일은 토요일, 일요일, 공휴일 이외의 날이라 하고, 월을 넘어가는 것은 불가능한 것으로 합니다.

예를 들어 2016년 4월~6월은 [그림 14]와 같으며 그 면적의 합은 47이 됩니다(4월＝20일, 5월＝15일, 6월＝12일).

[그림 14] 2016년 4월~6월의 경우

문제

2006년 ~ 2015년의 10년간 월별로 '평일만' 들어가는 최대 직사각형을 구하고 120개월 분 면적의 합을 구해 보세요.

※ 공휴일 데이터(일본)는 다음 텍스트 파일을 사용하기로 합니다.

프리렉 홈페이지 자료실에서 예제 파일을 내려받은 후,
폴더 내의 'q61.txt'를 사용해 주세요.

가로 방향으로 평일을 조사하는 건 간단하지만, 세로 방향으로 얼마나 이어지는지를 확인하는 일이 귀찮겠어요.

Hint!

그때그때 확인하는 방법도 있지만, 사전에 세로 방향으로 평일이 이어지는지를 확인해 두면 효율적으로 처리할 수 있겠죠?

제 **4** 장

초급편

★★★★

최대 직사각형을 구하는 방법은 여러 가지가 있지만, 문제의 크기를 생각하는 것도 중요합니다.

생각하는 방법

1개월 단위로 요일의 배치로부터 최대 직사각형을 구하는 함수를 준비하고, 2006년부터 2015년까지의 각 월에 대해 실행함으로써 그 합계를 구한다고 생각합시다. 포인트는 "어떻게 가장 큰 직사각형을 구하는가?"라는 부분입니다.

단순히 생각하면, 다양한 크기의 직사각형을 생각하여 그중에 평일 이외의 날이 들어 있는지를 확인하면 되겠지요. 예를 들어 다음과 같이 작성할 수 있습니다.

q61_01.py

```python
from datetime import datetime
from calendar import monthrange
from itertools import product

WEEKS, DAYS = 6, 7

# 휴일 파일 읽어오기
with open("q61.txt", "r") as f:
  holiday = [tuple(map(int, l.split("/"))) for l in f]

# 달력을 채우는 최대 직사각형의 면적을 산출
def max_rectangle(cal):
  rect = 0
  for sr in range(WEEKS):            # 시작점의 행
    for sc in range(DAYS):           # 시작점의 열
      for er in range(sr, WEEKS + 1):    # 끝점의 행
        for ec in range(sc, DAYS + 1):   # 끝점의 열
          is_weekday = True   # 시작점과 끝점의 내부에 평일 이외의 날이 있는지?
          for r in range(sr, er + 1):
            for c in range(sc, ec + 1):
              temp = c + r * DAYS
              if temp < (WEEKS * DAYS) and cal[temp] == 0:
                is_weekday = False
          if is_weekday:
            rect = max(rect, (er - sr + 1) * (ec - sc + 1))
```

```
    return rect

# 연월을 지정하고 면적을 얻는다
def calc(y, m):
  cal = [0] * (WEEKS * DAYS)
  first = wday = datetime(y, m, 1).weekday()   # 1일의 요일을 취득

  # monthrange()는 〈〈첫 날의 요일〉, 〈날짜 수〉〉 형태의 튜플을 리턴한다
  # 그 월의 일 수만큼 반복
  for d in range(monthrange(y, m)[1]):
    # 파이썬은 월요일(0)~일요일(6)으로 나타낸다
    # 다른 언어와 크게 다른 부분이므로 주의
    if 0 <= wday and wday <= 4 and (y, m, d + 1) not in holiday:
      cal[first + d] = 1
    wday = (wday + 1) % DAYS
  return max_rectangle(cal)

yyyymm = product(range(2006, 2015 + 1), range(1, 12 + 1))
answer = sum([calc(y, m) for y, m in yyyymm])
print(answer)
```

달력을 나타내는 배열에서 평일 부분에 1, 그 외 부분에 0을 설정하여 최대 직사각형을 구하고 있습니다. 즉, 배열 내의 일부에서 직사각형을 빼내어 그 안에서 0의 유무를 확인하고 있다는 것이지요.

Point

이번 문제에서는 앞의 내용으로도 처리 시간 면에서는 충분하지만, 조금 더 연구하여 각각의 날짜에 대해 위 방향으로 얼마나 평일이 이어지는지를 생각합니다. 예를 들어 2016년 8월이라면 [그림 15]와 같은 배치가 되고, 8월 15일은 공휴일이므로 [그림 16]과 같이 표현할 수 있습니다.

	1	2	3	4	5	6
7	8	9	10	11	12	13
14	15	16	17	18	19	20
21	22	23	24	25	26	27
28	29	30	31			

0	1	1	1	1	1	0
0	2	2	2	2	2	0
0	0	3	3	3	3	0
0	1	4	4	4	4	0
0	2	5	5	0	0	0

[그림 15] 2016년 8월 달력   [그림 16] 위로 평일이 이어지는 날 수를 계산

앞과 같이 하면, 각 행에 설정된 값과 가로로 이어지는 수로부터 면적을 구하여 최대 직사각형이 되는 것을 구할 수 있습니다. 이를 파이썬으로 구현하면 다음과 같습니다.

| q61_02.py

```python
from datetime import datetime
from calendar import monthrange
from itertools import product

WEEKS, DAYS = 6, 7

# 휴일 파일 읽어오기
with open("q61.txt", "r") as f:
  holiday = [tuple(map(int, l.split("/"))) for l in f]

# 달력을 채우는 최대 직사각형의 면적을 산출
def max_rectangle(cal):
  s = 0
  for row in range(WEEKS):
    for left in range(DAYS):
      for right in range(left, DAYS):
        # 높이를 산출
        h = [cal[w + row * DAYS] for w in range(left, right + 1)]
        # 높이의 최솟값과 가로 폭으로 면적을 산출
        s = max(s, min(h) * (right - left + 1))
  return s

# 연월을 지정하고 면적을 얻는다
def calc(y, m):
  cal = [0] * (WEEKS * DAYS)
  first = wday = datetime(y, m, 1).weekday()
  for d in range(monthrange(y, m)[1]):
    if 0 <= wday and wday <= 4 and (y, m, d + 1) not in holiday:
      cal[first + d] = cal[first + d - DAYS] + 1
    wday = (wday + 1) % DAYS
  return max_rectangle(cal)

yyyymm = product(range(2006, 2015 + 1), range(1, 12 + 1))
answer = sum([calc(y, m) for y, m in yyyymm])
print(answer)
```

달력이라면 직사각형 크기가 너무 커지는 일은 없으므로 처리 시간을 생각하여 단순한 구현을 선택하는 방법도 있답니다.

정답

1,875

QUIZ

62 미로에서 만나기

세로와 가로로 각각 n개 나열된 칸의 몇 개를 색칠하여 미로를 만듭니다. 색칠한 곳이 벽이 되고 색칠하지 않은 곳이 통로가 됩니다.

두 사람이 각각 A 지점과 B 지점을 동시에 출발하여 한 번에 한 칸씩, '우수법'으로 나아갑니다. 우수법은 오른쪽 벽을 만지면서 벽을 따라 나아가는 방법으로, 최단 경로를 구할 수 있다는 보장은 없지만, 최종적으로는 입구로 돌아가거나 출구에 도달합니다(한 사람은 A 지점에서 B 지점으로, 다른 한 사람은 B 지점에서 A 지점으로 향합니다. A 지점과 B 지점의 위치는 고정으로, 왼쪽 위와 오른쪽 아래라고 합시다).

이때 두 사람이 도중에 만나는 패턴이 몇 가지인지를 생각합니다. 동시에 같은 지점을 지났을 때에 만난 것으로 하고, 한쪽이 목표 지점에 도착함과 동시에 또 한 사람이 그 위치로 되돌아오는 경우도 대상으로 여깁니다.

예를 들어 $n = 4$일 때 [그림 17]의 ①과 같은 경우는 만나게 되지만, ②와 같은 경우는 만나지 않습니다(①의 경우 A가 ↓↓↑ → → ↓↓← → →, B가 ←↑↑ → ←↑↓←←↑ 이렇게 이동했다면 5회 이동한 시점에서 만나게 됩니다).

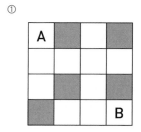

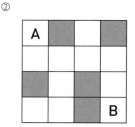

[그림 17] $n = 4$의 예

$n = 5$일 때 도중에 만나는 미로의 패턴이 몇 가지인지 구해 보세요.

> 전체 탐색은 피하고 싶어요.

> 사전에 유효한 미로인지 아닌지 조사해 두면 탐색 범위를 줄일 수 있답니다.

생각하는 방법

이번의 포인트는 "우수법으로 탐색하는 부분을 어떻게 구현할까?"라는 것입니다. 우선은 통로를 0, 벽을 1로 하여 배치를 0과 1로 표현합니다. 이 통로를 순서대로 우수법으로 나아가 만나도록 하는 배치를 구하면 된다는 것입니다.

우수법을 구현할 때 '우', '상', '좌', '하'의 순으로 하여 배열로 이동 방향을 설정하고, 이 배열의 인덱스를 변화합니다. 직전의 이동 방향이 '상'이라면 다음은 '우', '상', '좌'의 순으로 조사합니다. 그리고 직전이 '좌'라면 다음은 '상', '좌', '하'의 순으로 조사합니다([그림 18]).

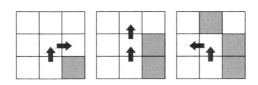

[그림 18] 탐색 방향의 예

예를 들어 파이썬이라면 다음과 같이 구현할 수 있습니다.

q62_01.py

```python
from itertools import product

N = 5
# 우수법의 이동 방향(우, 상, 좌, 하의 순서)
dx = [[1, 0], [0, -1], [-1, 0], [0, 1]]
```

```
# maze: 벽의 배치
# p1, d1: 첫 번째 사람의 경로, 이동 방향
# p2, d2: 두 번째 사람의 경로, 이동 방향
def search(maze, p1, d1, p2, d2):
  if len(p1) == len(p2): # 두 사람이 함께 이동한 경우
    # 두 사람이 만난 경우는 성공
    if p1[-1][0:2] == p2[-1][0:2]:
      return True
    # 첫 번째 사람이 오른쪽 아래에 도달한 경우는 실패
    if p1[-1][0:2] == [N - 1, N - 1]:
      return False
    # 두 번째 사람이 왼쪽 위에 도달한 경우도 실패
    if p2[-1][0:2] == [0, 0]:
      return False
  # 같은 방향에서 이동해 온 경우는 반복이므로 실패
  if p1.count(p1[-1]) > 1:
    return False

  pre = p1[-1]
  for i in range(0, len(dx)): # 우수법으로 움직일 수 있는 방향을 탐색
    d = (d1 - 1 + i) % len(dx)
    px = pre[0] + dx[d][0]
    py = pre[1] + dx[d][1]
    # 이동처가 벽이 되어 있지 않은지 확인
    if (px >= 0) and (px < N) and (py >= 0) and (py < N) and \
       (maze[px + N * py] == 0):
      return search(maze, p2, d2, p1 + [[px, py, d]], d)
  return False

a = [[0, 0, -1]]          # A: 왼쪽 위(X 좌표, Y 좌표, 이전 이동 방향)
b = [[N - 1, N - 1, -1]]  # B: 오른쪽 아래(X 좌표, Y 좌표, 이전 이동 방향)
cnt = 0
for maze in product([0, 1], repeat=N*N-2):
  # 두 사람의 시작 위치는 반드시 통로로서 탐색
  # A는 아래로 이동(dx[3]), B는 위로 이동(dx[1])
  maze = list(maze)
  if search([0] + maze + [0], a, 3, b, 1):
    cnt += 1
print(cnt)
```

 왼쪽 위와 오른쪽 다음에는 벽을 두지 않고, 남은 $N^2 - 2$가지의 부분에
0과 1을 배치하고 있다는 것이군요. 맨 처음에 '전의 이동 방향'으로
-1을 설정한 이유는 뭐죠?

같은 방향에서 이동했을 때에 반복으로 판정하고 있기 때문에 맨 처음의 위치가 판정 대상 외가 되도록 하는 것이지요.

앞의 처리로는 $n = 4$라면 순식간에 구할 수 있지만, 이번 문제와 같이 $n = 5$가 되면 조금 시간이 걸립니다. 그러므로 조금 더 연구하여, 사전에 유효한 미로인지(골에 도달할 수 있는지)를 판정해 둔다고 생각합시다. 사전에 판정할 수 있다면 전체의 $2^{25} = 33,554,432$가지 중 1,225,194가지만 조사하면 되므로 약 3.6%의 조사로 끝납니다. 단, 유효한 미로인지 아닌지의 판정에 조금 시간이 걸립니다.

처리를 간단히 하고자 미로를 $n \times n$ 비트의 비트 열로 표현합니다(앞과 마찬가지로 통로를 0, 벽을 1로 하여 배치를 0, 1로 표현합니다). 이렇게 구현하면 상하좌우로의 이동을 비트 연산으로 구현할 수 있습니다.

q62_02.py

```python
# 재귀반복을 굉장히 많이 돌게 되므로,
# 미리 재귀반복 가능 깊이를 높게 설정해둔다
import sys
sys.setrecursionlimit(4000)

N = 5
MASK = (1 << (N * N)) - 1
# 이동한 위치를 비트 연산으로 산출
move = [lambda m: (m >> 1) & 0b0111101111011110111101111,
        lambda m: (m << N) & MASK,
        lambda m: (m << 1) & 0b1111011110111101111011110,
        lambda m: m >> N]

# 유효한 미로인지 판정
def enable(maze):
  man = (1 << (N * N - 1)) & (MASK - maze)  # 왼쪽 위로부터 시작
  while True:
    next_man = man
    for m in move:
      next_man |= m(man)          # 상하좌우로 이동
    next_man &= (MASK - maze)     # 벽 이외의 부분이 이동 가능
    if next_man & 1 == 1:         # 오른쪽 아래에 도달하면 유효
      return True
    if man == next_man:
```

```
      break
    man = next_man
  return False


# map:벽의 배치
# p1, d1: 첫 번째 사람의 위치, 이동 방향
# p2, d2: 두 번째 사람의 위치, 이동 방향
def search(maze, p1, d1, p2, d2, turn):
  if turn:
    if p1 == p2: # 두 사람이 만났다
      return True
    # 어느 한 쪽의 목표에 도착했다
    if (p1 == 1) or (p2 == 1 << (N * N - 1)):
      return False
  for i in range(0, len(move)): # 우수법으로 움직일 수 있는 방향을 탐색
    d = (d1 - 1 + i) % len(move)
    if move[d](p1) & (MASK - maze) > 0:
      return search(maze, p2, d2, move[d](p1), d, not turn)
  return False

cnt = 0
for maze in range(0, 1 << N * N):
  if enable(maze):
    man_a, man_b = 1 << (N * N - 1), 1
    if search(maze, man_a, 3, man_b, 1, True):
      cnt += 1
print(cnt)
```

 이동을 비트 연산으로 구현 가능하다는 것이 재미있어요. 하지만, 직감적으로는 이해하기 어렵네요.

 비트 마스크의 값을 N의 수로 구분해 보면 행 단위로 눈에 들어오게 되네요. 이번에는 5비트씩 구분해 보면 알기 쉬워요.

 유효한 미로의 판정 부분 등 상하좌우로 움직이는 처리는 다른 곳에서도 사용할 수 있을 테니 기억해두면 좋답니다.

이 방법으로 처리 시간은 약간 개선되지만, 아직 파이썬에서는 시간이 오래 걸립니다. 같은 처리를 C 언어로 구현하면 다음과 같이 만들 수 있으며 2초 정도면 충분합니다(처리는 앞과 같으므로 주석은 제외하였습니다).

```c
#include <stdio.h>

#define N 5
#define MASK (1 << (N * N)) - 1

unsigned int right(unsigned int maze){
  return (maze >> 1) & 0b0111101111011110111101111;
}
unsigned int up(unsigned int maze){
  return (maze << N) & MASK;
}
unsigned int left(unsigned int maze){
  return (maze << 1) & 0b1111011110111101111011110;
}
unsigned int down(unsigned int maze){
  return (maze >> N);
}

unsigned int (*move[])(unsigned int) = {right, up, left, down};

int enable(int maze){
  unsigned int man = (1 << (N * N - 1)) & (MASK - maze);
  while (1){
    unsigned int next_man = man;
    int i = 0;
    for (i = 0; i < 4; i++){
      next_man |= (*move[i])(man);
    }
    next_man &= (MASK - maze);
    if (next_man & 1 == 1) return 1;
    if (man == next_man) break;
    man = next_man;
  }
  return 0;
}
int search(int maze, int p1, int d1, int p2, int d2, int turn){
  int i = 0;
  if (turn == 1){
    if (p1 == p2) return 1;
    if ((p1 == 1) || (p2 == 1 << (N * N - 1))) return 0;
  }
  for (i = 0; i < 4; i++){
    int d = (d1 - 1 + i + 4) % 4;
    int next_p = (*move[d])(p1);
    if ((next_p & (MASK - maze)) > 0)
      return search(maze, p2, d2, next_p, d, 1 - turn);
```

```
    }
    return 0;
}
int main(void) {
    int count = 0;
    int i = 0;
    for (i = 0; i < (1 << N * N); i++){
        if (enable(i) > 0){
            if (search(i, 1 << (N * N - 1), 3, 1, 1, 1) > 0)
                count++;
        }
    }
    printf("%d", count);
    return 0;
}
```

 역시 비트 연산은 C 언어로 처리하는 것이 빠르네요.

 파이썬과 같은 언어에서는 단순히 2^{25}개 반복하는 것만으로도 그 나름의 시간이 소요됩니다. 생각만 하는 것이 아니라, 문제에 따라 언어를 선택할 수 있으면 좋겠군요.

정답

660,148가지

63 | 귀찮은 캐치볼

야구의 기본이 되는 캐치볼에서는 마주 보는 사람이 받기 쉽도록 공을 던지는 것이 중요합니다. 여기서는 8명의 학생이 4명씩 마주 보는 상황을 생각합니다.

[그림 19]와 같이 1~8의 번호를 붙이고 캐치볼을 반복하여 1번 학생이 가진 공을 8번 학생에게 보낸다고 생각합시다. 단, 다음과 같은 조건이 있습니다.

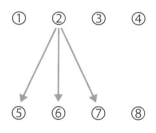

[그림 19] 캐치볼의 예

- 조건 1: 한 사람이 가질 수 있는 공은 하나뿐이다.
- 조건 2: 동시에 던질 수 있는 것은 한 사람뿐으로 반드시 받는 상대가 있다.
- 조건 3: 맨 처음에는 1~7번 학생이 공을 갖고 있다.
- 조건 4: 어느 학생이든 던질 수 있는 것은 마주 보는 세 군데(정면과 그 양쪽)뿐이다.
- 조건 5: 캐치볼이 끝났을 때 1번 학생과 8번 학생 외의 학생은 맨 처음의 공을 갖고 있다.

맨 처음에 공을 갖고 있지 않은 것은 8번 학생뿐이므로 1회째에 공을 던질 수 있는 것은 3번이나 4번 학생뿐입니다.

최소 횟수로 1번 학생이 가진 공을 8번 학생에게 보내고, 조건 5를 만족할 때 공을 던지는 횟수의 합계를 구해 보세요. 각각의 공은 구별할 수 있다고 가정합니다.

 Hint!

탐색 범위를 좁히고자 쌍방향으로 탐색하는 것도 검토해봅시다.

생각하는 방법

우선 문제 그대로 던질 수 있는 상대에 대해 공을 던지는 처리를 구현해 봅시다. 같은 상태가 나타나면 최소 횟수가 되지 않으므로 그것은 제외하면서 너비 우선 탐색으로 조사해봅시다.

공에 번호를 부여하고 각각의 학생이 가진 공의 번호를 배열로 설정합니다. 공을 갖고 있지 않은 학생은 0이라 합시다. 최종적으로 공을 갖고 있지 않은 학생이 1번 학생이 되고, 8번 학생이 1번 공을 갖고 있으면 종료할 수 있습니다. 파이썬으로는 다음과 같이 작성할 수 있습니다.

q63_01.py

```python
# 4쌍
PAIR = 4

# 시작과 종료를 설정
start = list(range(1, PAIR * 2)) + [0]
goal = [0] + list(range(2, PAIR * 2)) + [1]

# 던질 수 있는 목록을 취득
def throwable(balls):
  result = []
  for ball in balls:
    c = ball.index(0)                      # 받는 쪽의 위치를 취득
    p = (c + PAIR) % (PAIR * 2)            # 받는 쪽의 정면을 계산
    for d in [-1, 0, 1]:                    # 정면과 좌우
      if (p + d) // PAIR == p // PAIR:
        ball[c], ball[p + d] = ball[p + d], ball[c]
        result.append(ball.copy())         # 던진 결과를 설정
        ball[c], ball[p + d] = ball[p + d], ball[c]
  return result

# 초기 상태를 설정
```

```
balls = [start]
log = [tuple(start)]
cnt = 0
#너비 우선 탐색을 실행
while goal not in balls:
  next_balls = throwable(balls)               # 다음 단계를 얻기
  # 과거에 나타나지 않은 것을 선택
  balls = [b for b in next_balls if tuple(b) not in log]
  log.append(tuple(next_balls))               # 던진 결과를 추가
  cnt += 1

print(cnt)
```

정면과 그 좌우를 구하는 처리가 재미있어요. 짝수로 나눗셈하여 같은 측에 있는지 아닌지를 확인한다는 것이군요?

정답입니다. 나머지는 단순한 너비 우선 탐색이므로 어려울 것은 특별히 없습니다. 단, 위에서는 짝이 3쌍 정도라면 바로 구할 수 있지만, 문제와 같이 4쌍이 되면 시간이 걸립니다.

조금 더 연구하여 쌍방향으로 탐색해 보겠습니다. 시작 시점과 종료 시점 양쪽에서 캐치볼을 반복하고 같은 상태가 될 때까지 탐색합니다.

q63_02.py

```
# 4쌍
PAIR = 4

# 시작과 종료를 설정
start = list(range(1, PAIR * 2)) + [0]
goal = [0] + list(range(2, PAIR * 2)) + [1]

# 던질 수 있는 목록을 취득
def throwable(balls):
  result = []
  for ball in balls:
    c = ball.index(0)                         # 받는 쪽의 위치를 취득
    p = (c + PAIR) % (PAIR * 2)               # 받는 쪽의 정면을 계산
    for d in [-1, 0, 1]:                      # 정면과 좌우
      if (p + d) // PAIR == p // PAIR:
        ball[c], ball[p + d] = ball[p + d], ball[c]
        result.append(ball.copy())           # 던진 결과를 설정
        ball[c], ball[p + d] = ball[p + d], ball[c]
```

```
    return result

# 초기 상태를 설정
fw = [start]
fw_log = [start]
bw = [goal]
bw_log = [goal]
cnt = 0

# 쌍방향에서의 너비 우선 탐색을 실행
while True:
  next_fw = throwable(fw)          # 순방향으로 다음 스텝을 취득
  # 과거에 나타나지 않은 것을 선택
  fw = [f for f in next_fw if f not in fw_log]
  fw_log.append(next_fw)           # 던진 결과를 추가
  cnt += 1
  if len([f for f in fw if f in bw]) > 0:
    break   # 겹치면 종료

  next_bw = throwable(bw)          # 역방향으로 다음 스텝을 취득
  # 과거에 나타나지 않은 것을 선택
  bw = [b for b in next_bw if b not in bw_log]
  bw_log.append(next_bw)           # 던진 결과를 추가
  cnt += 1
  if len([f for f in fw if f in bw]) > 0:
    break   # 겹치면 종료

print(cnt)
```

앞과 같은 방법이라면 몇 초 만에 정답을 구할 수 있습니다.

Point

　파이썬은 중첩 배열 연산 속도가 느린 프로그래밍 언어이므로, 이번 문제에서 쌍이 더 늘어나면, 계산하는 시간이 매우 늘어납니다. C 언어 등의 프로그래밍 언어로 포인터를 사용해서 구현하면, 훨씬 더 빠르게 계산할 수 있을 것입니다.

정답

19회

QUIZ

64 한붓그리기로 도형 그리기

[그림 20]의 왼쪽에 있는 것과 같은 4가지 패턴의 패널이 있습니다. 이를 세로와 가로로 나열하여 배치해서 만들 수 있는 도형을 한붓그리기로 그린다고 생각합시다.

예를 들어 세로로 2개, 가로로 2개 배열했을 때 그림의 오른쪽에 있는 것과 같은 형태를 만들 수 있습니다(배열하였을 때 각각의 경계선은 겹치는 것으로 합니다). 위의 두 개는 한붓그리기 할 수 없지만, 그 아래의 두 개는 한붓그리기가 가능합니다.

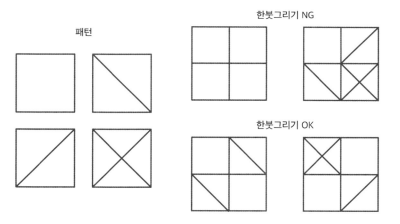

[그림 20] 패널의 패턴과 한붓그리기의 예

문제

세로로 세 개, 가로로 네 개를 배열하였을 때, 한붓그리기 할 수 있는 패턴이 몇 가지인지 구해 보세요(단, 좌우반전, 상하반전 등에 의해 같은 형태가 되는 경우는 별개로 카운트하는 것으로 합니다).

한붓그리기에서는 꼭짓점에 모인 변의 수에 주목하면 되는 거죠?

Hint!

개수를 이용해도 됩니다만, 짝수인지 홀수인지를 판정할 수 있으면 충분합니다.

생각하는 방법

우선, 한붓그리기를 할 수 있는 조건을 알아야 합니다. 인터넷에서 찾아보면 많은 정보가 있지만, 여기서는 다음과 같은 일반적인 조건을 인용하겠습니다.

· 모든 꼭짓점의 차수(정점에 연결된 변의 수)가 짝수 → 붓이 기점으로 되돌아오는 경우(닫혔을 때)
· 차수가 홀수인 꼭짓점의 수가 2로, 남은 꼭짓점의 차수는 모두 짝수 → 붓이 기점으로 되돌아오지 않는 경우(닫히지 않을 때)

즉, "정점에 연결되는 변의 수가 홀수인 점이 0개나 2개인 것을 구하면 된다."라는 것입니다. 또, 한붓그리기 문제에서는 홀수와 짝수의 교차점의 수를 검토하기 때문에 패널의 내부에서 교차하는 형에 대해서는 무시할 수 있습니다.

패널을 배치하여 각 정점에 연결되는 변의 수를 카운트하면 되는 거죠?

변의 수를 세어도 답은 나오지만, 필요한 것은 "홀수냐 짝수냐?"뿐이므로, '패널의 테두리에 있는 각 정점에 대해 홀수라면 1, 짝수라면 0'이라는 값을 설정해 나가는 것만으로도 충분합니다.

예를 들어 패널을 넣지 않은 상태에서 각 정점에 연결되는 변의 수의 짝수는 다음과 같이 배치되어 있다는 것이 됩니다.

```
0, 1, 1, 1, 0
1, 0, 0, 0, 1
1, 0, 0, 0, 1
0, 1, 1, 1, 0
```

패널을 넣음으로써 이 값이 달라져 가는 양상을 각 행에 대해 처리해 나
가면 다음과 같이 구현할 수 있습니다.

q64_01.py

```python
# 패널의 수를 설정
W, H = 4, 3

# 비트 반전용 값
XOR_ROW = (1 << (W + 1)) - 1
# 행 단위로 탐색
def search(up, y, odds):
  # 위의 행까지 홀수의 수가 두 개보다 많은 경우는 대상 외
  if 2 < odds:
    return 0
  row = 1 << W | 1      # 초깃값 설정
  # 맨 처음과 맨 마지막 행은 반전
  if (y == 0) or (y == H):
    row = XOR_ROW ^ row

  # 맨 마지막 행인 경우는 확인하고 종료
  if y == H:
    odds += "{:b}".format(row ^ up).count("1")   # 홀수의 수를 카운트
    if (odds == 0) or (odds == 2):
      return 1 # 0이나 2개라면 대상
    return 0

  cnt = 0
  for a in range(0, 1 << W):   # 패널의 내용(왼쪽 위로부터 오른쪽 아래의 직선 유무)
    for b in range(0, 1 << W): # 패널의 내용(왼쪽 아래로부터 오른쪽 위의 직선 유무)
      cnt += search(a ^ b << 1, \
                y + 1, \
                odds + "{:b}".format(row ^ up ^ a << 1 ^ b).count("1"))
  return cnt

print(search(0, 0, 0))
```

 패널의 내용을 설정하는 a와 b의 변수가 사용된 방법을 잘 모르겠어요.

row라는 변수는 정점을 나타내는 것에 비해 a와 b는 패널을 나타내는 것이 특징이지요.

즉, 다음 그림 같은 경우에는 오른쪽에 기재한 것과 같은 비트 열로 나타낼 수 있습니다.

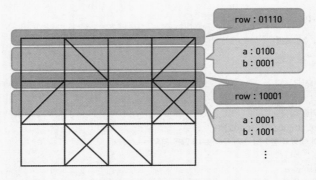

row : 01110

a : 0100
b : 0001

row : 10001

a : 0001
b : 1001

[그림 21] a와 b는 패널을 나타낸다.

위의 행부터 그어져 있는 사선에 의해 정점에 모이는 선의 수가 짝수인지 홀수인지를 판정하려면, 'b를 1비트 왼쪽으로 시프트한 값'과 a로 배타적 논리합을 구하면 되는 거군요.

그렇구나, row와 up으로 위의 행부터 홀수인 수를 알 수 있는 건가? 다음 행에 연결되는 부분은 'a를 1비트 왼쪽으로 시프트한 값'과 b로 배타적 논리합을 구하면 그 시점에서의 홀수의 수를 알 수 있다는 거죠?

맞습니다. 복잡한 판정도 비트 연산을 사용하면 간단하게 작성할 수 있습니다.

그리고 연산자의 우선순위에 주의해야겠군요. '^'와 ' < < ' 중에서는 ' < < '가 우선이었어요.

앞에서는 행 단위로 처리하였지만, 이를 다음과 같이 패널 단위로 실행하는 것도 가능합니다. 가지치기를 잘하는 것이 포인트입니다.

q64_02.py

```python
# 패널의 수를 설정
W, H = 4, 3
row = [0] + [1] * (W - 1) + [0]
# edge = row + row.map{|r| 1 - r} * (H - 1) + row
edge = row + [1 - r for r in row] * (H - 1) + row

def search(panel, odds):
  # 맨 마지막의 패널을 설정했을 때에 홀수 점이 2개를 넘는가?
  if panel >= (W + 1) * H:
    return 0 if (sum(edge) > 2) else 1
  # 도중에 홀수 점이 2개를 넘으면 한붓그리기 불가능
  if odds > 2:
    return 0
  cnt = 0
  if panel % (W + 1) < W:     # 행의 오른쪽 끝 이외
    # 패널 내에 사선이 없는 경우를 탐색
    cnt += search(panel + 1, odds + edge[panel])
    # 패널의 왼쪽 위로부터 오른쪽 아래로의 선
    edge[panel] = 1 - edge[panel]
    edge[panel + W + 2] = 1 - edge[panel + W + 2]
    cnt += search(panel + 1, odds + edge[panel])
    # 패널을 교차하는 선
    edge[panel + 1] = 1 - edge[panel + 1]
    edge[panel + W + 1] = 1 - edge[panel + W + 1]
    cnt += search(panel + 1, odds + edge[panel])
    # 패널의 오른쪽 위로부터 왼쪽 아래로의 선
    edge[panel] = 1 - edge[panel]
    edge[panel + W + 2] = 1 - edge[panel + W + 2]
    cnt += search(panel + 1, odds + edge[panel])
    # 사선을 원래대로 되돌린다
    edge[panel + 1] = 1 - edge[panel + 1]
    edge[panel + W + 1] = 1 - edge[panel + W + 1]
  else:                 # 행의 오른쪽 끝인 경우, 다음 행으로
    cnt += search(panel + 1, odds + edge[panel])
  return cnt

print(search(0, 0))
```

그리고 다음과 같이 수학적으로 생각하여 답을 낼 수도 있습니다. 비스듬한 선을 넣었을 때 정점의 차수가 어떻게 변하는지에 주목하면 다음과 같이 생각할 수 있습니다.

- 짝수 점과 짝수 점 → 짝수 점이 2개 줄고 홀수 점이 2개 늘어난다.
- 짝수 점과 홀수 점 → 짝수 점과 홀수 점이 바뀌기만 할 뿐, 수는 변하지 않는다.
- 홀수 점과 홀수 점 → 홀수 점이 2개 줄고 짝수 점이 2개 늘어난다.

그리고 사선이라는 것은 대각선의 홀수 점만 달라지므로, 다음의 ○ 중에서 2개씩 증감, 또는 × 중에서 2개씩 증감합니다.

○ × ○ × ○
× ○ × ○ ×
○ × ○ × ○
× ○ × ○ ×

초깃값으로 ○의 위치에 있는 홀수 점은 5개, ×의 위치에 있는 홀수 점도 5개이므로 홀수 점을 2개로 하려면 ○ 중에서 1개, × 중에서 1개로 해야 합니다(이번과 같은 4×3의 배치에서는 홀수 점을 0개로 할 수는 없습니다). 즉, 10개의 ○ 중에서 하나, 10개의 × 중에서 하나를 선택하게 되므로 한붓그리기 할 수 있는 홀수 점 위치의 조합은 10×10의 100가지 존재합니다.

여기에, 홀수 점의 위치를 고정했을 때 가능한 패널의 나열 방법을 생각합시다. 짝수의 값을 바꾸지 않고 패턴을 배치하려면 닫힌 경로를 만들게 됩니다. 이번 경우 닫힌 경로의 배치는 $2^6 = 64$가지가 있으므로 단순히 64×100으로 구할 수 있습니다.

정답
6,400가지

QUIZ

65 십자말풀이 퍼즐을 만들어라!

십자말풀이 퍼즐은 세로와 가로로 교차한 칸에 단어를 집어넣어 나가는 퍼즐입니다. 문자가 들어가는 칸(하얀 칸)과 들어가지 않는 칸(검은 칸)이 있으며 그 배치에는 다음과 같은 조건이 있습니다([그림 22]).

- 검은 칸은 세로나 가로로 연속하지 않는다.
- 검은 칸에 의해 판이 나누어져서는 안 된다.

OK인 예　　　　　　　NG인 예1　　　　　　　NG인 예2

 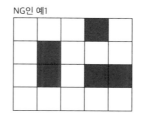 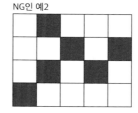

[그림 22] 십자말풀이 퍼즐의 예

문제

가로로 6칸, 세로로 5칸의 십자말풀이 퍼즐을 생각했을 때 앞의 두 가지 조건을 만족하는 배치가 몇 가지인지 구해 보세요(흑과 백의 배치만 생각하고 그곳에 들어가는 문자에 대해서는 생각하지 않기로 합니다).

Hint!

퍼즐의 크기가 커지면 처리에 시간이 걸리지만, 이번 문제를 풀려면 단순한 구현으로도 충분합니다. 단순히 구현해 보도록 하세요.

첫 번째 조건인 "검은 칸은 세로나 가로로 연속하지 않는다."라는 것은 간단하군요. 검은 칸을 배치할 때 왼쪽이나 위의 칸 중 하나가 검은색인 경우를 제외하는 것만으로도 확인할 수 있을 것 같아요.

어려운 점은 두 번째 조건을 어떻게 처리할지입니다. "검은 칸에 의해 판이 나누어져서는 안 된다."라는 조건에서 검은 칸 혹은 하얀 칸 어디에 착안해야 하는지 헷갈릴 수도 있습니다.

여기서는 첫 번째 조건을 만족하도록 검은 칸을 배치한 다음, 두 번째 조건을 하얀 칸부터 판정하는 방법으로 구현해 보겠습니다. 하얀 칸 중 하나에서 시작하여 상하좌우로 연결해 나가며 모든 하얀 칸이 연결된 것을 확인하면 성공입니다.

이 방법을 파이썬으로 구현하면 다음과 같습니다. 만드는 퍼즐의 외측에 보조 값(sentinel value)을 배치하고 간단하게 확인하고 있습니다(하얀 칸을 0, 검은 칸을 1, 보조 값을 -1로 표현).

q65_01.py

```python
W, H = 6, 5
# 눈금의 초기화
puzzle = [[0 for i in range(H + 2)] for j in range(W + 2)]
for w in range(0, W + 2):
  for h in range(0, H + 2):
    if (w==0) or (w==W+1) or (h==0) or (h==H + 1):
      puzzle[w][h] = -1

def fill(x, y, current, to):        # 연속 확인용으로 채워 나간다
  if puzzle[x][y] == current:
    puzzle[x][y] = to
    fill(x - 1, y, current, to)
    fill(x + 1, y, current, to)
    fill(x, y - 1, current, to)
    fill(x, y + 1, current, to)

def check():
  x, y = 1, 1
  if puzzle[x][y] == 1:
    x += 1
  fill(x, y, 0, 2)                   # 하얀 칸을 더미로 채운다
  # 특이한 형태이지만 List Flatten 과정이다
  result = (sum(puzzle, []).count(0) == 0)
  fill(x, y, 2, 0)                   # 더미를 하얀 칸으로 되돌린다
  return result
```

```
def search(x, y):
  if x == W + 1:
    x, y = 1, y + 1              # 오른쪽 끝에 도달하면 다음 행
  if y == H + 1:
    return 1                     # 맨 마지막까지 탐색할 수 있으면 성공
  cnt = search(x + 1, y)         # 하얀 칸을 설정하고 다음을 탐색
  # 왼쪽이나 위쪽이 검은 칸 이외인 경우, 검은 칸을 설정하고 다음을 탐색
  if (puzzle[x - 1][y] != 1) and (puzzle[x][y - 1] != 1):
    puzzle[x][y] = 1             # 검은 칸을 설정
    if check():
      cnt += search(x + 1, y)
    puzzle[x][y] = 0            # 검은 칸을 되돌린다
  return cnt

print(search(1, 1))             # 왼쪽 위로부터 개시
```

 check라는 처리 안에 있는 sum(puzzle, [])은 뭐죠?

 이것은 배열을 평탄화하는 처리군요. 이번에는 2차원의 배열을 1차원으로 변환하고 있어요.

 1차원으로 하여 배열 안에 0이 있는지 없는지의 확인을 간단하게 할 수 있어요.

파이썬으로 실행하면 6초 정도의 시간이 소요되지만, C나 C^{++} 같은 언어라면 앞의 방법으로도 1초 미만으로 처리할 수 있습니다. 그럼에도, 칸의 수가 더 늘어나면 처리 시간이 단번에 증가해 버립니다.

또 다른 방법으로는 행 단위로 처리하는 것이 있습니다. 행을 추가할 때에 이미 나누어져 있을 때에는 탐색을 중단하면 고속화의 효과가 있습니다. 나누어졌는지 아닌지의 확인은 앞에서 기술한 미로의 문제에서 사용한 방법을 사용할 수 있을 것입니다. 예를 들어 [그림 23]과 같은 패턴이 등장하면 그 시점에서 탐색을 중지할 수 있습니다.

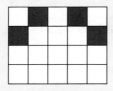 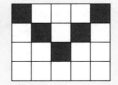

[그림 23] 탐색을 중지할 수 있는 예

 확실히 행 단위로 처리하면 비트 열로 검은 칸을 표현할 수 있으니 좀 더 연구할 여지가 있군요.

 가로 세로의 연속도 비트 열이라면 판정이 간단합니다. 꼭 구현해 보도록 하세요.

정답

149,283개

10년 후에 사라지는 직업

십자말풀이 퍼즐은 옛날부터 컴퓨터를 연구하는 이에게 있어서 주목할만한 주제입니다. 이번 문제는 검은 칸의 배치였지만, '문자를 포함한 퍼즐을 자동으로 생성하는' 혹은 '퍼즐을 푸는' 문제에 많은 연구자가 몰두하고 있습니다.

검은 칸의 배치를 고정하고 거기에 문자를 넣기만 하여도 단어로 성립할 수 있게끔 하기는 좀처럼 쉽지 않습니다. 알파벳은 26문자밖에 없어서 비교적 쉽지만, 한글로 퍼즐을 만들게 되면 더 어려워집니다. 퍼즐이 커지면 커질수록 그것을 만드는 것뿐만 아니라 풀 수 있는지 없는지를 확인하는 것도 곤란해집니다.

서점의 퍼즐 코너에 가면 십자말풀이 퍼즐뿐만 아니라 다양한 종류의 퍼즐 책이 판매되고 있습니다. 월간지까지 포함하면 엄청난 양의 문제가 만들어지고 있다는 뜻이 됩니다. 퍼즐 작가라는 직업이 있을 정도로 퍼즐을 원하는 사람이 많다는 것을 알 수 있지만, 이것을 사람이 만들고 있다고 생각하면 들인 노력을 상상할 수 있습니다.

컴퓨터에 의한 자동 생성이 가능해진다면 편해지겠다고 생각되는 한편, 퍼즐 작가라는 직업이 컴퓨터로 대체될 것이라는 가능성도 생각할 수 있습니다. 인공지능 연구가 진행되면 컴퓨터로 대체 가능한 일이 늘어나게 됩니다. 인공지능뿐만 아니라 컴퓨터가 일상 속에서 필요한 기기에 탑재된 상태로 보급되어 사람이 필요 없게 되는 때도 있습니다. 얼마 전에는 '10년 후에 사라질 직업'이 발표되어 화제가 되기도 하였습니다.

물론 그중에서는 타당하다고 생각되는 직업도 있지만, 현실적이지 못하다고 생각되는 직업도 있었습니다. 자신이 하는 일이 10년 후에도 있을지, 여전히 필요로 할지 평소에 생각해 두면 좋겠네요.

제 **4** 장

고난도

★
★
★
★

QUIZ

66 옆자리를 비우는 게 매너?

지하철에서 빈자리에 앉는다고 생각합시다. 일종의 매너 때문인지, 자연스레 옆이 빈자리를 골라 앉게 되는 일이 많습니다. 이번 문제에서도 일렬의 좌석에서 다른 사람과 이웃하지 않고 앉을 수 있다면 그렇게 앉기로 합니다. 이웃하지 않고 앉을 수 없는 경우에는 빈 곳에 앉습니다.

문제

[그림 24]와 같은 A ~ L의 12개의 좌석이 있는 지하철에 12명이 앉는 경우, 12명이 앉는 순서가 몇 가지인지를 구해 보세요(좌석은 모두 구별 가능하며 각각의 좌석에는 1명씩 앉는 것으로 합니다).

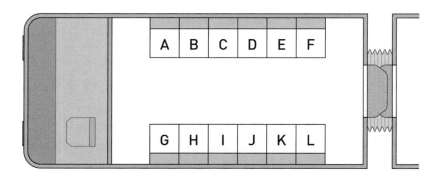

[그림 24] 좌석 모습

마주 보는 좌석을 어떻게 표현하면 좋을까?

보초 값을 사용하여 [그림 25]와 같이 벽을 사용하면 알기 쉽게 표현할 수 있지 않을까?

벽	A	B	C	D	E	F	벽	G	H	I	J	K	L	벽

[그림 25] 벽 사용 예

생각하는 방법

탐색하는 방법은 몇 가지를 생각할 수 있지만, 전체 탐색을 하면 시간이 많이 소요됩니다. 그러므로 우선 옆에 사람이 없는 좌석을 찾는 것을 생각합니다. 옆에 사람이 없는 좌석이 없어지게 되면 그다음부터는 순서대로 좌석을 채우기만 하면 되므로 남은 사람 수의 계승으로 계산할 수 있습니다.

좌석을 1차원 배열로 표현하고 경계 확인용으로 벽을 설정해 보면 파이썬으로는 다음과 같이 풀 수 있습니다.

q66_01.py

```python
N = 6
FREE, USED, WALL = 0, 1, 9

# 보초 값으로 양끝과 중앙에 벽을 설정
seat = [WALL] + [FREE] * N + [WALL] + [FREE] * N + [WALL]

def multi(input_list):
  output = 1
  for i in input_list:
    output *= i
  return output

def search(person):
  count = 0
  # 옆에 사람이 없는 좌석을 찾는다
  for i in range(0, len(seat)):
    if seat[i] == FREE:
      if (seat[i - 1] != USED) and (seat[i + 1] != USED):
        # 비어 있다면 앉고 다음을 탐색
        seat[i] = USED
        count += search(person + 1)
        seat[i] = FREE
  # 옆에 사람이 없는 좌석이 있다면 위에서 카운트한 값, 그 외에는 계승
  return count if (count > 0) else multi(range(1, seat.count(FREE) + 1))

print(search(0))
```

제4장

분기 제한

★
★
★
★

307

깊이 우선 탐색의 교과서적인 소스 코드라 알기 쉽군요.

여기서는 계승을 계산하는 함수를 정의해서 사용하는군요.

그렇지요. 처리 속도를 생각하면 계승의 계산은 좀 더 고민할 수 있지만, 이 크기라면 이대로도 충분합니다. 이번의 N = 6 정도라면 순식간에 답을 구할 수 있습니다.

단, *N*의 수가 늘어나면 처리에 시간이 많이 소요됩니다. 예를 들어 $N =$ 8이 되는 것만으로 순식간에 처리 시간이 길어집니다. 그러므로 메모화하여 고속화할 것을 생각합니다. 좌석의 배치에 대하여 한 번 조사한 결과를 저장해 둠으로써 $N = 10$에서도 1초 정도로 풀 수 있습니다.

▌ q66_02.py

```python
N = 6
FREE, USED, WALL = 0, 1, 9
memo = {}

def multi(input_list):
  output = 1
  for i in input_list:
    output *= i
  return output

def search(seat):
  key = tuple(seat)
  if key in memo:
    return memo[key]
  count = 0
  # 옆에 사람이 없는 좌석을 찾는다
  for i in range(0, len(seat)):
    if seat[i] == FREE:
      if (seat[i - 1] != USED) and (seat[i + 1] != USED):
        # 비어 있다면 앉고 다음을 탐색
        seat[i] = USED
        count += search(seat)
        seat[i] = FREE

  # 옆에 사람이 없는 좌석이 있다면 위에서 카운트한 값, 그 외에는 계승
```

```
output = count if (count > 0) else multi(range(1, seat.count(FREE) + 1))
memo[key] = output
return output

print(search([WALL] + [FREE] * N + [WALL] + [FREE] * N + [WALL]))
```

> 역시 메모화는 중요하네요.

> 좌석의 상황을 인스턴스 변수에서 인수로 바꾼 것도 알기 쉬워 좋아요.

Point

　이 문제만 푸는 것이라면 수학적으로 계승을 사용하여 계산하는 방법도 있습니다. '이웃하지 않도록 앉을 수 없게 되었을 때'를 생각했을 때, A~F석의 상태를 ○×로 나타내면(이미 앉아 있는 곳의 자리가 ○, 빈 자리가 ×), 두 사람이 앉아 있을 때에는 ×○××○×와 같은 한 가지입니다. 세 명이 앉아 있을 때에는

　○×○×○×

　○×○××○

　○××○×○

　×○×○×○

와 같이 네 가지가 됩니다. 나머지는 빈 곳에 앉는 순열의 개수를 구하면 됩니다. 즉, A~F, G~L에 각각 두 사람이 앉았을 때는 맨 처음 네 사람이 앉는 방법이 4!, 나머지 8명이 앉는 방법이 8! 이므로, 4!×8! 가지입니다. A~F에 2명, G~L에 3명이 앉았을 때 맨 처음의 5명이 앉는 방법이 4×5!, 나머지 7명이 앉는 방법이 7! 이므로 4×5!×7! 가지. A~F에 3명, G~L에 2명이 앉은 경우에도 앞과 마찬가지로 4×5!×7! 가지. A~F, G~L에 각각 3명이 앉았을 때에는 맨 처음의 6명이 앉는 방법이 4×4×6!, 나머지 6명이 앉는 방법이 6! 이므로 4×4×6!×6! 가지입니다.

　이 네 가지를 합계하면 정답인 14,100,480을 구할 수 있습니다. 이 방법을 적용하면 빠른 속도로 처리할 수 있습니다.

정답

14,100,480가지

QUIZ

67 | 남녀 평등한 자리 바꾸기

학창시절을 떠올리면 언제나 두근거렸던 것이 자리 바꾸기. 옆에 누가 앉게 될지 두근두근했던 사람이 많을 것입니다.

여기서는 '전후좌우 중 한 곳에 반드시 이성이 앉는' 자리 바꾸기를 생각해 봅시다. 즉, [그림 26]의 오른쪽에 있는 것처럼 전후좌우의 모든 곳이 동성이 되게 하는 배치는 안 된다고 합시다(남자를 파란색, 여자를 회색으로 나타내었습니다).

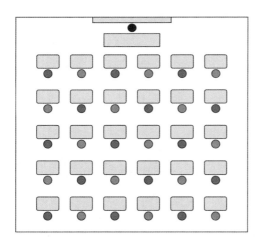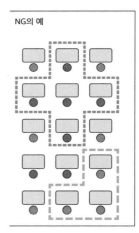

NG의 예

[그림 26] 자리 바꾸기의 예

문제

남녀 각각 15명의 학급에서 앞 그림과 같이 6×5의 좌석으로 자리 바꾸기를 합니다. 앞의 조건을 만족하는 남녀의 배치가 몇 가지인지를 구해 보세요(좌우, 전후 등 반전은 따로따로 카운트하기로 합니다. 그리고 각 학생이 어디에 앉는지는 관계없으며 남녀의 배치만 생각하기로 합니다).

탐색 범위를 줄이고자 '가지치기'를 하는 것은 효과적인 방법이지요.

> 생각하는 방법

문제 그대로 아무것도 생각하지 않고 구현하려 하면, 30개의 좌석 중 남자 15석의 조합을 생각하여 조건을 만족하게 만들면 됩니다. 확장성이나 처리 속도 등을 전혀 고려하지 않는다면 안 되는 배치를 제외하기만 하면 되므로 어려울 것은 없습니다.

제외할 좌석의 배치 조건을 사전에 설정해 두고 이를 만족하지 않을 때에 카운트해 나가기로 합시다. 파이썬이라면 다음과 같이 구현할 수 있습니다.

q67_01.py

```
from itertools import combinations

# 좌석에 1~30의 번호를 부여
seats = set(range(1, 30 + 1))

# 조건을 만족하지 않는 배치는 제외 대상
ng = list(map(set, [
  (1, 2, 7), (5, 6, 12), (19, 25, 26), (24, 29, 30),
  (1, 2, 3, 8), (2, 3, 4, 9), (3, 4, 5, 10),
  (4, 5, 6, 11), (1, 7, 8, 13), (7, 13, 14, 19),
  (13, 19, 20, 25), (6, 11, 12, 18), (12, 17, 18, 24),
  (18, 23, 24, 30), (20, 25, 26, 27), (21, 26, 27, 28),
  (22, 27, 28, 29), (23, 28, 29, 30),
  (2, 7, 8, 9, 14), (3, 8, 9, 10, 15), (4, 9, 10, 11, 16),
  (5, 10, 11, 12, 17), (8, 13, 14, 15, 20), (9, 14, 15, 16, 21),
  (10, 15, 16, 17, 22), (11, 16, 17, 18, 23),
  (14, 19, 20, 21, 26), (15, 20, 21, 22, 27),
  (16, 21, 22, 23, 28), (17, 22, 23, 24, 29)]))

cnt = 0
for boy in combinations(seats, 15): # 남자의 배치 조합
  boy = set(boy)
  girl = seats - boy              # 여자의 배치 조합
  if len([n for n in ng if boy & n != n]) == len(ng) and \
    len([n for n in ng if girl & n != n]) == len(ng):
    cnt += 1
print(cnt)
```

단순히 15명을 선택하고 안 되는 배치만 제외한 거네요. 처리도 알기 쉽고 문제없을 것 같아요.

그럼 문제는 처리 속도인가요?

그렇죠. 방금 사용한 환경에서 실행에 1시간 반 정도 소요되었어요.

처리 속도를 개선하려면 '어떻게 탐색 범위를 좁힐지'를 생각하게 됩니다. 기본이 되는 것은 역시 '가지치기'와 '메모화'입니다.

사전에 위의 2행을 토대로 다음 행에 배치 가능한 리스트를 작성해 두고 재귀적으로 탐색하기로 합시다. 그리고 일단 탐색한 결과를 메모화해둠으로써 같은 탐색을 하지 않도록 합니다.

q67_02.py

```
W, H = 5, 6
ALL = (1 << W) - 1

# 각 행의 남자 수를 저장
boys = ["{:b}".format(i).count("1") for i in range(0, ALL + 1)]

# 세 개의 행 배치가 가능한가(위의 2행에 다음의 행을 이을 수 있는가?)
def check(r1, r2, r3):
  result = True
  for i in range(0, W): # 1행의 각 위치에 대해 확인
    # 좌우로 나열되어 있는지 확인
    # 파이썬은 Negative Shift가 안되므로 조건문으로 구분
    if i < 1:
      m1 = (0b111 >> 1) & ALL
    else:
      m1 = (0b111 << (i - 1)) & ALL
    m2 = 1 << i        # 상하로 나열되어 있는지 확인
    if (r1 & m2 == m2) and (r2 & m1 == m1) and (r3 & m2 == m2):
      result = False    # 남자가 나열된 경우는 NG
    if ((r1 ^ ALL) & m2 == m2) and ((r2 ^ ALL) & m1 == m1) and \
      ((r3 ^ ALL) & m2 == m2):
      result = False    # 여자가 나열된 경우도 NG
  return result

# 위의 2행에 이어지는 행의 해시를 작성
```

```
next = {}
for r1 in range(0, 1 << W):  # 첫 번째 행
  for r2 in range(0, 1<< W):  # 두 번째 행
    next[(r1, r2)] = [r3 for r3 in range(0, ALL + 1) if check(r1, r2, r3)]

memo = {}
def search(pre1, pre2, line, used):
  if (pre1, pre2, line, used) in memo:
    return memo[(pre1, pre2, line, used)]  # 과거에 탐색 완료된 경우

  if line >= H:      # 맨 마지막 행까지 탐색했다면
    memo[(pre1, pre2, line, used)] = 1 if (used == W*H//2) else 0
    return memo[(pre1, pre2, line, used)]

  result = 0
  if line == H - 1:    # 맨 마지막 행의 직전
    for row in next[(pre2, pre1)]:
      if (pre1 in next[(row, row)]) and \
        (used + boys[row] <= W * H // 2):
        result += search(row, pre1, line + 1, used + boys[row])
  else:          # 맨 마지막 행 이외
    for row in next[(pre2, pre1)]:
      if used + boys[row] <= W * H // 2:
        result += search(row, pre1, line + 1, used + boys[row])
  memo[(pre1, pre2, line, used)] = result
  return result

count = 0
for r0 in range(0, 1 << W):  # 맨 처음 행을 설정
  count += search(r0, r0, 1, boys[r0])
print(count)
```

이렇게 하면 2초 정도로 답을 구할 수 있습니다.

> 1시간 반이 2초로 줄어들었네요! 이건 가치가 있네요.

> 처리 속도뿐만 아니라 확장성을 생각하여도 이 방법이 좋지요. 맨 처음의 정수 값을 바꾸는 것만으로도 대응할 수 있습니다.

정답

13,374,192가지

68 청백 노래대결

드디어 이 책의 마지막 문제입니다. 여기서는 청팀과 백팀으로 나뉘어 서로 노래대결을 벌이는 '청백 노래대결'을 떠올려 주세요. 승부는 관객이 드는 청색과 백색 카드의 수로 결정합니다.

따로따로 나누어져 있으면 세기가 어려우므로, 여기서는 승패를 누가 봐도 한눈에 알 수 있도록 한쪽으로 이동하는 것으로 하겠습니다(청과 백이 같은 사람 수 있을 때 경계선이 세로나 가로로 일직선이 되게 합니다). 단, 한 번에 이동할 수 있는 것은 두 사람뿐으로, 세로나 가로로 이웃하는 사람과만 교대할 수 있습니다.

이 교대를 반복하여 [그림 27]의 ①의 '목표'와 같은 네 개의 패턴 중 하나와 같이 나누어지도록 합니다. 시작 상태에서 목표 중 하나의 상태까지 이동한다고 할 때 그 이동 횟수가 최대인 것을 찾습니다.

예를 들어 4×4의 16명으로 8명씩 나눌 때 ②의 경우

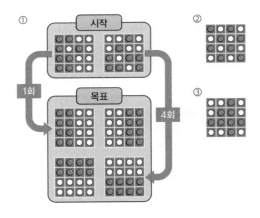

[그림 27] 청과 백이 이동하는 예

는 8회로 이동할 수 있지만, ③의 경우는 10회 필요합니다. 이 경우에는 최대 이동 횟수는 10회로, ③과 같은 패턴은 64가지 존재합니다(청과 백의 반전, 좌우의 반전 등은 별개로 카운트합니다).

6×4의 24명으로 12명씩 나누는 경우 그 이동 횟수가 최대인 것을 찾고, 이동 패턴이
몇 가지인지 구해 보세요.

Hint!

목표 패턴이 알기 쉬우므로 역방향으로 탐색하면 간단히 구현할 수
있습니다. 비트 연산으로 연구해 보세요.

생각하는 방법

맨 처음의 배치로서 모든 패턴을 준비하고 예쁘게 나누어질 때까지의 횟
수를 조사하면 조사할 양이 많아져 버립니다. 그러므로 문제를 반대로 들
여다보아 맨 마지막 상태부터 너비 우선 탐색을 하는 방법을 생각합니다.
즉, "교환 가능한 두 사람을 움직여 나가면서 맨 처음의 배치에 도달할 때
까지의 이동 횟수를 최소가 되도록 탐색한다."라는 순서로 구합니다. 그러
나 이 방법으로도 탐색할 양이 많다는 것은 어렵지 않게 상상할 수 있습
니다.

결국 전체 탐색이 되어버리네요. 이동 횟수가 최소가 되는 것을 구하려면
너비 우선 탐색을 사용한다는 것도 잘 알겠어요.

어떻게 사람의 배치를 표현하면 좋을지도 문제로군요. 메모리 사용량을
생각하면 비트열로 표현하고 싶은데요.

우선은 청을 1, 백을 0으로 표현하고 맨 마지막 상태의 네 가지 위치에서
두 군데씩 교환을 반복하여 가장 횟수가 많이 소요되는 것을 찾아봅니다.
교환할 수 있다는 것은 '가로로 이웃', '세로로 이웃' 중 하나이므로 이를 비
트 연산으로 표현해 봅시다.

비트 마스크를 사용하면 배타적 논리합을 실행하여 교환 후의 배치를
구할 수 있습니다. 즉, 교환하는 두 군데의 비트에 1을 넣어 그 마스크와 배
타적 논리합을 취하여 교환을 표현할 수 있습니다. 우선은 파이썬으로 너
비 우선 탐색과 메모화를 조합하여 구현해 보겠습니다.

제 **4** 장

연습문제 ★ ★ ★ ★

q68_01.py

```python
# 목표를 초깃값으로서 설정
memo = { 0x000fff: 0, 0xfff000: 0, 0xcccccc: 0, 0x333333: 0 }
queue = list(memo.keys())

W, H = 4, 6

# 교환 가능한 위치를 설정
mask = []

for i in range(0, W * H):
  # 가로로 이웃한다
  if i % W < W - 1:
    mask.append((1 << 1 | 1) << i)
  # 세로로 이웃한다
  if i < W * (H - 1):
    mask.append((1 << W | 1) << i)

depth = 0
while len(queue) > 0: # 탐색해야 하는 것이 있는 한 반복
  print(depth, len(queue))
  depth += 1
  next_queue = []
  for q in queue:
    for m in mask:
      # 2군데가 '둘 다 0'이거나 '둘 다 1'인 경우 이외에서 미탐색 부분을 탐색
      if ((q & m) != 0) and ((q & m) != m) and (q ^ m) not in memo:
        memo[q ^ m] = depth
        next_queue.append(q ^ m)
  queue = next_queue
```

이동 횟수마다 탐색되어 가는 양상이 보여서 출력을 알기 쉽네요.

이 방법에서는 처리에 시간이 소요되는 것이 문제입니다. 앞과 같은 환경으로 약 30초가 소요되었습니다. 그러므로 C 언어로 다시 써보겠습니다. 위의 해시 대신 배열을 사용하고 있지만, 처리 내용은 거의 같습니다(주석은 생략).

316

```c
#include <stdio.h>

#define W 4
#define H 6

char memo[1 << (W * H)] = {0};
int queue[1 << (W * H)] = {0x000fff, 0xfff000, 0xcccccc, 0x333333};
int mask[W * (H - 1) + (W - 1) * H];
int i, j, mask_count, start, end, temp, depth;

int main(int argc, char *argv){
  depth = 1;
  for (i = 0; i < 4; i++){
    memo[queue[i]] = depth;
  }
  mask_count = 0;
  for (i = 0; i < W * H; i++){
    if (i % W < W - 1) mask[mask_count++] = (1 << 1 | 1) << i;
    if (i < W * (H - 1)) mask[mask_count++] = (1 << W | 1) << i;
  }
  start = 0;
  end = temp = 4;
  while (end - start > 0){
    printf("%d %d\n", depth - 1, end - start);
    depth++;
    for (i = start; i < end; i++){
      for (j = 0; j < mask_count; j++){
        if (((queue[i] & mask[j]) != 0) &&
        ((queue[i] & mask[j]) != mask[j]) &&
        (memo[queue[i] ^ mask[j]] == 0)){
          memo[queue[i] ^ mask[j]] = depth;
          queue[temp++] = queue[i] ^ mask[j];
        }
      }
    }
    start = end;
    end = temp;
  }
  return 0;
}
```

같은 처리이지만 C 언어로 바꿔 쓰니 1.5초까지 단축되었습니다. 이런 문제는 컴파일할 수 있는 언어라면 고속으로 처리할 수 있다는 걸 알 수 있습니다.

좀 더 연구해 봅시다. 청과 백을 반전시켜도 결과는 바뀌지 않으므로(구한 결과를 2배 하면 탐색 횟수를 거의 반으로 만들 수 있음) 동시에 구하기로 하겠습니다. 앞에서 작성한 파이썬 소스 코드를 다음과 같이 수정해보았습니다(변경한 부분에만 주석을 달았습니다).

q68_03.py

```python
memo = { 0x000fff: 0, 0xfff000: 0, 0xcccccc: 0, 0x333333: 0 }
queue = [0x000fff, 0x333333] # 초깃값을 왼쪽 위가 0인 것으로만 걸러냄
W, H = 4, 6
mask = []
for i in range(0, W * H):
  if i % W < W - 1:
    mask.append((1 << 1 | 1) << i)
  if i < W * (H - 1):
    mask.append((1 << W | 1) << i)

depth = 0
while len(queue) > 0:
  print(depth, len(queue) * 2) # 답은 2배한다
  depth += 1
  next_queue = []
  for q in queue:
    for m in mask:
      if ((q & m) != 0) and ((q & m) != m) and (q ^ m) not in memo:
        memo[q ^ m] = depth
        # 비트를 반전한 것을 메모에 설정
        memo[(q ^ m) ^ ((1 << W * H) - 1)] = depth
        next_queue.append(q ^ m)
  queue = next_queue
```

이 방법이라면 처리 시간을 약 절반으로 줄일 수 있습니다. C 언어로 같은 구현을 하면 1초 미만으로 실행할 수 있습니다.

정답

4가지

(필요한 이동 횟수는 20회)

데스크 디버깅은 아직도 유효한가?

이 책의 집필에 즈음하여 가장 궁금했던 것이 코드 추적에 대한 사고방식입니다. 프로그램의 움직임을 확인할 때 소스 코드에 printf( ) 등을 써 두고 출력을 보는 방법은 예전부터 이용되고 있습니다. 몇 번이나 컴파일하려면 그 나름 시간이 걸린다는 점에서 예전에는 사전에 책상 앞에서 코드 추적하는 일이 많았던 것으로 기억합니다. 그러나 요즘 같은 개발 환경에서는 단계별로 실행할 수 있게 되어 간단히 변수의 내용을 보는 일이 가능해졌습니다.

물론 '금주의 알고리즘'을 출제했을 때에도 정답 예시의 소스 코드를 복사/붙여 넣기 하여 움직임을 확인하던 사람이 많았을 거로 생각합니다. 그러나 책으로 출판되면 많은 사람은 책상 앞에서 코드 추적을 하게 됩니다. 지하철에서 책을 읽는 사람도 있고 이불 속에서 보는 사람도 있을 테지요. 소스 코드보다는 그림으로 나타내는 게 더 좋을지도 모릅니다.

개인적으로는 데스크 디버깅할 것은 아직 많습니다. 소스 코드를 인쇄하여 들여다보고 있으면 문제점을 깨닫는 경우가 드물지 않습니다. 자격시험을 칠 때 등에는 아직 종이로 된 문제지에 있는 소스 코드를 읽는 일도 많고 종이 서적도 아주 좋아합니다.

여러분은 데스크 디버깅을 하고 있나요?

제
4
장

칼럼